本书得到国家自然科学基金青年项目（项目号72202140）
和教育部人文社会科学研究青年基金（项目号22YJCZH064）资助

消费者
神经科学

Consumer Neuroscience

主编 黄 易
参编 蒋彩虹 李小飞

上海交通大学 出版社
SHANGHAI JIAO TONG UNIVERSITY PRESS

内容提要

本书以通俗易懂的语言,解读消费者神经机制的奥秘,帮助读者从打开大脑黑箱的视角,理解消费者购买决策的驱动力、情感背后的密码以及认知变化的微妙过程。全书共有11章,包括导论、消费者神经科学技术、自我与消费行为、消费者的感觉与知觉、消费者情绪、注意与消费行为、消费者的学习与记忆、群体与社会影响、品牌影响、文化影响、消费决策过程,分别从消费者的内部心理过程,以及文化、社会等外部影响,来剖析消费者行为及背后的神经机制。每章都有相应的案例介绍,以帮助读者加深理解。本书适合作为高校市场营销、消费行为研究以及管理学、心理学、认知神经科学等专业领域的教材,也可供企业培训、市场营销实践人员及所有感兴趣的读者参考使用。

图书在版编目(CIP)数据

消费者神经科学 / 黄易主编. -- 上海 : 上海交通大学出版社, 2023.8
ISBN 978 - 7 - 313 - 29420 - 3

Ⅰ.①消⋯ Ⅱ.①黄⋯ Ⅲ.①消费者行为论 Ⅳ.①F713.55

中国国家版本馆 CIP 数据核字(2023)第 169776 号

消费者神经科学
XIAOFEIZHE SHENJING KEXUE

主　编：黄　易

出版发行：上海交通大学出版社　　　　　地　　址：上海市番禺路 951 号
邮政编码：200030　　　　　　　　　　　电　　话：021 - 64071208
印　制：上海万卷印刷股份有限公司　　　经　　销：全国新华书店
开　本：787 mm×1092 mm　1/16　　　印　张：16
字　数：322 千字
版　次：2023 年 8 月第 1 版　　　　　　印　次：2023 年 8 月第 1 次印刷
书　号：ISBN 978 - 7 - 313 - 29420 - 3
定　价：69.00 元

前 言 | Foreword

随着科技的不断进步和神经科学领域的迅猛发展,消费者行为研究正迎来一场革命。本书旨在探索这个引人入胜的领域,通过将神经科学与消费者行为学相结合,为读者揭示购买决策背后的神秘面纱。

消费者行为,作为人类活动的一部分,早已不再是简单的购买和消费行为。每个消费者的每一次决策都受到多种心理、认知和情感因素的影响。随着神经科学技术的不断进步,我们有幸目睹了科学探索的新篇章,能够更深入地了解人类行为的本质。眼动追踪、脑电图、功能性磁共振成像等技术的产生和发展,为我们提供了探索这些消费者决策过程的全新视角,揭示了购买决策中隐藏的心理和生理机制。

本书以通俗易懂的语言解读消费者神经机制的奥秘,帮助读者理解购买决策的驱动力、情感背后的密码以及认知的微妙过程。全书共有 11 章,包括导论、消费者神经科学技术、自我与消费行为、消费者感知觉、消费者情绪、注意与消费行为、消费者学习与记忆、群体与社会影响、品牌影响、文化影响和消费决策过程。每章都有相应的案例介绍,以帮助读者加深理解,章后的思考题主要协助读者回顾本章重点和难点内容,启迪思维。本书既适合高校管理学、心理学等专业作为教材使用,也可供企业培训、市场营销实践人员及所有对消费者神经科学感兴趣的读者参考学习。

在这个充满发展和创新的时代,我们热切期待消费者神经科学领域的美好未来。随着新技术的不断涌现,我们有理由相信,它将在市场营销、产品设计以及人机交互等领域展现巨大的潜力。我们希望本书能成为读者的指南,为读者在这个领域的探索之旅提供指引。

目 录 | Contents

第1章 导　论

1.1　什么是消费者神经科学

消费者神经科学(Consumer Neuroscience)是一门交叉学科,结合了神经科学、心理学和市场营销学的理论和方法,旨在研究消费者行为和决策的神经基础。消费者神经科学的研究对象是消费者的认知、情感和行为[1]。它关注消费者在购买产品或服务时的决策过程、品牌认知、广告效果和消费体验等。通过运用神经科学的技术和方法,研究人员可以观察和测量消费者的大脑活动、生理唤起和注意力分配等,从而了解消费者对不同刺激的反应和决策的神经基础,并为市场营销学提供一种新的研究方法和工具[2-3],为企业优化市场营销策略、提高广告效果和品牌认知度等提供重要的科学依据。

消费者神经科学的研究方法涉及多个领域的知识和技术。首先,神经影像技术是消费者神经科学中的关键工具,除了功能性磁共振成像(functional Magnetic Resonance Imaging,fMRI),还有脑电图(Electroencephalogram,EEG)、眼动追踪(Eye Tracking)等技术,这些技术能够提供不同空间分辨率和时间精度的神经观测数据,帮助研究人员理解消费者的神经活动[4-5]。其次,心理学的理论和方法对消费者神经科学的研究也具有重要意义。消费者行为和决策涉及认知、情感、行为等心理过程[6],心理学的相关理论可以帮助解释和理解这些过程。心理学的研究方法,如问卷调查、行为实验等也可以与神经科学的技术结合,从不同角度探索消费者行为。

消费者神经科学的出现有其重要性和必要性,主要体现在消费者神经科学为消费者行为学提供了一种更深入、更全面的研究视角和方法。消费者行为学是研究消费者在购买和使用产品或服务时的行为和决策过程的学科。它关注消费者的认知、情感、偏好、需求,以及购买意愿和行为等方面。消费者行为学主要使用社会科学的研究方法,如问卷调查、实地观察、访谈等,通过收集和分析数据来探索和解释消费者的行为模式和动机。消费者神经科学则是运用神经科学的原理和技术,以神经活动为基础,探索消费者行为和决策的生物学基础。它关注消费者的大脑活动、神经系统反应及与消费相关的神经机制。消费者神经科学使用脑成像技术等神经科学技术,通过记录和分析脑部活动,揭示消费者在购买和消费过程中的神经反应和生理指标[7]。这给传统的消费者行为学带来了更多的优势。首先,消费者神经科学为消费者行为学提供了一种补充的研究方法。传统的问卷调查和实地观察等方法无法直接观察和测量消费者的神经活动,而神经科学技术可以提供更加客观和生物学的指标,丰富了对消费者行为的理解。其次,消费者行为学关注消费者的行为模式和动机,而消费者神经科学可以揭示这些行为和动机的生物学基础。通过观察和分析消费者的神经活动,可以更深入地理解消费者的决策过程、情感体验和认知加工,从而更好地解析行为背后的动机。再次,消费者神经科学可以为消费者行为学提供更准确的行为结果预测。通过研究消费者的脑部活动,可以获得更直接和客观的指标,预测消费者的购买意愿、产品喜好和品牌认知等行为结果,为市场营销策略的制订和优化提供科学依据。最后,消费者行为学主要依靠消费者的主观报告来获取信息,但这种方法存在主观性和记忆偏差的问题。消费者神经科学的研究可以直接观察和记录消费者的生物指标,减少了主观因素的影响,提供了更客观和准确的数据。可以说,消费者神经科学和消费者行为学在研究消费者行为和决策方面相互补充,提供了多维度的视角和方法。消费者神经科学通过深入探索消费者的神经机制和生物学基础,为传统的消费者行为学提供了更加全面和深入的研究视角,丰富了对消费者行为的理解和预测能力。

总而言之,消费者神经科学是一门重要的交叉学科,融合了神经科学、心理学和市场营销学的理论和方法。它研究消费者行为和决策的神经基础,揭示了消费者的认知、情感和行为过程。通过运用神经科学技术,消费者神经科学为市场营销学提供了新的研究途径和工具。它帮助研究人员更准确地了解消费者对广告、品牌和产品的认知和情感反应,从而为市场营销决策提供科学依据。需要指出的是,消费者神经科学仍然是一个相对新兴的领域,存在一些挑战和限制。例如,神经影像技术的成本较高,实验条件对受试者的限制较多,样本量较小,等等。此外,解读和解释神经数据也需要结合相关的心理学理论和统计分析方法。然而,随着技术的进步和方法的不断发展,消费者神经科学将继续为市场营销学提供新的洞察和研究途径,为企业的市场营销决策提供更有效的支持。

1.2　消费者神经科学的发展历程

消费者神经科学作为近年来蓬勃发展的跨学科领域,旨在深入了解消费者行为背后的心理和神经机制。通过结合神经科学、心理学和市场营销等多个学科的知识,消费者神经科学为企业和营销从业者提供了前所未有的洞察力。在过去的几十年里,这一领域经历了迅速的发展和演变,从最初仅仅是一种理论探索,逐步演化为应用广泛的实践领域。消费者神经科学的发展历程承载着研究者们不断追求的探索和创新精神,为我们揭示了人类消费行为背后隐藏的奥秘,引领着市场营销走向更加精准和智能的时代。

1.2.1　消费者神经科学的产生背景

消费者神经科学作为一个新兴的研究领域,既受到了国内背景的影响,也受到了全球背景的推动。在世界范围内,神经科学和市场竞争的发展,以及国际合作与交流的推动促进了消费者神经科学的进展。而在国内,中国市场的快速发展和科技的进步为消费者神经科学的兴起提供了机遇和需求。

1. 全球背景

消费者神经科学的兴起和发展受到了世界范围内神经科学和市场竞争发展的影响,以下是几个关键的世界背景因素:

(1) 神经科学的进展。过去几十年来,神经科学领域取得了显著的进展,涉及认知、情感和决策等多个方面。这些进展为消费者神经科学提供了理论基础和方法工具,研究者开始探索大脑的活动与行为之间的关系,包括消费者决策和购买行为。世界范围内的神经科学研究成果促进了消费者神经科学的发展,随着神经影像技术的不断发展,如功能性磁共振成像、脑电图、脑磁图(Magnetoencephalogram, MEG)等,研究人员可以观察和测量消费者大脑在特定任务或刺激下的活动。这些技术的出现为研究消费者行为和决策提供了一种全新的途径,使得研究人员能够直接观察和测量消费者的神经活动。

(2) 市场竞争的加剧。全球市场竞争日益激烈,企业需要更深入地了解消费者行为和决策,以制订更有效的市场营销策略。随着科技的发展和数据的广泛应用,个性化营销也逐渐成为企业提升竞争力和满足消费者需求的重要手段。消费者神经科学的研究提供了一种新的方法,通过揭示消费者的神经反应和心理过程,帮助企业更好地理解消费者需求和喜好,从而更好地满足市场需求。同时消费者神经科学可以为个性化营销提供科学依据,通过观察消费者的大脑活动和情感反应,帮助企业更好地理解消费者的个体差异,预测和满足他们的需求。传统的市场研究方法主要依赖自陈报告和行为观察,但这些方法往往受到消费者主观偏见、记忆失真和社会期望等因素的影响,而消费者神经科学可以提供客观的生理指标,帮助研究人员更准确地了解消费者的认知和情感反应,更好地理解消费者的真实心理过程。

(3)国际合作与交流。消费者神经科学的发展得益于国际间的合作与交流。研究者可以共享先进的技术和研究成果,共同解决研究中的挑战和问题。国际合作还推动了跨文化和跨地区的消费者神经科学研究,加深了对全球消费者行为的理解。

(4)跨学科研究和知识整合。消费者神经科学的研究涉及多个学科领域,如神经科学、心理学、市场营销、经济学等。跨学科的研究合作和知识整合有助于提供更全面和综合的视角,促进了消费者神经科学的发展。国际范围内的跨学科合作推动了不同学科领域之间的交流和合作,促进了消费者神经科学的跨界发展。这种跨学科合作的兴起使得不同领域的专家能够共同探索消费者行为和决策的神经基础,结合各自的专业知识和研究方法,为消费者行为研究提供全新的视角和方法。

2. 国内背景

消费者神经科学的兴起和发展不仅受到世界背景的推动,其在国内的发展也受到了多方面因素的影响。

(1)中国市场竞争激烈。随着中国市场经济的迅速发展和消费需求的不断增长,企业在市场竞争中需要更深入地了解消费者行为和决策过程。传统的市场研究方法在面对多样化的消费者群体和需求时可能存在局限性,因此引入消费者神经科学的方法可以提供更准确和客观的数据,为企业决策提供科学依据。国内企业在市场竞争中对于创新和差异化的追求加速了消费者神经科学的应用。通过深入了解消费者的心理和认知过程,企业可以更有针对性地进行产品设计和市场定位,从而提升产品的竞争力和市场占有率。

(2)科技和研究设备的进步。随着神经科学技术的不断发展,中国在功能性磁共振成像、脑电图等方面的研究设备和技术水平也有了显著提升。这为国内研究者开展消费者神经科学研究提供了更好的条件和平台。高质量的研究设备和先进的技术为研究者提供了收集和分析消费者神经数据的能力,推动了国内消费者神经科学的发展。

(3)跨学科研究的推动。近年来,中国的高校和研究机构加强了不同学科之间的合作,促进了跨学科研究的兴起。在消费者神经科学领域,神经科学、心理学和市场营销等学科的专家和学者开始积极合作,共同探索消费者行为的神经机制,推动了国内消费者神经科学的发展。跨学科研究的合作使得研究者能够从不同的角度和专业知识出发,提供更全面和深入的认识和解释。随着神经科学、心理学、认知科学等学科的发展,国内学术界逐渐认识到了消费行为的复杂性和深层次的心理机制,促使国内研究者开始将神经科学的研究方法与市场营销实践相结合,探索消费者决策背后的神经过程。

(4)人口基数和文化差异。中国作为世界上人口最多的国家之一,拥有庞大而多样化的消费者群体。不同地区和文化背景下的消费者行为和决策可能存在差异,因此了解和解释这些差异对于市场营销和品牌管理至关重要。消费者神经科学的研究可以帮助揭示不同文化群体的消费者行为差异,为企业提供针对性的市场营销策略。

综上,消费者神经科学的产生和发展既受到了国内背景的推动,也受到了全球范围内神经科学和市场竞争发展的影响。在国内,中国市场竞争激烈、科技进步和跨学科研究合作等因素推动了消费者神经科学的发展。而在世界范围内,神经科学的进展、市场竞争的加剧、国际合作与交流,以及跨学科研究和知识整合等因素共同推动了消费者神经科学的兴起和进展。这些背景因素为消费者神经科学提供了发展的契机和必要性,促进了我们对消费者行为和决策的深入理解。

1.2.2 消费者神经科学的发展历史

1. 神经科学技术的发展

神经科学技术的发展历史可以追溯到古代,但真正的突破发生在近代科学和技术的进步推动下。

古代至中世纪,古代文明的医学家和哲学家对神经系统就有着早期的观察和理解。例如,古埃及和古希腊的医生认为大脑是思维和感知的中心。然而,由于受制于技术限制和缺乏科学方法,对神经系统的研究主要是基于观察和理论推测。

文艺复兴至 18 世纪,人体解剖学的发展为神经科学的研究提供了基础。伟大的解剖学家列奥纳多·达·芬奇(Leonardo da Vinci)、安德烈·维萨里(Andreas Vesalius)等对人体进行了详细的解剖研究,并描述了神经系统的一些结构。此外,17 世纪的英国哲学家托马斯·威利斯(Thomas Willis)首次提出了神经系统的功能是基于电学原理的观点。

随着科学技术的不断发展,19 世纪显微镜技术的进步使得研究者能够观察到更细微的神经结构,神经组织的细胞结构和组织排列得到了更深入的研究,推动了神经科学的发展。意大利神经解剖学家卡米洛·高尔基(Camillo Golgi)和西班牙神经科学家圣地亚哥·拉蒙·卡哈尔(Santiago Ramóny Cajal)共同提出了神经元学说,即神经系统是由单个的神经元细胞构成的,这一理论的提出为神经系统的研究奠定了基础。

20世纪初,神经元的电活动成为研究的重点。阿兰·霍奇金(Alan Hodgkin)和安德鲁·赫胥黎(Andrew Huxley)对神经元的动作电位进行了详细的研究,他们使用了巨型乌贼轴突来记录电活动,从而能够详细描述动作电位的产生和传播机制。他们的研究揭示了神经元膜上离子通道的作用,以及如何通过离子的选择性流动产生和调节电信号。德国神经科学家汉斯·贝格(Hans Berger)等人发明和命名了脑电图,脑电图记录了头皮上的电活动,为研究大脑功能和神经疾病提供了重要的工具。

随后神经科学技术得到了飞速发展,具体而言,神经成像技术得到了显著的发展,功能性磁共振成像和正电子发射计算机断层扫描(Positron Emission Computed Tomography,PET)等技术使研究者能够观察到活跃脑区的血氧水平和代谢情况,进一步了解大脑的功能和结构。随着神经科学的发展,研究者开始关注神经元之间的连接和通讯。结构连接和功能连接的研究成为当代神经科学的重要方向,通过构建脑连接图谱,揭示不同脑区之间的连接模式和功能网络。神经调控技术也快速发展,光遗传学(Optogenetics)和光学成像技术(Optical Imaging Technology)的兴起使得研究者能够实时控制和观察特定神经元的活动。例如,光遗传学工具允许通过光刺激来操纵神经元的活动,从而研究其功能和行为。随着计算能力的增强和数据处理技术的进步,大数据和计算神经科学成为一个新兴的领域。研究者通过整合和分析大量的神经数据,如脑成像数据、电生理数据和基因组数据来研究大脑功能和行为。

总的来说,神经科学技术的发展经历了从古代的观察和理论推测到现代的显微镜、电生理学、神经成像和大数据分析等技术。这些技术的进步为我们深入理解神经系统的结构和功能提供了重要工具,推动了神经科学的发展和应用。

2. 消费者行为学与神经科学的结合

消费者行为学与神经科学的结合是一个相对新兴的研究领域,其历程可以追溯到近年。

21世纪初期,一些研究开始将神经科学的方法应用于消费者行为学的研究中。这些早期研究主要集中在观察和描述消费者决策时的脑活动和生理指标。通过脑成像技术(如fMRI)和电生理学(如EEG)等方法,研究者开始探索消费者在购买、评估产品、品牌认知等方面的神经机制。随着神经科学技术的进步,脑成像技术的改进和可用性的提高,消费者行为学与神经科学结合的研究逐渐增多。这些技术的进步使研究者能够更全面、准确地研究消费者决策过程中的神经机制。研究者开始使用更先进的实证研究设计以探索消费者行为和决策过程中的神经基础。研究者开始加强不同学科领域之间的合作,如心理学、神经科学、市场营销和经济学等。这种跨学科合作推动了知识的整合和交流,为消费者行为学与神经科学结合的发展提供了更广阔的视野和深度。

近年来,研究者提出了更加精细和复杂的实验设计,以更准确地研究消费者决策过程中的神经机制。同时,一些理论框架,如奖赏神经经济学、情感决策理论等,也被应用于消费者行为与神经科学的研究中,为解释消费者行为提供了新的视角。随着研究的深入,消费者行为学与神经科学结合的研究逐渐向实际应用领域拓展,这包括市场营销、广告优化、产品设计等方面。研究者通过揭示消费者行为的神经机制,为企业和品牌提供有针对性的市场策略和决策支持。

总的来说,消费者行为学与神经科学的结合是一个逐步发展的过程。从早期的初步探索到现在的跨学科合作和应用拓展,这一领域为我们深入理解消费者行为提供了神经科学的视角和方法,并为市场营销和决策制订提供了新的洞察和支持。

1.2.3 消费者神经科学的发展现状

随着神经科学技术的不断进步和跨学科合作的加强,消费者神经科学的发展取得了许多重要进展。了解消费者神经科学的发展现状对于企业、市场营销专业人员和研究机构等来说非常重要,它不仅提供了深入了解消费者的机会,还可以帮助优化营销策略、改进产品设计,并推动科学研究和跨学科合作的发展。

1. 神经影像技术应用

消费者神经科学的发展受益于神经影像技术的广泛应用。随着神经科学技术的不断改进,消费者神经科学研究所使用的方法和技术也在不断发展。神经影像技术,如功能性磁共振成像和脑电图,被广泛应用于研究消费者的大脑活动。同时,神经生物学标记物、眼动追踪、皮肤电活动等生理指标的测量也为研究提供了更多的数据来源。其中,功能性磁共振成像是最常用的一种神经影像技术。功能性磁共振成像可以通过测量大脑血流变化来反映不同脑区的神经活动,为研究者提供实时监测消费者大脑活动的能力。通过功能性磁共振成像技术,研究者可以观察消费者在不同购买场景下的大脑反应,了解消费者对产品、广告和品牌的认知、情感和偏好。

此外,脑电图和脑磁图也广泛应用于消费者神经科学的研究。脑电图可以测量大脑皮层电位的变化,提供高时序的脑电活动信息,适用于研究消费者对刺激的即时反应。而脑磁图则可以测量大脑磁场,其时空分辨率优势使得它成为了解消费者大脑信息处理的重要手段。

神经影像技术的应用使得研究者能够更加深入地了解消费者在购买决策过程中的神经机制,为市场营销策略和广告传播的优化提供了更科学的依据。

2. 市场营销和广告应用

消费者神经科学在市场营销和广告领域的应用日益增多,通过神经科学技术,研究者可以分析消费者对广告和营销策略的反应,了解广告对消费者大脑的影响。这种应用帮助企业优化广告创意和传播策略,提高广告的吸引力和影响力。

通过神经科学技术,研究者可以在消费者没有意识到的情况下,捕捉到消费者的真实反应。传统的市场调查方法可能会受到消费者回答问题的主观偏差,而神经影像技术则能够提供客观的生理数据。例如,研究者可以使用功能性磁共振成像来探测消费者对不同品牌的情感反应,从而更好地理解消费者的品牌态度和忠诚度[8]。

此外,消费者神经科学的研究也可以揭示广告中的情感因素对消费者决策的影响[9-10]。研究发现,情感激发性广告更容易引起消费者的共鸣和情感参与[11],从而增强其对产品或品牌的认知和偏好[12-13]。

3. 品牌认知与消费者体验

消费者神经科学研究涉及品牌认知和消费者体验。通过研究消费者对品牌的神经反应,企业可以深入了解品牌形象在消费者心中的构建过程,并改进品牌战略以提升品牌认知度和忠诚度。

神经影像技术可以帮助研究者探索消费者对不同品牌的情感和认知加工过程。例如,当消费者看到自己喜爱的品牌时,其大脑中的奖赏中枢会被激活,这表明品牌对消费者产生了积极的情感反应[14]。通过了解这些神经反应,企业可以更好地定位品牌形象,使其更加符合目标消费者的期望和需求。另外,消费者神经科学的研究还有助于提升消费者体验,通过监测消费者在购买过程中的大脑活动,企业可以发现购物体验中的痛点和亮点,从而优化产品设计和服务流程,提升消费者的满意度和忠诚度。

4. 个性化营销与推荐系统

消费者神经科学的发展使得个性化营销和推荐系统成为可能。通过分析消费者的神经数据和行为模式,企业可以更准确地预测消费者的需求和喜好,向他们推荐更符合其兴趣的产品和服务。

个性化营销和推荐系统是在消费者大数据时代的必然趋势。消费者神经科学的研究为这一领域提供了新的解决方案。例如,通过分析消费者的功能性磁共振成像数据,企业可以了解消费者对不同产品的大脑反应,从而推断出其喜好和购买意向[15]。同时,神经影像技术也可以帮助企业评估个性化推荐对消费者的影响,从而优化推荐算法,提升个性化推荐的准确性和效果。个性化营销和推荐系统不仅能够提升企业的营销效率,还可以增强消费者体验。消费者在得到个性化的产品推荐时会感到更加被重视和满足,从而增强其对企业的信任和忠诚。

5. 跨学科合作

消费者神经科学的发展离不开跨学科的合作。在消费者神经科学的研究中,神经科学家、市场学家、心理学家、计算机科学家等各个领域的专家都发挥着重要的作用。跨学科合作为消费者神经科学带来了丰富的思想碰撞和创新机会。不同学科的专家可以从不同角度解读消费者大脑的数据,从而深入探索消费者行为背后的多重因素和复杂关联。例如,神经科学家可以帮助市场学家理解消费者的情感反应和决策机制,而市场学家则可以帮助神经科学家更好地选择研究对象和实验设计。

总之,消费者神经科学的发展现状涉及众多方面,包括神经影像技术应用、市场营销和广告应用、品牌认知与消费者体验、个性化营销与推荐系统、跨学科合作等。通过不断深入研究和跨学科合作,消费者神经科学为我们了解消费者行为和决策背后的神经机制提供了新的视角和方法。虽然消费者神经科学在国内取得了一系列进展,但仍然面临一些挑战。其中包括技术设备的昂贵和复杂、样本数量的限制、数据解读和分析的复杂性等问题。同时,伦理和隐私问题也需要得到重视和解决。因此,我们也要注意伦理问题的规范,确保消费者神经科学的研究和应用符合科学和道德标准,为企业提供更科学、更人性化的市场营销和服务。这一领域的发展仍在不断推进,未来将继续拓展我们对消费者行为和市场营销的认识,为企业和消费者带来更多的机遇和挑战。

1.3　消费者神经科学的优势

消费者神经科学作为一门新兴的研究领域具有许多优势,这些优势使其在市场营销、品牌管理和消费者洞察等方面具有重要的应用价值。

1.3.1　学科交叉的必要性

消费者神经科学作为一门新兴的研究领域,涉及神经科学、心理学、市场学、计算机科学等多个学科的知识和技术。学科交叉是消费者神经科学的必要条件,消费者神经科学的优势之一是与其他学科的交叉融合,这使得它在研究消费行为和市场营销方面具有独特的优势。

首先,消费者神经科学的研究需要结合神经科学的技术和方法,如脑成像技术和神经生理学,与心理学的理论和实验设计相结合,以及市场学的消费者行为研究和市场营销策略的应用,综合多维信息,从而深入理解消费者的心理和行为。消费者神经科学旨在探究消费者在购买和消费过程中的心理和行为机制。神经科学的技术和方法可以帮助研究者直接观察和测量消费者大脑的活动,揭示与消费决策相关的神经回路和生物学基础。通过深入理解消费行为的神经机制,可以为企业制订更有效的市场营销策略和产品设计提供科学依据。理解消费决策的生物学基础是消费者神经科学的核心目标之一,这一领域的研究旨在深入探究消费者在购买和消费过程中的心理和行为机制,并揭示其生物学基础。通过深入了解这些生物学基础因素以及它们在消费决策过程中的相互作用,消费者神经科学可以帮助我们更好地理解消费者行为的本质,预测消费趋势,优化市场营销策略,提升产品和服务的满足度,从而实现企业和消费者的共赢。

其次,消费者神经科学能够解析消费者的非语言信息,如情感、情绪和认知过程,这些因素在消费决策中起着重要作用,但通常难以通过传统的市场调研方法获取。通过学科交叉,我们可以综合运用各个学科的研究方法,更好地捕捉和理解这些非语言信息。消费者神经科学作为一门交叉学科,可以帮助我们解析消费者的非语言信息,这些信息通常是消费者在进行购买决策和消费行为时无意识地产生的反应和情感。传统的市场调研方法主要依赖于消费者的自我报告,但消费者在面对复杂的购买决策和情境时,往往难以准确地表达自己的想法和感受。而消费者神经科学采用生理学的方法,如脑成像技术和神经生理学,可以更客观地捕捉和分析消费者的非语言信息,从而深入了解其内心世界和真实的消费动机。消费者神经科学常用的脑成像技术包括功能性磁共振成像和脑电图。通过这些技术,研究者可以观察消费者大脑的活动模式,了解在特定购买场景下,不同商品或品牌对消费者大脑的激活情况。例如,当消费者看到某个产品或广告时,特定的脑区域会受到激活,从而反映出消费者的喜好、兴趣和注意力集中程度。消费者神经科学还可以通过测量消费者的生理指标,如心率、皮肤电反应、眼动等,来了解其在不同购买情境下的生理反应。这些生理指标可以反映出消费者的情绪状态和心理激活程度,帮助揭示购买决策背后的非语言因素。通过结合情绪识别技术,如情感识别算法和面部表情分析,来识别消费者在购买过程中表现出的情感和情绪。例如,通过分析消费者在购物网站上的点击、浏览和评论等行为,结合自然语言处理技术,可以了解消费者对不同商品和服务的情感倾向。消费者神经科学往往采用多种技术的联合分析,综合考虑消费者的生理反应、脑部活动、情绪识别和认知过程,从而得出更全面准确的结论。通过这些方法,消费者神经科学可以揭示消费者的非语言信息,帮助企业更好地了解消费者的需求和喜好,优化产品设计和市场营销策略,从而实现更有效的消费者洞察和品牌管理。同时,消费者神经科学的发展也为深入理解人类消费行为和决策过程提供了新的视角和方法。

最后,不同学科对问题的看法和方法各有侧重,学科交叉能够为消费者神经科学提供全新的视角和思维方式。例如,神经科学的技术可以帮助验证心理学的理论,市场学的行为研究可以为神经科学的实验设计提供更现实和具体的场景。消费者神经科学结合了神经科学、心理学和市场营销学等多个学科的理论框架。这种交叉融合使得研究人员能够综合不同领域的理论,更全面地理解消费者行为的多个层面。神经科学提供了关于大脑活动和认知加工的理论基础,心理学提供了关于行为和心理过程的理论框架,而市场营销学提供了关于消费行为和市场环境的理论指导。学科交叉有助于促进各学科之间的知识交流和合作,从而推动消费者神经科学的创新和发展。不同学科的专家可以共同探讨问题,结合各自的专业知识和技术,为消费者神经科学的研究和应用带来更多新的思路和方法。消费者神经科学的研究需要大量的数据收集和处理,涉及计算机科学和数据分析的技术。学科交叉可以让我们更好地应用计算机科学的方法,处理和分析庞大的神经数据,从而推动消费者神经科学的可持续发展。

综上,消费者神经科学作为一门跨学科的研究领域,学科交叉的必要性使得它能够综合多维信息、解析非语言信息,提供全新视角,推动创新与发展,并实现可持续发展。消费者神经科学的交叉学科性质使其具有实践应用的指导作用。研究人员可以将消费者神经科学的研究成果应用于市场营销策略、产品设计和用户体验优化等实际问题。通过深入了解消费者的神经机制,可以提供个性化的营销方法、改善产品设计和优化用户体验,从而增强消费者满意度和市场竞争力。学科交叉为消费者神经科学的研究和应用带来了更广阔的发展空间和应用前景。

1.3.2　认知神经科学技术的优势

认知神经科学技术的优势在于其能够深入研究人类认知过程和大脑功能,揭示大脑在感知、思考、记忆、决策等认知活动中的机制。具体而言,认知神经科学技术具有以下特点:

(1) 非侵入性研究。认知神经科学技术通常采用非侵入性的方法,如功能性磁共振成像和脑电图,这些技术不需要手术干预,能够在生理学上较为安全地观察和记录大脑的活动。

(2) 高时空分辨率。消费者神经科学技术具有较高的时间分辨率,能够捕捉到大脑活动的瞬时变化。这意味着研究人员可以检测到消费者在购买决策、广告观看、产品评估等过程中的即时反应和认知加工,提供了更准确的时间信息。认知神经科学技术也具有较高的空间分辨率,可以在较短的时间内捕捉到大脑活动的变化,并定位到特定的脑区。这使得研究者可以追踪大脑在认知任务中的实时变化,深入了解认知过程的时间序列和空间分布。

(3) 客观的生理指标。消费者神经科学利用生理指标如脑电图、功能性磁共振成像、皮肤电反应等来衡量消费者的神经活动和生理反应。这些指标提供了客观的量化数据,不受消费者主观回忆或主观报告的影响,从而减少了信息的失真。

(4) 深入理解消费者的非意识过程。消费者神经科学能够揭示消费者的非意识加工过程,即那些发生在消费者意识之外的心理过程。传统的研究方法如问卷调查和访谈主要依赖于消费者的自我报告,而这种方法可能无法完全捕捉到消费者的非意识加工,而消费者神经科学通过测量大脑活动直接揭示了这些非意识过程。

(5) 人类研究对象。认知神经科学技术主要应用于人类研究对象,可以直接观察和测量人类大脑的活动。这使得研究结果更具有可靠性和实用性,可以直接应用于教育、医疗和市场营销等领域。

(6) 跨学科研究。认知神经科学技术是一门交叉学科,涉及神经科学、心理学、计算机科学等多个领域的知识。通过融合不同学科的理论和方法,可以更全面地理解人类认知和大脑功能,推动各领域的发展和创新。

综上,认知神经科学技术的优势在于其非侵入性、高时空分辨率、提供客观的生理指标、深入理解消费者的非意识过程,以及对人类研究对象的研究能力。通过跨学科研究和丰富的实验范式,它为我们深入了解人类认知和大脑功能提供了强大的工具和途径。这些优势使得认知神经科学在认知心理学、神经科学、医学及其他相关领域有着广泛的应用前景。

1.3.3　消费者神经科学对传统消费者行为学的拓展

随着科技的不断进步和神经科学的发展,消费者研究领域正经历着一场革命性的变革。传统消费者行为学一直侧重于研究消费者的心理、社会和文化因素对购买行为的影响,然而,随着消费者神经科学的兴起,我们开始更加深入地了解消费行为背后的神经机制。消费者神经科学通过结合神经科学的技术和方法,直接观察和记录大脑活动,揭示了消费决策与大脑功能之间的联系。这个领域的发展为我们提供了一个全新的视角,使我们能够更加准确地理解消费者的行为动机、情感反应及购买意向。

消费者神经科学对传统消费者行为学的拓展主要体现在对消费者行为科学的机制探索方面。通过结合神经科学的理论和方法,消费者神经科学提供了一种更深入、更全面的研究视角,揭示了消费行为的神经机制和非意识加工过程。

传统的消费者行为学主要依赖于消费者的自我报告和意识加工过程,而消费者神经科学通过测量脑电图、功能性磁共振成像等生理指标,可以直接观察和分析大脑活动,揭示消费者在决策、评估和情感加工等方面的非意识过程。这种机制探索的方式使得研究人员能够更加准确地理解消费者行为的动机、偏好和情感反应。消费者神经科学还提供了一种量化消费者体验的方法,通过测量生理指标,可以准确捕捉消费者对刺激的情感反应和认知加工。这种量化的方法有助于评估消费者的喜好程度和情感体验,并为市场营销策略和产品设计提供科学依据。此外,消费者神经科学强调个体差异在消费行为中的作用。通过研究大脑活动和生理反应,可以了解不同个体之间在决策、偏好和情感反应方面的差异。这种个体差异的理解有助于开发个性化的市场营销策略和定制化的产品设计,更好地满足不同消费者的需求和偏好。

总的来说,消费者神经科学的机制探索对传统消费者行为学进行了有益的拓展。它提供了深入理解消费行为的机制和非意识加工过程的新视角,并为量化消费者体验和个体差异的研究提供了科学方法。这些拓展使得消费者行为研究更加准确、综合和实用,为市场营销决策和产品设计提供了更可靠的依据。它提供了深入、客观、定量的研究视角,揭示了消费行为背后的神经机制和生物基础,为我们更全面地理解和解释消费者行为提供了新的途径。这种拓展将推动消费者行为学领域的发展,并有望在市场营销、广告传播和产品设计等领域提供更精准和有效的指导。

1.4　消费者神经科学的研究内容与应用

1.4.1　消费者神经科学的研究内容

消费者神经科学的研究内容涵盖广泛的领域,旨在深入探索消费者行为的神经机制和生理基础。以下是消费者神经科学的一些主要研究内容:

(1) 决策加工。消费者神经科学研究了消费者在决策过程中的大脑活动。通过脑成像技术,如功能性磁共振成像,研究人员可以观察到消费者在做出购买决策时相关脑区的活动。这包括对商品属性、价格和品牌等信息的加工,以及与奖赏和风险相关的神经活动。研究人员还研究了消费者的决策过程中的认知和情感因素,并探索了决策的非意识加工过程。

(2) 情感和喜好加工。消费者神经科学关注消费者对产品、品牌和广告等刺激的情感反应和喜好加工。通过脑成像和生理指标,研究人员可以观察到消费者对不同刺激的情感体验,如快乐、满意或厌恶。他们还研究了消费者对情感刺激的认知和评估过程,以及情感反应对决策和行为的影响。

(3) 广告效果。消费者神经科学研究了广告对消费者的神经反应和影响。通过观察消费者在观看广告时的脑活动,研究人员可以评估广告的注意力引导、情感激发和记忆效果。他们还研究了广告对消费者购买意图和行为的影响,以及不同类型广告(如情感性广告和理性性广告)对消费者的神经加工的差异。

(4) 品牌认知。消费者神经科学研究了品牌认知的神经机制。通过探索消费者对品牌标识和品牌形象的神经加工,研究人员可以了解品牌的认知和情感维度对消费者行为的影响。他们还研究了品牌知觉和品牌忠诚的神经基础,以及品牌对消费者决策过程的影响。

(5) 社会影响。消费者神经科学关注社会影响对消费者行为的神经基础。研究人员研究了他人意见和社会认同对消费者决策和行为的影响,以及这些影响在大脑中的反应。他们还研究了消费者的社会奖励和社会排斥的神经机制,以及社会因素对消费者购买决策和品牌选择的影响。

消费者神经科学的研究内容涵盖了以上方面及其他相关领域。通过深入探索消费者行为的神经基础,消费者神经科学为我们提供了更全面、深入地理解消费者行为的机制,并为市场营销、广告传播和产品设计等领域提供了有力的科学依据。

1.4.2 具体应用场景:神经营销

市场营销学关注消费者行为、市场营销策略和广告效果等问题,而消费者神经科学为这些问题提供了新的研究方法和工具。市场营销学研究者意识到,传统的自陈报告和行为测量方法可能无法完全揭示消费者的真实心理和情感反应。而神经科学技术能够直接观察和测量大脑的活动,提供了客观的生理指标。这种客观性使得研究人员能够更准确地了解消费者的认知和情感加工过程。消费者神经科学的研究成果对于市场营销决策具有重要意义。它能够揭示广告、品牌和产品对消费者大脑的影响,帮助企业优化市场营销策略和广告创意。通过了解消费者的注意力分配、情感加工和决策过程,企业可以更准确地预测和满足消费者的需求,提高产品的市场竞争力。

随着市场营销学界对神经科学研究的兴趣增加,越来越多的研究开始将神经科学技术应用于广告评估、品牌研究、产品设计等方面。通过研究消费者的大脑反应，市场营销学可以更好地理解消费者对广告和品牌的认知和情感反应，为市场营销决策提供科学依据。

消费者神经科学还可以帮助解决一些传统研究方法难以解决的问题。例如，自陈报告可能受到个体主观偏见的影响，而神经科学技术提供了客观的生理指标；行为测量可能无法准确反映消费者的内在心理过程，而神经科学技术可以直接观察大脑的活动。通过将神经科学技术与传统市场营销研究方法相结合，消费者神经科学为解决这些问题提供了新的途径。

1.5　消费者神经科学的未来趋势

随着市场竞争日益激烈，企业需要制订更加智能化和精准的市场战略，消费者神经科学的未来趋势可以提供更深入的消费者洞察力，帮助企业了解消费者心理、喜好和决策过程。通过对大脑活动的监测和分析，企业可以更好地把握市场趋势，制订更符合消费者需求的战略决策。了解消费者神经科学的未来趋势对企业和研究机构来说具有重要意义。未来趋势将为市场战略决策、个性化营销、用户体验优化等提供更深入的洞察力，同时还需要关注跨学科合作与伦理问题，以保障消费者神经科学的可持续发展。

1.5.1　研究视角多元化

消费者神经科学的未来趋势之一是研究视角的多元化。传统的消费者神经科学主要关注个体的神经机制，但随着研究的深入和发展，人们开始认识到消费者行为是一个复杂的系统，受到多个因素的综合影响。因此，多元化的研究视角成为了该领域的重要发展方向。

通过引入社会因素、情境和环境因素、情绪和情感、健康和幸福感，以及跨文化和跨群体比较等多个研究视角，消费者神经科学能够更全面地理解消费者行为和决策的神经基础。这种多元化的视角有助于揭示消费者行为的复杂性，并提供更深入、准确的洞察力。通过研究社会因素的影响，我们能够更好地理解消费者决策和行为受到社会认知、社会压力和社会影响的影响。考虑到情境和环境因素，我们能够更好地理解消费者在不同情境下的神经响应和决策过程。关注情绪和情感的作用，可以揭示消费者情绪对购买决策的影响，并探索通过神经调节来影响消费者情绪和情感的方式。研究健康和幸福感的神经基础，能够帮助我们理解消费者在健康和幸福方面的偏好和行为。跨文化和跨群体比较则为我们提供了更广泛的视野,使我们能够了解不同文化和群体之间的神经差异,以及对消费者行为的影响。

综上,研究视角的多元化是消费者神经科学未来的重要趋势之一。通过综合考虑多个视角,我们能够获得更全面、深入的消费者行为和决策的神经基础理解,为市场营销、广告和产品设计等领域提供更准确、可靠的科学依据,从而推动消费者神经科学的发展和应用。

1.5.2 研究人员多学科化

消费者神经科学的未来趋势之一是研究人员多学科化。随着对消费者行为和决策的神经基础的研究兴起,越来越多的学科开始加入消费者神经科学的研究中,这种跨学科的合作对于推动该领域的发展至关重要。

消费者神经科学的研究涉及神经科学、心理学、经济学、市场营销等多个学科领域的知识和方法。通过跨学科的合作,研究人员可以更全面地理解消费者行为和决策的神经机制,并从不同的学科视角提出新的研究问题和方法。神经科学提供了研究大脑活动和神经机制的工具和技术,可以帮助揭示消费者决策和行为的生物学基础。心理学提供了对行为和认知过程的理解,可以帮助解释消费者决策的心理机制。经济学提供了有关决策理性和经济效用的理论基础,可以帮助解释消费者在购买过程中的偏好和选择。市场营销学提供了关于市场需求、品牌管理和消费者行为的实际应用经验和知识。

通过跨学科的合作,研究人员可以将不同学科领域的理论和方法相结合,以获得更全面、综合的消费者神经科学研究成果。这种多学科化的研究努力将为我们提供更深入地了解消费者行为和决策的机制,促进我们对市场营销和广告的策略制订和优化,以及产品设计和消费者体验的改进。

综上,消费者神经科学的未来趋势之一是研究人员多学科化。通过跨学科的合作,研究人员能够整合不同学科领域的知识和方法,为消费者行为和决策的神经基础提供更全面、深入的理解,从而推动消费者神经科学的发展和应用。

1.5.3 研究方法定量化

消费者神经科学的未来趋势之一是研究方法的定量化。随着技术的进步和研究工具的不断发展,消费者神经科学正朝着更加定量化的研究方法方向迈进。这种趋势对于深入理解消费者行为和决策的神经机制具有重要意义。

传统上,消费者神经科学主要依赖于神经影像技术,如 fMRI、EEG 等非侵入性神经测量技术。这些技术提供了对大脑活动的定性描述,但在定量分析方面存在一定的局限性。

然而,随着数据分析方法的改进和计算能力的增强,研究人员正在采用更多的定量分析方法来处理消费者神经科学的数据。例如,人工智能技术的应用使得研究人员能够对大规模数据进行模式识别和预测。此外,网络分析方法也被用于研究消费者之间的神经连接和信息传播。

定量化的研究方法使研究人员能够更加客观地量化和分析消费者的神经活动和行为数据,从而获得更准确、可靠的研究结果。这种趋势的发展有助于消费者神经科学从定性描述转向定量分析,提高研究的可重复性和可验证性。定量化的研究方法还有助于建立消费者行为和决策的预测模型。通过对大规模数据的分析和建模,研究人员可以预测消费者的购买行为、产品偏好和市场趋势等,为市场营销和广告策略提供有力的支持。

1.5.4 研究伦理与隐私问题的关注

消费者神经科学的未来趋势之一是对研究伦理和隐私问题的关注。随着技术的发展和神经科学研究的深入,人们越来越关注如何在研究中保护被试的权益和隐私,以及如何合理地使用和处理敏感的神经数据。

消费者神经科学的研究涉及对个体的神经活动和脑部图像进行收集和分析。这些数据包含个体的个人隐私和敏感信息,例如,个人的购买偏好、情感状态和认知过程。因此,研究人员在进行消费者神经科学研究时需要高度关注伦理原则和隐私保护。研究伦理要求研究人员确保被试的知情同意,并保护他们的隐私和个人信息。研究人员应遵守道德准则,确保研究过程中的信息收集、存储和使用符合伦理标准。此外,研究人员还应考虑个体的自主权和隐私权问题,确保数据的匿名化和保密性,以防止个体的身份被泄露。

因此,消费者神经科学的未来趋势之一是对研究伦理和隐私问题的关注。研究人员应遵守伦理原则,确保被试的知情同意和隐私保护,并与相关利益方合作、制定合适的法律法规和伦理准则,以保护个人的隐私权和数据安全。只有在保护隐私的前提下,才能推动消费者神经科学的可持续发展,并为社会带来更多益处。

总体而言,消费者神经科学具有广阔的发展前景。未来的研究将在方法、理论和实际应用方面取得进一步的突破,为我们更深入地理解消费者行为和决策提供更多的见解和指导。然而,伦理和隐私问题也需要得到足够的重视和解决,以确保研究的可持续和道德性。

1.6 小 结

本章深入探讨了消费者神经科学领域的关键内容。首先,我们了解了消费者神经科学的概念及其在研究消费者行为方面的重要性。通过回顾其发展历程,我们了解了消费者神经科学是如何从产生背景中崭露头角,并逐步发展成为一个具有丰富历史的独立领域。我们认识到,这个领域目前正处于积极发展的阶段,涵盖多个学科交叉领域的知识,为我们理解消费者行为提供了新的视角。其次,我们探讨了消费者神经科学的优势,认识到学科交叉对于深入理解消费者行为的重要性。认知神经科学技术的运用不仅提供了更高的研究精度,还为我们揭示了消费者在做出购买决策时所涉及的神经机制。这种技术的应用不仅丰富了传统的消费者行为学研究,还为神经营销等领域的发展带来了新的可能性。最后,在展望消费者神经科学的未来趋势时,我们意识到这个领域有望继续蓬勃发展。随着技术不断进步,消费者神经科学将更深入地探索消费者心理和行为,有助于预测市场趋势、改进产品设计以及创新营销策略。然而,在追求科学进步的同时,我们也需要持续关注伦理和隐私问题,确保技术应用的合理性和人类尊严的保护。

思考题

(1) 消费者神经科学是如何帮助我们理解消费者行为的?讨论消费者神经科学与传统消费者行为科学研究的不同之处。

(2) 解释消费者神经科学研究对于市场营销的实际应用意义是什么?探讨如何利用消费者神经科学的见解来制订更有效的营销策略和提升消费者体验。

(3) 探究消费者神经科学在个性化营销中的潜力如何?讨论如何通过了解消费者的神经反应和情绪状态来实现更个性化的营销策略和定制化的产品推荐。

参考文献

[1] Ramsøy T Z. Introduction to neuromarketing & consumer neuroscience [M]. Ahlgade: Neurons Inc., 2015.

[2] Hubert M, Kenning P, A current overview of consumer neuroscience [J]. Journal of Consumer Behaviour, 2008, 7(4 - 5): 272 - 292.

[3] Plassmann H, Ramsøy T Z, Milosavljevic M. Branding the brain: A critical review and outlook [J]. Journal of Consumer Psychology, 2012. 22(1): 18 - 36.

［ 4 ］Camerer C, Loewenstein G, Prelec D. Neuroeconomics: How neuroscience can inform economics ［J］. Journal of Economic Literature, 2005, 43(1): 9 - 64.

［ 5 ］Finlayson G, King N, Blundell J E. Liking vs. wanting food: Importance for human appetite control and weight regulation ［J］. Neuroscience & Biobehavioral Reviews, 2007, 31(7): 987 - 1002.

［ 6 ］Sanfey A G, Rilling J K, Aronson J A, et al. The neural basis of economic decision-making in the ultimatum game ［J］. Science, 2003, 300 (5626): 1755 - 1758.

［ 7 ］Fugate D L. Neuromarketing: A layman's look at neuroscience and its potential application to marketing practice ［J］. Journal of Consumer Marketing, 2007, 24(7): 385 - 394.

［ 8 ］Santos J P, Seixas D, Brand O S, et al. Neuroscience in branding: A functional magnetic resonance imaging study on brands' implicit and explicit impressions［J］. Journal of Brand Management, 2012, 19(9): 735 - 757.

［ 9 ］Kenning P. What advertisers can do and cannot do with neuroscience［J］. International Journal of Advertising, 2008, 27(3): 472 - 473.

［10］Kenning P, Deppe M, Schwindt W. The good, the bad and the forgotten an fMRI-study on ad liking and ad memory ［J］. Advances in Consumer Research, 2009, 36(3): 4 - 7.

［11］Ambler T, Burne T. The impact of affect on memory of advertising［J］. Journal of Advertising Research, 1999, 39(2): 25 - 34.

［12］Vecchiato G, Cherubino P, Maglione A G, et al. How to measure cerebral correlates of emotions in marketing relevant tasks［J］. Cognitive Computation, 2014, 6(4): 856 - 871.

［13］Balconi M, Stumpo B, Leanza F. Advertising, brand and neuromarketing or how consumer brain works［J］. Neuropsychological Trends, 2014, 16(2): 15 - 21.

［14］Koenigs M, Tranel D. Prefrontal cortex damage abolishes brand-cued changes in cola preference［J］. Social Cognitive and Affective Neuroscience, 2008, 3(1): 1 - 6.

［15］Tusche A, Bode S, Haynes J D. Neural responses to unattended products predict later consumer choices［J］. Journal of Neuroscience, 2010, 30 (23): 8024 - 8031.

第2章
消费者神经科学技术

2.1 概　述

消费者神经科学技术是一门将神经科学与消费者行为学相结合的交叉学科，旨在通过先进的脑成像技术和神经监测方法，深入研究消费者在购买决策过程中的大脑活动和认知过程。这些技术和方法为了解消费者的需求、偏好和行为动机提供了全新的途径，从而在市场营销、产品设计和消费者体验方面发挥重要作用。

认知神经科学技术的起源可以追溯到20世纪中叶。当时，科学家们开始对大脑和心智的关系产生浓厚兴趣，希望能够了解人类思维和行为背后的神秘机制。认知心理学的崛起促使人们开始研究大脑是如何处理信息、进行记忆、学习和决策的。在这一时期，最初的认知神经科学研究主要依赖于神经心理学方法，通过研究患有大脑损伤的患者，观察他们的行为和认知功能的改变来推断大脑特定区域与特定认知功能之间的关系。这种方法虽然有一定局限性，但为认知神经科学的发展奠定了基础。

随着技术的进步，20世纪70年代和80年代，脑成像技术开始崭露头角。功能性磁共振成像技术的出现为研究人类大脑活动提供了革命性的突破。功能性磁共振成像技术能够测量血氧水平变化，间接反映大脑在特定任务下的活动水平，具备较高的空间分辨率。这使得研究者能够更精确地定位与不同认知功能相关的大脑区域，并开始在活体大脑中观察认知过程的实时活动。

随后，认知神经科学的研究受益于其他先进的脑成像技术，如脑电图、脑磁图等。脑电图具有高时间分辨率，能够实时监测大脑神经元的电活动，被广泛用于研究感知、注意、记忆和情绪等认知过程。脑磁图则能够测量大脑产生的微弱磁场，与脑电图相结合可以提供更准确的大脑活动定位信息。此外，神经可塑性的发现也为认知神经科学研究注入了新的活力。神经可塑性是指大脑在学习和记忆过程中的结构和功能上的可变性,这意味着大脑不仅在发育过程中会发生改变,成年后也可以根据环境和经验进行调整和重组。这一发现推动了认知神经科学研究的一个重要方向,即探究学习和记忆对大脑连接和功能的影响,进而为教育和认知康复提供新的策略。

随着脑成像技术的进步,研究者能够更深入地研究认知过程,如感知、注意、记忆、决策等。这些研究为理解人类思维和行为提供了更全面的神经机制。认知神经科学涉及神经科学、心理学、计算机科学等多个学科的交叉,随着跨学科研究的崛起,人们能够更全面地理解大脑和认知的复杂关系,推动了认知神经科学的快速发展。

综上,认知神经科学技术的起源可以追溯到对大脑和心智关系的初步认识,经历了从神经心理学方法到脑成像技术的飞跃发展。随着技术不断进步和认知神经科学研究的不断深入,我们对大脑与认知过程之间的关系有了更全面、深入的了解,也为人类认知和行为相关问题的解决提供了新的途径和可能性。认知神经科学技术的发展历程是一个持续不断的探索过程,始于对大脑电活动的研究,逐步发展为利用先进的脑成像技术来研究大脑与认知过程之间的关系。通过不断突破技术和方法上的限制,认知神经科学为我们揭示了大脑和心智的奥秘,推动了我们对认知过程的理解达到了前所未有的深度和广度。

2.2 消费者神经科学的主要技术

消费者神经科学是一门新兴的跨学科领域,它将神经科学与消费者行为学相结合,旨在深入探究消费者决策和购买行为的神经基础。为了实现这一目标,消费者神经科学依赖于多种先进的技术和方法,以观察和解析大脑在购买决策过程中的活动。这些主要技术的引入为我们揭示消费者心理和行为背后的脑神秘机制提供了前所未有的机遇。在本节中,我们将探讨消费者神经科学的主要技术,包括眼动追踪技术、脑电技术和功能磁共振成像技术,了解这些技术是如何帮助人们洞察消费者思维和情感,以及在市场营销和产品设计中的应用前景。通过这些技术的运用,能够进一步拓展对消费者行为的认知,并为企业制订更有效的市场策略和个性化的消费者体验提供科学支持。

2.2.1 眼动追踪技术

1. 眼动追踪技术概述

眼动追踪技术(Eye Tracking Technology)是消费者神经科学中的一项重要技

术,它通过实时记录和分析个体的眼球运动,揭示消费者在观看广告、产品展示或进行购物时的注意力分布和视觉注意偏好。这项技术的发展为我们深入了解消费者的视觉决策过程和心理反应提供了独特的视角。

眼动追踪技术是通过专门的设备(眼动仪)实时追踪消费者的眼球运动。在实验中,被试通常戴着眼动仪,而他们观看广告、产品或进行购物任务时,仪器会记录和跟踪眼球在不同画面区域的注视位置和停留时间。通过对眼动数据的统计分析,研究者可以确定被试在特定画面中的注意点、注视路径和视觉兴趣区域。眼动追踪技术利用光学原理来监测眼球的位置和运动。一般来说,眼动仪会通过红外线或蓝光照射技术来追踪眼球。在红外线眼动仪中,眼球上会放置一个红外光源,当红外光照射到眼球上时,会在角膜和晶状体上形成反射光。眼动仪中的红外摄像头会实时监测这些反射光的位置,从而得知眼球的运动轨迹。

眼动追踪技术在消费者神经科学研究中的应用非常广泛。首先,它可以帮助了解消费者对广告的反应[1-4]。通过分析消费者观看广告时的眼球运动数据,研究者可以评估广告中不同元素的注意吸引力,比如品牌标志、产品特性和情感表达等。这些信息对于广告设计的优化和评估广告效果具有重要价值。其次,眼动追踪技术可以帮助研究购物行为。在购物环境中,消费者可能会面对众多商品和展示,他们的注意力选择和决策过程涉及复杂的心理因素。通过眼动追踪技术,我们可以了解消费者在购物中的注视焦点,对不同商品的关注程度及购买意向的形成过程,为零售商提供优化商品陈列和展示的建议[5-6]。最后,眼动追踪技术还可以结合其他生理指标和问卷调查等数据,深入分析消费者的认知与情感反应。比如结合脑电图技术,我们可以了解消费者的注意和情感反应如何影响购买决策。这种多模态数据的整合可以为我们提供更全面和准确的消费者行为信息。

2. 眼动的生理基础

眼动是我们日常生活中不可或缺的视觉行为之一。当我们观察周围环境、阅读文字或浏览网页时,眼睛会不断地移动,跳跃和聚焦在不同的目标上。这种眼球运动的过程构成了眼动的基本模式。眼动模式是我们获取视觉信息和感知世界的重要方式,同时也是消费者神经科学研究中的重要焦点之一。通过深入了解眼动的基本模式,我们可以揭示消费者在购买决策、广告识别和产品评估等方面的认知过程和行为特征。

眼动是眼睛在观察环境时产生的一系列快速、无意识的运动,通常包括以下几种类型:

(1)扫视眼动(saccade)。扫视眼动是眼球快速而突然地从一个目标移动到另一个目标的运动。这种眼动通常发生在注视眼动之间,其速度可以高达几百度/秒。扫视眼动的主要作用是使我们能够快速地在视野中转移注意力,以便获取新的信息。

(2) 注视眼动(fixation)。注视眼动是指眼球停留在某个目标上的稳定状态,该状态可持续几百毫秒到几秒钟不等。在注视眼动期间,我们能够详细地处理所观察目标的细节信息,如文字的阅读、物体的识别等。

(3) 视线转移眼动(smooth pursuit)。视线转移眼动发生在我们追踪运动目标时,眼球会以较为平滑的方式跟随目标运动。这种眼动类型使得我们能够保持视线在移动目标上的稳定注视。

(4) 微动(microsaccade)。微动是极小幅度的、快速且短暂的眼球运动,其幅度通常在几角秒(arcsecond)左右。这种微小的眼动通常发生在注视眼动期间,被认为是维持视觉稳定性的一种机制。

眼动的特征和调节机制是由人类视觉系统的生物学基础决定的。眼动是指眼球在观察过程中产生的运动。它是一种复杂的生理现象,涉及多个神经和肌肉的协同工作。人类的眼球是由六个外眼肌和一个视觉肌(称为睫状肌)组成的。这些肌肉的协调作用使眼球能够在三维空间内进行各种运动,包括水平运动(左右眼球转动)、垂直运动(上下眼球转动)和扭转运动(眼球旋转)。眼动的生理基础可以从以下几个方面来介绍:

(1) 眼球肌肉。人的眼球由六个外眼肌和一个内眼肌组成,它们通过神经系统的控制,使眼球能够在不同方向上运动。这些肌肉的收缩和松弛导致了眼球的水平和垂直运动,从而实现了注视点的变换。

(2) 视觉系统。眼睛是视觉系统的重要组成部分。它包括视网膜、视神经和视觉皮层。当光线进入眼睛并落在视网膜上时,视觉信息会被转化成神经信号,然后通过视神经传递到大脑的视觉皮层。视觉皮层是大脑负责视觉信息处理和解释的区域,它参与了眼动的生成和调节。

(3) 注视和扫视。眼动的两种主要模式是注视和扫视。注视是眼球停留在特定点上的状态,通常发生在对视觉信息进行处理和分析时。而扫视是眼球在视觉场景中快速移动的状态,用于获取更多的视觉信息。注视和扫视在观察和认知过程中起着关键作用。

(4) 神经调节。眼动是由多个脑区的神经元调控的复杂过程。大脑中的前额叶皮层、顶叶皮层、边缘系统和脑干等区域参与了眼动的规划、控制和调节。这些区域之间的协同作用使眼球能够快速准确地调整位置,适应不同的视觉任务和环境。

总体而言,眼动是视觉系统高度复杂的生理反应,涉及多个脑区、肌肉和神经元的协调工作。通过研究眼动的生理基础,我们能更深入地了解人类视觉行为的本质,为消费者神经科学的研究提供重要的生物学基础。

3. 眼动追踪的设备介绍

眼动仪是一种用于测量和记录眼球运动的设备,它是眼动追踪技术的核心工具。眼动仪通过红外线或蓝光照射技术,实时追踪眼球的位置和运动,从而能够精确地记录被试在观察视觉刺激时的注视点和注视路径。通过实时捕捉眼球的运动,然后将这些数据传送给眼睛跟踪系统进行处理。在数据采集过程中,被试通常会坐在固定的位置,注视屏幕上呈现的视觉刺激。眼动仪会记录被试的眼球运动轨迹,包括注视点的位置、注视时间和注视顺序等信息。

眼动仪通常由以下主要组件组成:① 眼动传感器。眼动传感器是眼动仪的核心部件,用于检测和记录眼球的运动。现代眼动传感器通常采用红外线或蓝光照射技术,通过监测眼球上的反射光或虹膜纹理,实时追踪眼球的位置和运动。② 眼睛跟踪系统。眼睛跟踪系统是用于捕捉和处理眼动传感器所获得的数据的软件和硬件组件。它负责将传感器采集到的眼动数据进行处理和分析,生成可视化的眼动轨迹和注视点图像。③ 校准设备。在进行实际的眼动数据采集之前,需要对眼动仪进行校准。校准设备通常包括一系列固定点或标记,被试需要注视这些点,以建立注视数据与视觉刺激的空间映射关系。④ 显示屏。显示屏用于呈现被试进行观察的视觉刺激,如图像、视频或网页内容。眼动仪需要精确记录被试在观察过程中的眼动行为,所以显示屏通常具有高分辨率和稳定的刷新率。

眼动仪是根据其测量原理、应用领域和功能特点等不同分类的。以下是几种常见的眼动仪种类:① 红外线眼动仪。这是最常见的眼动仪类型。它通过使用红外线摄像技术来追踪眼球的运动。红外线眼动仪通常在眼球上放置红外光源和红外摄像头,通过监测眼球上的反射光,实时记录眼球的位置和运动。② 蓝光眼动仪。蓝光眼动仪也是一种常见的眼动仪类型。它与红外线眼动仪类似,但使用的是蓝光照射技术。蓝光眼动仪的优势在于可以更准确地追踪眼球的位置和运动,特别是对于高速眼动的记录更为有效。③ 移动式眼动仪。这种眼动仪通常是便携式的,可以安装在头戴式设备或眼镜上。移动式眼动仪允许被试在自然环境中移动,以更好地模拟真实生活中的观察行为,如购物、驾驶等。④ 双眼跟踪眼动仪。双眼跟踪眼动仪是一种能够同时追踪被试双眼的眼动仪。通过比较两只眼睛的运动,可以提高眼动数据的准确性和稳定性,纠正由头部运动或其他因素引起的误差。⑤ 桌面式眼动仪。桌面式眼动仪通常用于实验室环境,被试坐在固定的位置前面,注视屏幕上的视觉刺激。这种眼动仪适用于大多数眼动研究,包括注意力、决策和用户体验等领域。
⑥ VR眼动仪。随着虚拟现实技术的发展,出现了专门用于虚拟现实环境中的眼动仪。这种眼动仪可以追踪被试在虚拟现实世界中的眼球运动,为虚拟现实交互研究提供数据支持。这些不同种类的眼动仪在不同的应用场景和研究需求下都具有各自的优势和适用性。研究者需要根据自己的研究目标和条件选择适合的眼动仪来进行眼动数据采集和分析。

眼动仪广泛应用于多个领域,如心理学、神经科学、人机交互、广告与营销等。通过眼动仪的使用,研究者能够深入研究人类视觉行为、注意力分配、决策过程及对不同刺激的反应,从而为消费者神经科学和其他相关研究提供宝贵的数据和见解。

4. 眼动追踪技术的数据采集

眼动追踪技术的数据采集是通过记录被试在观察视觉刺激时的眼球运动轨迹和注视点来获取相关数据。以下是眼动追踪技术数据采集的一般步骤:

(1) 实验准备。在进行数据采集前,研究人员需要明确研究目的和假设,并确定要使用的眼动追踪设备和实验材料。实验材料可以包括广告、产品图片、网页或其他视觉刺激。

(2) 被试招募。研究人员需要招募一定数量的被试参与实验。被试的人数通常要足够大,以确保结果的统计显著性和可靠性,该数量通常通过以往研究的被试数量为参考,或者通过试点研究确定后续的被试数量。

(3) 设备设置。被试被安装眼动追踪设备。通常,这些设备可以是专用的眼动仪,也可以是带有眼动追踪功能的眼镜或头戴式设备。眼动设备需要校准,以确保准确记录眼球运动。

(4) 实验过程。在实验开始前,研究人员会向被试解释实验的目的和过程,并确保他们理解实验任务。然后,被试会在屏幕上看到所提供的视觉刺激,并被要求根据实验要求进行观察。在此过程中,眼动追踪设备会实时记录被试的眼球运动轨迹和注视点。

(5) 数据记录。眼动追踪设备会将被试的眼球运动数据记录下来。这些数据包括注视点的位置、注视持续时间和眼球运动路径等信息。

(6) 数据存储。记录下的眼动追踪数据会被存储在计算机或服务器中,以备后续分析和解释。

(7) 休息时间。在实验中,适当的休息时间对于减轻被试的眼睛疲劳和确保数据质量很重要。

通过这样的数据采集过程,研究人员可以获得关于消费者在观察视觉刺激时的宝贵数据,从而更好地理解消费者的注意分配和决策行为。

5. 眼动追踪技术的数据分析

眼动追踪技术的数据分析过程包括以下步骤:

(1) 数据预处理。在进行数据分析之前,需要对采集到的眼动数据进行预处理。这包括去除可能的噪声和异常值,以及校准眼动数据,确保数据的准确性和可靠性。

(2) 注视热图(fixation heatmap)。通过将所有被试的注视点叠加在一起,可以创建注视热图,显示视觉刺激上被试的集中注视区域。这帮助研究人员了解哪些区域在观众中引起较高的注意度。

(3) 注视路径(gaze path)。眼动追踪技术可以记录被试在观看视觉材料时的眼球运动路径。通过分析这些路径,研究人员可以了解被试在视觉材料中的浏览方式,如是否按照特定的顺序或模式进行观看。

(4) 注视持续时间(fixation duration)。研究人员还可以分析被试在不同区域停留的时间长度,即注视持续时间。长时间的注视可能表示被试对特定内容或区域有较高的兴趣。

(5) 视觉兴趣区(Area of Interest,AOIs)。研究人员可以事先定义感兴趣的区域,如广告中的品牌标志或产品包装上的特定信息。然后,眼动追踪数据可用于分析被试在这些 AOI 上的注意力和注视情况。

(6) 统计分析。在数据采集和分析完成后,研究人员会使用统计方法来解释和比较不同条件下的眼动追踪数据。这有助于得出关于消费者注意力的结论,并从中提取洞察力来指导市场营销和用户体验设计。

(7) 数据可视化。数据可视化是将眼动数据以图表或图像的形式呈现,使得复杂的数据结果更易于理解和解释。数据可视化可以帮助研究人员从眼动追踪数据中提取重要的特征和模式。

通过这样的数据分析过程,研究人员可以获得关于消费者在观察视觉刺激时的注意力分配等方面的有价值的信息。这些数据分析结果为市场营销、广告设计和用户体验优化提供了重要的依据和指导。

6. 眼动追踪技术的优势与局限性

眼动追踪技术作为消费者神经科学研究中的一项重要工具,为研究者提供了独特的视角,让他们能够深入探究消费者的认知过程、情感反应和决策行为[7-8]。这项技术通过记录被试的眼球运动和注视模式,揭示了人们在购买和消费过程中的注意力倾向、视觉偏好及感知反馈等关键信息。然而,任何一项技术都有其优势与局限性,眼动追踪技术也不例外。本节将着重探讨眼动追踪技术的优势与局限性,以期更好地了解该技术在消费者研究领域的应用和局限,为未来的研究提供有价值的参考。

　　眼动追踪技术的优势:① 非侵入性。眼动追踪技术是一种非侵入性的研究方法,只需让被试佩戴眼动仪,无须使用其他生理传感器或干预措施。这使得研究过程更加自然,不会对被试的行为产生干扰,有助于获得真实、客观的研究结果。② 高时间分辨率。眼动追踪技术能够以高频率记录被试的眼动数据,通常每秒可以记录几十次甚至上百次眼球位置。这使得研究者能够捕捉到被试的即时视觉过程,从而更好地了解消费者的注意力转移和视觉行为。③ 准确性。随着技术的进步,眼动追踪仪的准确性越来越高,现代眼动仪的误差通常在 0.5 度以下。这使得研究者能够获取精确的眼动数据,可靠地分析被试的视觉行为和注视模式。④ 客观性。眼动追踪技术提供客观的指标来评估被试的视觉行为,避免了传统调查方法中受试主观回忆和主观评估的问题。这种客观性有助于提高研究结果的可信度和科学性。⑤ 可用性广泛。眼动追踪技术已经得到了广泛应用,并且在实验室和现场研究中都可以使用。现代眼动仪的大小和便携性也不断提高,使得研究者能够在更多的场景下应用该技术。

　　眼动追踪技术的局限性:① 设备成本。高质量的眼动追踪仪通常价格昂贵,这使得一些研究团队和机构可能难以购买和维护这些设备。设备成本也限制了眼动追踪技术在一些低预算研究项目中的应用。② 适应性。佩戴眼动仪可能对一些被试造成不适,特别是在长时间实验中。眼动仪的佩戴可能干扰被试的自然行为,影响研究结果的真实性。③ 数据处理复杂。眼动追踪产生的原始数据需要经过复杂的处理和分析,包括眼动数据清洗、注视点识别、瞳孔大小校正等。处理过程可能较为烦琐,需要专业的技术支持。④ 限制实验环境。眼动追踪技术通常需要被试坐在固定位置,注视距离和角度有一定限制。这可能使得某些实验场景无法完全还原真实消费环境,影响研究结果的外部有效性。⑤ 个体差异。不同个体的眼动行为存在一定的差异,这可能受到年龄、文化、认知能力等因素的影响。因此,研究者需要充分考虑个体差异对研究结果的影响。

　　综合来看,眼动追踪技术作为一种先进的消费者神经科学工具,具有许多优势,但也需要研究者充分认识和规避其局限性,确保在应用中能够获得准确、可靠、有效的研究结果。

7. 眼动追踪技术在消费者研究中的应用实例

(1) 研究问题。在北美和欧洲,利用营养和健康标语作为强调食品与健康相关方面的工具是一种广泛使用的做法,这些标语是印在食品包装正面的简短短语,表明食品的营养和健康相关的质量。研究表明,营养和健康标语对食物偏好和购买行为有积极的影响,但也有一些研究表明,营养健康标语并不能促进消费者的购买行为。除此之外,有研究认为通过强调不健康食物的健康部分可以减少消费者吃不健康食物的负罪感进而增加其购买行为,但也有研究表明这样做会使消费者产生不信任感因而不会增加购买行为。基于上述争议的现象,以下实验深入研究:① 什么样的标语更能促进消费者的购买行为? ② 标语与食物的健康感知匹配度会不会影响消费者的购买行为?[9]

(2) 研究方法。

① 被试及材料。

被试:招聘人员站在预先设定好的地点,随机选取被试,最终 156 名被试(男:51%,女:49%)的数据被纳入分析。

② 实验材料:橙汁、牛奶巧克力。分别贴有三种不同类型的标语(营养标语、健康标语、口味标语),如图 2-1 所示。

图 2-1　实验材料

③ 眼动仪型号:SMI Eye Tracking Glasses 2 Wireless,60 Hz,(1 280×960)p

④ 实验设计:2 * 3 完全随机实验设计。

自变量:标语类型(营养、健康、口味) * 健康感知度(健康、不健康)。

因变量:对标语的注视时间、食物购买率、问卷评分。

⑤ 实验流程。

实景模拟实验:要求被试想象是在一家普通的杂货店购物,提供被试购物篮。

被试被告知需要对货架上贴有三种标语的橙汁与牛奶巧克力进行购买,橙汁与牛奶巧克力分别选择一种,并用自己的钱付款。购买后进行问卷调查。实验室模拟最真实的购买场景。

（3）研究结果。

① 哪种类型的标语更能促进消费者的购买行为? 研究结果表明,被试对某一标语的注视时间越长,越有可能购买贴有该类标语的产品;虽然被试对橙汁与牛奶巧克力的同类型标语的注视时间没有差异,但是更倾向于选择购买贴有营养标语的橙汁或者贴有口味标语的牛奶巧克力。

② 标语与食物的健康感知度是否匹配,会不会影响消费者的购买行为? 研究结果发现,对于健康感知度高的橙汁,被试往往选择贴有营养价值标语的产品;而对于健康感知度低的牛奶巧克力,被试则更多购买有口味标语的产品。且问卷调查显示,被试更加信任橙汁上的健康与营养标语。因此,食物包装上的标语需要与食物的健康感知度相匹配才能促进消费者的购买行为。

（4）研究结论。本研究的特点在于运用实景模拟使实验更贴近生活实际,实验结果更具有可信度。结果支持了先前的假设,即对健康食品的营养声明会导致积极的评价及购买的增加;而强调不健康食品的口味才会导致购买行为的增加。对不健康食品进行营养或健康声明增加了消费者对该类产品的不信任感,从而对消费者购买偏好、购买意图和实际购买产生中性甚至负面的影响。

2.2.2　脑电技术

脑电技术(electroencephalography, EEG)是一种先进、无创的神经影像学技术,通过记录头皮表面的微弱电位变化来捕捉大脑神经元的活动。脑电技术不仅为我们提供了了解大脑功能和认知过程的窗口,而且在诊断脑疾病、研究认知疾病和探索人类行为背后的神秘机制方面也有着广泛的应用。作为一种非侵入性的记录方法,脑电技术具有高时间分辨率、低成本和较好的实验可重复性等优势,这使得它成为研究大脑功能和认知过程的重要工具。本小节将介绍脑电技术的基本原理、技术特点、仪器设备,以及在消费者神经科学中的应用等方面。

1. 脑电技术概述

脑电技术是一种用于测量人类脑电活动的非侵入性神经科学技术。脑电活动是指大脑神经元在进行信息传递时产生的微弱电信号。这些电信号可以通过放置在头皮上的电极阵列来捕捉和记录。脑电技术可以提供有关大脑活动的宝贵信息,帮助研究者理解脑功能和认知过程。

脑电技术的历史可以追溯到 20 世纪初。最早的脑电记录可以追溯到 1924 年，当时德国的神经科学家汉斯·贝格首次使用电极记录了人类大脑的电活动。此后，脑电技术得到了快速发展，并在临床和研究领域广泛应用。脑电技术的发展受益于电子技术和计算机科学的进步。传统的脑电记录使用电极将脑电信号放大并记录在铅笔和纸张上。随着计算机的出现，脑电记录得以数字化和自动化，大大提高了数据采集和处理的效率和准确性。近年来，脑电技术的发展进一步加速，主要得益于神经科学、计算机科学和工程学等学科的交叉融合。现代脑电技术不仅能够记录脑电信号，还可以结合其他神经科学技术，如功能性磁共振成像、脑磁图等，提供更全面的大脑活动信息。

在临床医学中，脑电技术常用于诊断和监测癫痫、睡眠障碍等脑神经疾病。在认知神经科学和心理学领域，脑电技术用于研究记忆、学习、意识等认知过程。此外，脑电技术还在脑机接口、情感识别、消费者神经科学等领域展现出巨大的潜力。

2. 脑电技术的生理基础

脑电技术的生理基础源于大脑中神经元的电活动。神经元是大脑的基本功能单位，它们通过电活动进行信息传递和处理。脑电技术利用头皮表面的电位变化来测量这些神经元电活动的总体效果，从而揭示大脑功能和认知过程的一些特征。以下是脑电技术生理基础的一些关键点：

（1）神经元的电活动。神经元细胞在通信时会产生电位变化，这是由离子通道的开放和关闭引起的。当神经元兴奋时，离子通道打开，正电荷（如钠离子）流入细胞内，导致内部电位增加。当神经元抑制时，离子通道关闭或开启，负电荷（如钾离子）流出细胞内，导致内部电位降低。

（2）突触传递。神经元之间通过突触进行信息传递。当一个神经元兴奋时，它会释放神经递质物质（如谷氨酸或乙酰胆碱），这些物质通过突触传递到相邻神经元，并触发下一个神经元的电活动。

（3）同步放电。大脑中的神经元经常以一定的频率进行同步放电，形成脑电波。这些脑电波的频率和振幅与大脑的不同状态和认知过程相关。

（4）大脑皮层。脑电信号主要来自大脑皮层，即大脑最外层的灰质区域。大脑皮层是高级认知功能的关键区域，包括感知、记忆、语言、决策等功能。

（5）电导性组织。脑电信号经过大脑皮层和颅骨后，进入头皮表面。脑组织的电导性使得这些微弱的电位变化能够被头皮上的电极捕获和记录。

脑电技术的生理基础使得我们能够非侵入性地观察大脑神经元活动，从而研究大脑功能和认知过程。通过分析脑电信号，研究人员可以揭示不同认知任务、情绪状态、睡眠阶段等的神经活动变化,进而深入了解大脑的工作原理和认知机制。

3. 脑电技术的设备介绍

脑电技术设备在脑电研究和应用中发挥着重要的作用,它们为神经科学研究、临床诊断和消费者神经科学等领域提供了有力的工具,帮助我们更好地理解大脑的功能和行为。目前应用相对广泛的脑电设备有以下几种。

(1)传统脑电设备。传统脑电设备通常由电极、电极帽、放大器和数据采集系统组成。电极通过贴附或固定在头皮上的特定位置来记录脑电信号。电极帽是一个特制的帽子,能够包裹住头部并固定电极的位置,确保准确的信号采集。放大器用于放大脑电信号,使其能够被准确记录和分析。数据采集系统用于记录和保存从电极获取的脑电信号。脑电数据采集完成后通常需要脑电波形分析软件进行后续的数据分析,这些软件可以帮助研究人员查看脑电波形图、提取特定频率的脑电信号,并对不同的脑电波进行频谱分析。常用的脑电波形分析软件包括 EEGLAB、BrainVision Analyzer 等。

(2)可穿戴脑电设备。近年来,随着技术的进步,可穿戴脑电设备成为一种新型的脑电技术。这些设备通常以头戴式或耳戴式的形式出现,更加轻便和便携,使得脑电监测更加方便。可穿戴脑电设备常用于研究者或个人在日常生活中监测脑电信号,用于认知训练、放松和焦虑缓解等应用。

(3)移动应用程序。随着智能手机和可穿戴设备的普及,一些移动应用程序开始提供脑电监测功能。这些应用程序通常与配套的可穿戴脑电设备搭配使用,允许用户在日常生活中监测和记录自己的脑电信号。尽管这些应用程序可能不如专业的脑电设备准确和精确,但它们为大众提供了更加便捷的脑电监测体验。

除了上述设备的介绍,了解传统脑电设备的脑电电极布置和通道系统是脑电信号采集中的重要组成部分,它们对于脑电信号的质量和信息获取具有至关重要的作用。

脑电电极是用于记录脑电信号的传感器,通常是金属或其他导电材料制成。根据实验或研究的需要,脑电电极可以布置在头皮的不同位置,形成不同的电极阵列。常见的脑电电极布置方式包括以下几种:① 10-20 系统。这是最常用的脑电电极布置系统,根据头皮上的特定位置,以 10% 和 20% 的间隔来确定电极的位置。例如 Fp1、Fp2、F3、F4、C3、C4、P3、P4 等。② 10-10 系统。这是一种更为密集的脑电电极布置系统,相较于 10-20 系统,更多的电极位置可以提供更高的空间分辨率。例如 AFz、Fpz、FC1、FC2、CP5、CP6 等。③ 其他系统。除了 10-20 和 10-10 系统,还有一些其他的脑电电极布置系统,如布赖登巴赫系统和全头盔脑电阵列系统。这些系统在特定研究场景中可能会有更好的适用性。

脑电信号的记录需要通过一系列的电极通道来实现。通常情况下,使用多个电极通道可以同时记录不同脑区之间的电位变化,从而获取更全面的脑电信息。脑电通道系统可以分为以下几类:① 单极导联。每个电极与参考电极形成一个单独的通道,这种方式适用于简单的实验和临床监测,但信息量相对较少。② 双极导联。每个电极与相邻电极形成一个通道,可以捕获局部脑区的电位变化,相较于单极导联更具信息量。③ 多极导联。通过同时连接多个电极,可以形成复杂的通道系统,用于获取更全面的脑电信息。多极导联适用于高密度脑电阵列和高空间分辨率的研究。④ 参考电极系统。参考电极用于记录大脑活动与头皮表面电位之间的电压差异。选择合适的参考电极对于脑电信号的分析和解释至关重要。

脑电电极的布置和通道系统的选择取决于研究目的、研究设计和研究对象。在消费者神经科学领域,脑电信号的采集和分析可帮助揭示消费者决策和购买行为的脑神经基础,为市场营销和广告策略提供有价值的洞察和指导。

4. 脑电自发电位与诱发电位

(1) 脑电自发电位。大脑的皮层通常会产生自发放电活动,正常的自发脑电一般处于几微伏到 75 μV 之间,这种自发脑电通常称之为 EEG。人脑的自发电位按频率一般可以分成 α、β、θ、δ、γ 等波段,不同的波段与大脑的不同状态有关。

α 波(alpha 波):α 波是一种频率较低(通常在 8～13 Hz)的脑电波,主要在大脑皮层的静息状态下出现。当人处于闭眼休息或放松状态时,α 波会增加。这种成分与大脑的放松和休息状态相关,也在某些认知任务中起到抑制其他干扰信息的作用。

β 波(beta 波):β 波是一种频率较高(通常在 13～30 Hz)的脑电波。它在大脑皮层的认知任务和注意力集中时出现较多。β 波被认为与大脑活动的激活状态相关,特别是在进行复杂的认知和运动控制时。

θ 波(theta 波):θ 波是一种频率较低(通常在 4～7 Hz)的脑电波,常用于儿童、年老者,以及在一些情绪激动或注意力不集中的人。在某些情况下,θ 波也与注意力、工作记忆和学习能力相关。

δ 波(delta 波):δ 波是一种频率最低的脑电波(通常在 0.5～4 Hz),主要用于深度睡眠和昏迷状态下。它反映了大脑处于休息和修复的状态。

γ 波(gamma 波):γ 波是一种高频脑电波(通常在 30 Hz 以上),在认知任务和大脑信息处理中起着重要作用。γ 波被认为与不同脑区域之间的信息交流和协调相关。

（2）脑电诱发电位。当给机体以某种刺激后经过一定的潜伏期，在脑的特定区域出现的电位反应，称之为事件相关电位（Event-Related Potentials，ERP）。ERP 是一种通过脑电技术记录大脑对特定刺激事件的神经电活动的方法。在脑电信号中，ERP 是与特定刺激或事件相关的电位波形。通过分析 ERP，研究者可以了解大脑对于外部刺激的认知和处理过程，揭示不同刺激对脑功能的影响，以及认知和情绪加工等神经心理学过程。

① ERP 原理。ERP 是大脑对特定刺激或任务的快速反应，通常在刺激呈现后的几百毫秒内出现。ERP 波形的形成涉及多种神经过程，包括感知、注意、记忆和情绪等，因此在认知神经科学和心理学领域中广泛应用。下面对 ERP 波形形成的过程进行详细介绍：

感知阶段：当外部刺激（如视觉图像、听觉声音、触觉刺激等）进入感官系统后，大脑的感觉皮层会对刺激进行初步加工。在感知阶段，不同的感觉信息会被传递到大脑的不同区域进行处理。

筛选和选择：在感知阶段之后，大脑会对来自感官的信息进行筛选和选择。这一过程涉及注意力的作用。如果刺激与被试当前的注意力相关，那么它们将更有可能被选择和加工。

加工和分类：选定的刺激会在大脑的特定区域进行进一步的加工和分类。不同类型的刺激将在大脑的特定区域引发不同的神经反应。例如，面孔刺激会引起大脑的面孔加工区域（如 N170 波形），而注意到不同刺激的差异可能导致 P300 波形的出现。

ERP 波形形成：在经历以上一系列神经过程后，特定刺激事件的神经反应将被整合，并在脑电信号中可见。ERP 波形通常由正负波峰或波谷组成，这些波形根据它们的潜伏期（波形出现的时间点）和极性（正或负）等特征命名。例如，P300 波形是一种正波峰，通常在刺激呈现后 300 ms 左右出现，被认为与注意和信息加工有关。

ERP 波形的解释：不同的 ERP 波形被认为反映了大脑在刺激事件中不同的认知过程和神经机制。例如，N170 波形被认为与面孔加工和识别有关，P300 波形被认为与注意、记忆和认知资源分配有关。通过分析 ERP 波形，研究者可以推断出大脑对特定刺激和任务的认知处理方式和时间窗口。

总体而言，事件相关电位的形成涉及感知、注意、加工和分类等多个神经过程，它为认知神经科学和心理学研究提供了一种非常有价值的工具，帮助我们更好地了解大脑在认知任务中的功能和机制。

② ERP 的经典成分。ERP 波形通常由正负波峰或波谷组成,每个成分都与不同的神经过程和认知功能相关。

P1:出现在刺激呈现后约 100 ms,主要与感觉信息的早期处理有关,例如,视觉刺激的初步加工。

N1:在刺激呈现后约 100 ms 出现,通常与感觉信息的初步加工和注意相关。

N170:在约 170 ms 出现,主要与面孔加工和识别有关。它特别敏感于面孔刺激,通常在大脑的颞叶皮层出现。

P300:通常在刺激呈现后 300 ms 左右出现,与注意、工作记忆和信息加工有关。P300 成分广泛用于研究注意、记忆和决策等认知过程。

N400:通常在刺激呈现后约 400 毫秒达到峰值,在大脑中央和顶部区域呈现负电位波动,与语言处理和语义理解有关。

EPN(Early Posterior Negativity,早期后向负电位):出现在刺激呈现后 200 ms 左右,通常与对情绪刺激的早期加工有关,反应对情绪信息的选择性注意,具有情绪普遍性,情绪性刺激或表情刺激会对其产生影响,某些特定条件下具有自动化加工特性。

LPP(Late Positive Potential,晚正电位/晚期正成分):在刺激呈现后 500~1 000 ms 之间出现,反映对情绪刺激的晚期加工,与对情绪信息的高级认知加工有关,容易受到注意控制的影响。

ERN(Error-related Negativity,错误相关电位):在错误反应后约 100 ms 出现,与监控和错误处理有关。

这些 ERP 成分在实验范式中不同类型的任务和刺激下表现出差异。通过分析 ERP 波形,研究者可以推断大脑对特定任务和刺激事件的认知过程和情感加工,从而帮助我们更深入地了解认知和情感的神经机制。

5.脑电技术的数据采集

脑电技术的数据采集准备过程是确保脑电信号记录质量和研究顺利进行的关键步骤。以下是脑电数据采集准备过程的主要步骤:

(1)研究设计:在进行脑电数据采集前,研究人员需要明确研究目的和假设,并设计实验或任务方案。这包括确定要呈现给被试的刺激类型、任务要求、实验过程和其他相关细节。

(2)被试招募:研究人员需要招募一定数量的被试参与实验。被试的选择要考虑到研究的目标和假设,确保其具有代表性,并满足实验的入选标准。

（3）实验设备准备：确保脑电设备正常运作并校准。这包括检查电极和导联的状态是否良好，放大器和数据采集设备是否正常工作。

（4）被试准备：在进行数据采集前，研究人员需要向被试解释实验的目的和过程，并确保被试理解和同意参与并签署知情同意书。在正式实验之前，被试通常需要通过洗头来保持一个干净的头皮状态，使后续的信号收集采集到高质量的脑电信号。

（5）佩戴脑电帽和打导电膏：将脑电帽戴在被试头上，电极固定在受试的头皮上。电极的位置和数量通常根据国际 10 - 20 系统或其他标准的头皮点位来确定，以覆盖大脑的各个区域。在脑电帽佩戴完成后，在电极点位置注入导电膏。

（6）参考电极设置：为了减少脑电信号的共振参考和噪声，需要选择一些电极作为参考电极。参考电极可以放置在头皮上的其他位置，用于校正电极信号。

（7）实验环境：确保实验室或数据采集环境安静、舒适，没有干扰因素，以保证脑电信号记录的质量。

（8）实验流程：研究人员需要为实验或任务设计合理的流程，确保被试在实验过程中保持放松和专注，避免不必要的运动或干扰。

（9）数据记录和保存：在实验进行过程中，电极会记录被试的脑电信号。这些信号会被放大器放大后传输到数据采集设备上进行存储和记录。记录下的脑电数据会被存储在计算机或其他存储设备上，以备后续的数据分析。

以上过程中，确保被试理解实验过程、准备好实验设备和环境、精确安放电极，以及设计合理的实验流程都是保证脑电数据采集质量和研究顺利进行的重要因素。

6. 脑电技术的数据分析

脑电数据分析是将采集到的脑电信号进行处理和解释，以便获取有关大脑活动和认知过程的信息。脑电数据分析涉及多个步骤和方法，以下是常见的脑电数据分析过程：

（1）数据预处理：在数据分析之前，需要对采集到的脑电数据进行预处理，以去除可能的噪声和异常值。预处理过程包括滤波（如低通滤波、高通滤波）和去除眼电运动和肌电运动等伪迹。

（2）伪迹去除：脑电信号中可能会包含来自眼动和肌电运动的伪迹，需要使用独立成分分析（ICA）等方法进行去除，以保留与大脑活动相关的信号。

（3）时间频域分析：脑电数据可以在时域和频域进行分析。时域分析包括绘制脑电波形图和事件相关电位图，用于观察特定刺激或事件触发的大脑反应。频域分析可以计算脑电信号在不同频带(如 α 波、β 波、θ 波等)的功率和谱密度,用于观察不同频率波的变化。

(4)网络连接性分析:网络连接性分析用于研究不同脑区之间的功能连接,例如,使用相干性或相关性等方法来评估大脑网络的交互作用。

(5)统计分析:在脑电数据分析过程中,统计分析用于比较不同条件下的脑电数据,例如,对比实验组和对照组的差异,或者比较不同任务条件下的脑电反应。

通过这些数据分析过程,可以深入了解大脑的功能和认知过程,揭示不同任务和刺激对大脑活动的影响,为认知神经科学和消费者神经科学等领域提供有价值的信息。

7. 脑电技术的优势与局限性

脑电技术作为一种非侵入性的神经影像学技术,已经在神经科学和认知心理学领域广泛应用,并在消费者神经科学等研究中展现出了独特的优势和潜力。通过记录头皮表面的脑电信号,研究人员可以实时观察大脑神经元的电活动,揭示认知过程和消费者行为背后的神经机制。然而,脑电技术也存在一些局限性,如有限的空间分辨率和受干扰影响等。本节将重点探讨脑电技术的优势和局限性,以期全面了解该技术在消费者神经科学研究中的应用前景。

脑电技术的优势:① 高时间分辨率。脑电技术具有很高的时间分辨率,能够准确地捕捉大脑神经元电活动的瞬时变化。这使得脑电技术在研究事件相关电位(ERP)等需要精确时间测量的任务中非常有优势。② 非侵入性。相比其他神经影像学技术,如功能性磁共振成像或脑电磁图,脑电技术不需要使用强磁场或放射线,对被试无伤害,适用于各类人群,包括儿童和临床患者。③ 低成本。与其他神经影像学技术相比,脑电技术的设备和实验成本较低,使其更易于建立和使用,尤其适合于小型实验室或学术研究项目。④ 丰富的频谱信息。脑电信号包含多种频率的波形,如 α 波、β 波、θ 波等,这些波形与不同的认知过程和大脑状态相关联,能够提供丰富的信息来研究认知功能。因此,脑电技术适用于研究大脑快速变化的过程,如感知、注意和记忆等。

脑电技术的局限性:① 有限的空间分辨率。脑电技术受制于头皮上的电极分布,因此在空间分辨率上相对较低,无法精确定位大脑活动源的位置。② 受干扰和噪声影响。脑电信号易受到外部干扰和身体运动的影响,如眼动、肌肉活动和电源干扰等,这些噪声可能干扰到脑电信号的解释和分析。③ 无法穿透颅骨。脑电信号不能穿透颅骨,因此无法对深层脑结构的活动进行直接观测,只能反映大脑皮层的电活动。④ 个体差异较大。由于每个人的脑电信号特征有所不同,研究结果可能受到个体差异的影响,需要进行个体化分析。⑤ 数据处理复杂。脑电信号的数据处理较为复杂,需要采用一系列的数据预处理和分析技术,以确保数据的准确性和可靠性。

综合而言,脑电技术作为一种独特的神经影像学技术,在研究大脑活动、认知过程,以及与消费者行为相关的神经机制方面具有独特的优势和潜力。然而,研究人员在应用脑电技术时需要充分考虑其局限性,并结合其他神经影像学技术和行为测量方法,以获得更全面和准确的研究结果。

8. 脑电技术在消费者研究中的应用实例

(1) 研究背景。在商品售卖的过程中通常存在三种类型的信息欺骗:隐瞒、含糊其词和弄虚作假。以往大量研究表明,一定范围内的较大折扣会使产品得到积极的评价,从而产生较高的购买意愿。卖家可能会通过伪造实际原价,试图使折扣看上去很大。因此在信息不对等情况下,消费者很容易被欺骗,从不诚实的卖家那里购买产品。但是,当消费者对商品的实际原价和促销价格有足够了解时,价格欺骗(如对原价的伪造)对购买决策的影响又会怎么样? 目前这方面的相关研究还非常少[10]。

(2) 研究方法。

① 被试:本研究共采集在校大学生 18 人,年龄在 18～21 岁(M±SD＝19.53±1.07),无神经或步态障碍病史,所有被试视力正常或视力矫正后正常,且没有神经或心理障碍。经书面知情同意自愿参加本研究。

② 刺激材料:实验选取京东商城的 20 个产品的彩色照片,每个产品 2 张相似的图片。产品都是被试熟悉的物品,如纸巾、马克杯、真空眼镜、耳机、USB 闪存驱动器和鼠标。产品原价 18～154 元(以人民币计,M＝￥65.05,SD＝39.11)以收集数据时的汇率为基础,计算两家不同网上商店中每种产品价格的平均值。本实验要求被试想象他们在购物节开始前几天在网上商店浏览了一件商品,并在购物节期间再次检查该商品的价格。在真实情况下,购物节期间展示的原价与实际原价一致,促销价正好低于展示原价,随机打 20%～30%的折扣。然而,在欺骗条件下,尽管促销价格与每件产品的真实情况相同,但展示的原价比实际原价高出 50%。为了使购物任务更真实,消除可能的混淆因素,每个被试将每个产品的 2 张图片随机分配到两种情况下。每个试验重复一次,因此,在两种情况下都有 40 个试验,总共有 80 个试验。

③ 实验流程:每个被试在正式实验前要进行 10 次练习以熟悉任务,每次实验开始时,在屏幕中央呈现一个"＋"字注视点,持续 1 000 ms,然后在 3 000 ms 时显示产

品图片和价格信息(S1,4.4°×5.0°视角)。被试在实验前被告知,图片显示的是购物节开始前产品的价格。然后,有一个随机持续时间为 400~600 ms 的间隔。然后,展示促销期间的价格信息(S2,3.9°×1.8°的视角),促销价格(红色)位于显示的原价正下方(黑色,划线)。被试必须决定是否购买 3 000 ms 的产品。一个键盘被用来记录响应,并且被试之间的响应-手分配被平衡。S2 消失后,间隔时间为 800 ms。试验分为两个组,每个组的试验顺序是随机的。使用 E-Prime 2.0 呈现刺激并记录行为数据。脑电实验做完后,休息约 15 min,被试被要求完成一个评级任务(以下简称任务1),他们必须再次查看每个产品和利率被认为虚伪,诚信,价格公平感知效益和未来的购买意愿。所有的评分都采用利克特 7 分制,范围从"(1) 完全不同意"到"(7) 完全同意"。由于在任务 1 中没有评估愤怒程度和感知风险,因此进行了后续实验(以下简称任务 2)。

(3) 研究结果。

① 行为实验结果:购买率的重复测量方差分析显示价格欺骗有显著的主效应($F_{(16)}=22.562$,$p<0.01$,$\eta2p=0.585$),真实情况下($M=0.74$,$SE=0.05$)的购买率高于欺骗情况下($M=0.33$,$SE=0.06$)。此外,反应时间的也显示价格欺骗主效应显著($F_{(16)}=9.199$,$p=0.008$,$\eta2p=0.365$)。在欺骗条件下($M=1\ 228.15$ ms,$SE=88.78$),被试做出决策的时间比在真实条件下($M=1\ 082.89$ ms,$SE=61.65$)要长,如图 2-2 所示。

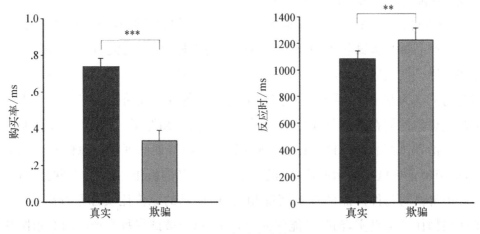

图 2-2　行为实验结果

对实验后被试的主观评分进行统计分析发现,欺骗条件下的消费者感知欺骗、愤怒程度和感知风险显著高于真实条件。而信任、价格公平、感知利益和未来购买意愿在真实情况下更高(见表 2-1)。

表 2-1　实验后被试主观评分

任　务	变　量	真实条件下		欺骗条件下		F	P
		M	SE	M	SE		
任务 1	感知欺骗	1.81	0.14	6.09	0.17	255.482	0.000
	信任	5.67	0.16	2.85	0.20	93.105	0.000
	价格公平	5.29	0.18	3.54	0.29	24.388	0.000
	感知利益	5.11	0.24	4.12	0.27	25.529	0.000
	未来购买意愿	5.15	0.18	3.51	0.20	65.523	0.000
任务 2	愤怒程度	3.18	0.20	3.78	0.20	4.598	0.034
	感知风险	3.83	0.18	4.35	0.18	4.219	0.042

② ERP 结果：N2 波幅的方差分析表明，价格欺诈（$F_{(16)}=2.613$，$p=0.126$，$\eta2p=0.140$）和左右偏侧性（$F_{(32)}=0.097$，$p=0.908$，$\eta2p=0.006$）主效应不显著，而大脑前后偏侧性主效应显著（$F_{(16)}=9.874$，$p=0.006$，$\eta2p=0.382$）。价格欺骗和左右偏侧性交互作用显著（$F_{(32)}=3.289$，$p=0.070$，$\eta2p=0.171$）。简单效应分析发现，价格欺骗在左侧电极（$p=0.029$）和中线电极（$p=0.081$）显著，在右电极（$p=0.585$）不显著。在左侧电极（F3，FC3）上，相对于真实条件，欺骗性条件诱发了更负的 N2 波幅。其他交互效应统计不显著。

LPP 波幅的方差分析表明，价格欺诈（$F_{(1,16)}=10.864$，$p=0.005$，$\eta2p=0.404$）主效应显著，真实条件下 LPP 波幅更大。前后偏侧性（$F_{(4,64)}=10.441$，$p=0.001$，$\eta2p=0.395$）主效应显著，但左右偏侧性主效应（$F_{(2,32)}=1.819$，$p=0.179$，$\eta2p=0.102$）不显著。交互作用不显著。结果如图 2-3 所示。

（4）研究结论。本研究试图探讨价格欺诈对消费者购买决策的影响及其神经基础。从行为上看，真实条件比欺骗条件导致更高的购买率和更短的反应时间，真实条件下的参与者表现出更高的购买率。

电生理结果与行为结果一致。和欺骗条件相比，真实条件下 N2 减少，表明欺骗条件下的被试经历了更强烈的决策冲突；真实条件下 LPP 增大，表明真实条件下形成了更积极的主观评价。

本研究的发现可能会对电子商务平台、在线零售商和消费者有所启发。价格欺诈一旦被发现，可能会损害卖家的长期利益。因此，建议网络卖家应遵守法律法规，以吸引和留住客户。同时，电子商务平台应该建立一种机制，向消费者披露更准确的历史价格信息，或提醒消费者潜在的风险，帮助他们做出明智的决策。

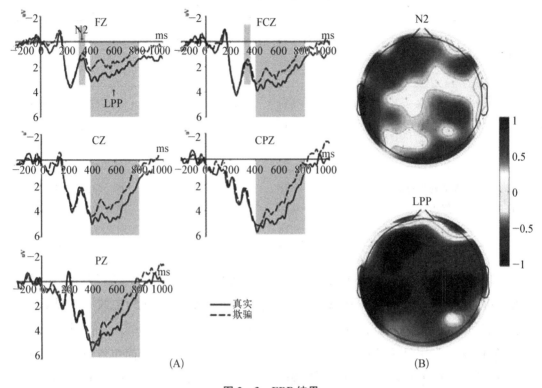

图 2 - 3　ERP 结果

(A) 五个代表性中线电极(FZ、FCZ、CZ、CPZ 和 PZ)的平均波形；
(B) N2 和 LPP 差异波的地形图(欺骗条件减去真实条件)

2.2.3　功能性磁共振成像技术

功能性磁共振成像(fMRI)是一种非侵入性的神经影像技术,用于测量和研究大脑在不同任务和刺激条件下的功能活动。它通过利用磁共振成像技术和血氧水平依赖性(Blood Oxygenation Level Dependent,BOLD)信号,提供了对大脑神经活动的直接观测和分析。fMRI 技术已经成为神经科学、心理学和医学领域中广泛应用的工具,为我们揭示了大脑功能和认知过程的奥秘。通过非侵入性、高空间分辨率和相对较好的时间分辨率,fMRI 技术为研究者提供了一个独特的视窗,使我们能够深入了解大脑在感知、注意、记忆、语言、决策和情绪等方面的神经机制。在本节中,我们将探讨 fMRI 技术的原理、数据采集和处理方法,及其在消费者神经科学领域的应用。

1. 功能性磁共振成像技术概述

功能性磁共振成像技术是一种通过测量血液氧合水平变化来反映脑区活动的方法。它利用了 MRI 技术的原理,结合了血液氧合水平依赖性信号和神经-血管耦合机制,实现对脑活动的成像和分析。在脑区活动增加时,脑细胞的代谢活动也会增加,导致周围的血液流量和氧气供应增加。这一过程被称为神经-血管耦合(neurovascular coupling),是 BOLD 信号产生的基础。BOLD 信号是一种磁共振信号,它的强度与血液中氧合态血红蛋白和脱氧态血红蛋白的比例有关。BOLD 信号是功能性磁共振成像中常用的信号测量指标,用于推测大脑活动水平的变化,其产生涉及血流、血氧含量和血容量等生理变化。

BOLD 信号的产生机制可以从以下几个方面来考虑:① 神经活动引起的代谢需求变化。当大脑某个区域的神经元活跃时会引起局部代谢率的增加。神经活动所需的能量主要依赖于氧气和葡萄糖的供应。活跃的神经元会通过不断的离子传递、合成和分解等生物化学过程来完成其功能活动,从而产生额外的能量需求。② 代谢需求增加引起的血流调节。活跃的神经元需要更多的氧气和营养物质供应,而血液是提供这些物质的主要载体。为了满足神经活动的能量需求,血流会向活跃脑区增加。这种局部血流的增加被称为功能性血流增加(functional hyperemia)。③ 神经-血管耦合机制。神经-血管耦合机制是调节脑血流和神经活动之间关系的重要机制。在大脑的皮层和神经元网络中,活跃的神经元通过释放一系列的信号分子,如一氧化氮(NO)、乙酸等来调节周围的血管。这些信号分子会扩张血管,增加血流量,以满足活跃区域的能量需求。④ 血液中氧气供应和消耗的平衡。当脑区活跃时氧气的消耗量会增加。由于血液的氧气含量和供应速率有限,活跃区域的血液会逐渐失去氧气,氧合态血红蛋白(oxyhemoglobin)逐渐转化为脱氧血红蛋白(deoxyhemoglobin)。⑤ 氧合态血红蛋白和脱氧血红蛋白的磁性质差异。氧合态血红蛋白和脱氧血红蛋白在磁场中的磁性质不同。氧合态血红蛋白对磁场产生的扰动小于脱氧血红蛋白。这是因为氧合态血红蛋白中的铁离子(Fe^{2+})的磁性质与周围分子的磁性相互抵消,而脱氧血红蛋白中的铁离子并不完全抵消。因此,当活跃区域的氧合态血红蛋白减少、脱氧血红蛋白增加时,局部磁共振信号会发生改变。

综上,BOLD 信号的产生机制涉及神经活动引起的代谢需求变化、血流调节机制、神经-血管耦合机制,以及氧合态血红蛋白和脱氧血红蛋白的磁性质差异。通过监测这些生理变化,fMRI 可以间接地推测出大脑区域的神经活动水平。这使得我们能够在非侵入性的情况下观察和研究大脑功能的活动模式,进一步了解大脑的结构和功能。

2. 功能性磁共振成像(fMRI)与结构性磁共振成像(sMRI)的区别

功能性磁共振成像和结构性磁共振成像是两种常用的磁共振成像技术,用于研究和可视化大脑的不同方面。它们在成像目标、数据获取和信息内容等方面存在一些区别。

（1）在成像目标方面：功能性磁共振成像旨在测量大脑在特定任务或刺激下的功能活动,它主要关注大脑不同区域的活动模式,并用于探索大脑功能连接、认知过程和神经活动的空间和时间特征。结构性磁共振成像旨在获取大脑的解剖结构信息。它主要用于生成高分辨率的脑部结构图像,包括脑皮层、脑组织、解剖结构、脑区分布等。

（2）在数据获取方式方面：功能性磁共振成像通过监测脑血氧水平变化来推测脑区的神经活动。它通过一系列图像扫描来获取血氧水平依赖性信号,反映不同脑区的活跃程度。结构性磁共振成像通过获取大脑组织的信号强度和空间分布来呈现脑部结构。它使用脉冲序列来捕获组织信号,包括脑灰质、白质、脑脊液等。

（3）在信息内容方面：功能性磁共振成像提供了大脑在特定任务或刺激下的活动模式信息。它可用于检测脑区的功能连接性、激活区域的分布和时序特征,以及不同条件下的脑活动变化。结构性磁共振成像提供了大脑的解剖结构信息。它可以呈现脑部的灰质和白质分布、脑组织的体积和形态,以及脑区的空间位置和形状。

尽管功能性磁共振成像和结构性磁共振成像在成像目标、数据获取和信息内容等方面存在差异,但它们通常可以互相补充。结合这两种技术,研究人员可以获得更全面和深入的大脑信息,同时结构和功能的相互关系也能更好地被理解。

3. 功能性磁共振成像设备简介

在功能性磁共振成像实验中,被试被置于 MRI 扫描仪中,通过特定的任务或刺激来激活大脑的特定区域。MRI 仪器会生成一系列的图像,每个图像代表了被测者脑区的磁共振信号强度。通过对这些图像进行分析和比较,可以确定不同脑区的活动水平。

功能性磁共振成像机器由多个关键组件组成,包括主磁体、梯度线圈、射频线圈和图像处理系统。

主磁体：功能性磁共振成像机器中最重要的组件之一是主磁体,它创建了强大的静态磁场。主磁体通常采用超导磁体技术,通过电流流过超导线圈产生强磁场。常见的主磁体强度包括 1.5T 和 3.0T,更高的场强也可用于特殊研究需求。

梯度线圈：梯度线圈是用于产生空间梯度场的组件,用于定位和选择感兴趣的脑区。梯度线圈通常包括 X、Y 和 Z 三个方向上的梯度线圈,可以控制磁场在不同方向上的变化速率。这些梯度场的变化被用于在图像处理中确定空间位置。

射频线圈：射频线圈用于产生和接收无线电波信号,用于刺激大脑和记录脑活动的响应。射频线圈位于患者或被试的头部,可以向大脑区域发送无线电脉冲并接收相应的信号。

图像处理系统：功能性磁共振成像机器还包括图像处理系统，用于记录、处理和分析成像数据。这些系统通常包括计算机、图像处理软件和数据库，用于存储和管理大量的成像数据，并进行数据预处理、图像重建和统计分析。

除了上述关键组件，功能性磁共振成像机器还可能包括运动追踪系统、生理监测设备和视觉或听觉刺激设备等辅助设备，以确保扫描过程的稳定性和准确性。

需要注意的是，功能性磁共振成像机器在使用过程中需要严格遵守安全和操作规程。由于强磁场和射频辐射的存在，特定的安全预防措施需要采取，以确保被试和操作人员的安全。

总的来说，功能性磁共振成像机器是一个复杂的系统，通过强磁场、梯度线圈、射频线圈和图像处理系统等关键组件，实现对大脑功能活动的成像和分析。它为研究人员提供了探索和理解大脑内部运作的有力工具，促进了神经科学、心理学和医学领域的研究和应用。

4. 功能性磁共振成像数据采集过程

功能性磁共振成像是一种非侵入性的神经影像技术，用于测量大脑在不同任务和刺激下的功能活动。下面是功能性磁共振成像数据采集过程的一般流程。

被试准备：在进行功能性磁共振成像扫描之前，被试需要进行必要的准备工作。这包括填写知情同意书、填写调查问卷、确认身体健康状况，了解和理解扫描过程和实验任务。

（1）仪器校准：在进入扫描室之前，被试需要移除所有的金属物品，如首饰、手机、手表等，以避免干扰对磁场和扫描结果。同时，被试会接受仪器校准，如确定头部的位置和确定扫描计划。

（2）头部固定和感兴趣区域定位：被试的头部将被放置在头部固定装置中，以确保头部的稳定性和一致性。在一些实验中，可以使用定位扫描序列来确定感兴趣的脑区位置，如结构性磁共振成像或功能定位扫描。

（3）功能扫描：在功能扫描中，被试需要按照实验设计和任务要求进行任务执行。常见的功能任务包括视觉刺激、听觉刺激、语言任务、注意力任务等。被试通常需要观看、听取或进行特定的任务，并尽量保持静止和不动。

（4）扫描序列：功能性磁共振成像数据采集通常使用血氧水平依赖性成像技术。常用的扫描序列包括：

梯度回波（Gradient Echo，GRE）序列：GRE 序列是一种常用的快速成像序列，可以提供较高的时间分辨率，常用于观察脑活动的动态变化。

回波（Spin Echo，SE）序列：SE 序列通过控制脉冲序列来获得更高的空间分辨率和对比度，适用于解剖结构的定位和观察。

脑功能连续成像(Echo Planar Imaging, EPI)序列：EPI 序列是一种特殊的序列，可以在较短的时间内获取多个图像切片，适用于功能活动的快速采集。

多梯度回波(Multi-Gradient Echo, MGE)序列：MGE 序列可以提供更好的对比度和灵敏度，适用于观察局部灰质和白质的结构和功能。

扫描参数设置：扫描参数是指采集功能性磁共振成像数据时设置的一些关键参数，包括 TR(重复时间)、TE(回波时间)、矩阵大小、切片厚度、扫描时长等。这些参数会影响数据的时间分辨率、空间分辨率和噪声水平等。

(5) 数据保存和后续处理：扫描结束后，采集到的原始功能性磁共振成像数据将会被保存下来，以便进行后续的数据处理和分析。原始数据通常以 DICOM 或 NIfTI 格式保存，并可以使用专业的功能性磁共振成像分析软件进行数据预处理、统计分析和可视化。

需要注意的是，功能性磁共振成像数据采集过程需要在控制条件下进行，以减少可能的干扰和误差。同时，由于每个研究项目的需求和实验设计的差异，具体的数据采集过程和扫描序列可能会有所不同。因此，在进行功能性磁共振成像研究时，研究者需要根据具体情况制订合适的实验方案，并在合适的专业人员的指导下进行数据采集。

5. 功能性磁共振分析流程

功能性磁共振成像数据的预处理是对原始数据进行一系列处理步骤，以减少噪声、伪迹和个体差异的影响，并为后续的数据分析提供更准确和可靠的结果。功能性磁共振成像数据预处理的一般流程主要有以下几个步骤：

(1) 数据格式转换。将原始功能性磁共振成像数据转换为常见的数据格式，如 NIfTI 格式，以方便后续处理和分析。

(2) 切片定时校正。校正由于 MRI 扫描过程中切片的采集时间差异引起的图像偏差。这可以通过重新排列切片的顺序或使用插值方法来实现。

(3) 运动校正。对于被试在扫描过程中的头部运动，需要进行运动校正以消除运动引起的伪迹。通过将每个时间点的图像与参考图像对齐，可以计算出运动参数并进行校正。

(4) 空间配准。将功能性磁共振成像图像与标准脑模板进行空间配准，以实现不同个体之间或不同时间点之间的比较和分析，这通常涉及线性或非线性的图像配准算法。将每个时间点的图像与参考图像(如标准大脑模板)进行配准，以确保不同被试之间或不同时间点之间的数据可以进行比较。这种对齐可以消除不同扫描时间点或成像模态之间的空间变化和形变，以保证数据的一致性和可比性。

（5）去除噪声。使用各种方法去除与噪声相关的成分，如脑脊液脉动、心跳和呼吸等。常用的噪声去除方法包括主成分分析（PCA）、独立成分分析（ICA）和滤波技术。

（6）空间平滑。对数据应用高斯平滑以增强信号与噪声之间的比例。空间平滑有助于提高统计分析的可靠性和灵敏度，同时也会平滑空间分辨率。

（7）时间滤波。对数据进行低通滤波，以去除高频噪声和伪迹。常用的时间滤波方法包括带通滤波和高斯滤波。

（8）估计和移除全局信号。全局信号通常是与呼吸和心跳相关的低频波动。估计和去除全局信号可以减少其对数据的影响，提高数据质量。

（9）统计模型建立。根据实验设计和研究问题，建立相应的统计模型。这可能涉及设计矩阵的构建、预测变量的设置和回归分析等。

（10）时序分析。激活检测：使用统计方法检测脑活动在特定任务或刺激下的激活区域。常见的方法包括广义线性模型（GLM）和独立成分分析（ICA）等。

（11）激活显著性校正。校正多重比较引起的显著性水平问题，以控制假阳性率。

（12）激活区域定位。确定激活区域的空间位置和区域大小。

（13）空间分析：网络连接性分析。通过计算不同脑区之间的功能连接性，揭示大脑网络的结构和功能。

（14）区域兴趣分析。选择特定脑区进行深入分析，研究其在特定任务或刺激下的功能变化。

（15）功能图像分析。生成功能活动的空间图像，以显示大脑不同区域的活动模式。

（16）结果解释和统计分析。结果展示：使用可视化工具和软件，在大脑模板上展示激活区域或功能连接网络。统计分析：使用统计学方法对结果进行分析，以确定不同条件下的差异性和显著性。

（17）群体统计分析。将多个被试的数据进行群体水平的统计分析，以探索和比较不同条件下的脑活动差异。常用的群体统计方法包括 t 检验、方差分析和回归分析等。

以上是功能性磁共振分析的一般流程，具体的流程和步骤可能会因研究目的和技术需求而有所不同。此外，随着技术的发展和新方法的引入，功能磁共振分析流程也在不断演变和改进，以更准确地解释和理解大脑的功能活动模式。

6. 功能性磁共振成像技术的优势和局限性

功能性磁共振成像技术具有许多优势，使其成为研究大脑功能活动和认知过程的常用工具。功能性磁共振成像技术具有几个主要优势：① 非侵入性。功能性磁共振成像是一种非侵入性的成像技术，不需要手术或注射物质进入身体。通过检测磁共振信号，可以获得大脑活动的空间分布和时间序列，而不对被试的身体产生伤害。② 高空间分辨率。功能性磁共振成像具有很高的空间分辨率，能够检测到脑区的细小变化。典型的功能性磁共振成像图像分辨率为 1～3 mm，可以显示出大脑的解剖结构和功能区域。这使得研究者能够准确地确定激活的脑区，并进行精细的空间分析。③ 较好的时间分辨率。尽管相对于其他神经影像技术，功能性磁共振成像的时间分辨率较低，通常为几秒至几十秒级别。但对于许多神经科学研究的目的而言，这种时间分辨率已足够。通过分析 fMRI 信号的时间序列变化，可以推断出不同时间段内的脑活动模式，揭示大脑的动态功能连接。④ 脑覆盖。功能性磁共振成像技术能够对整个大脑进行成像，覆盖全脑的活动。这使得研究者可以探索大脑各个区域之间的相互作用和功能网络，了解不同区域在特定任务或刺激下的协同活动。⑤ 多模态成像。功能性磁共振成像可以与其他神经影像技术结合，如结构性磁共振成像、脑电图和磁脑图等，进行多模态成像。这种多模态成像的结合能够提供更全面和准确的大脑结构与功能信息，从不同角度探索神经活动的机制。⑥ 可重复性和可靠性。功能性磁共振成像技术具有较高的重复性和可靠性，能够在不同时间点和被试之间进行可重复的成像。这使得研究者可以进行长期跟踪和纵向研究，观察个体或群体的大脑功能变化。⑦ 丰富的数据分析方法。功能性磁共振成像提供了多种数据分析方法，包括基于激活区域的统计分析、功能连接分析、时空模式分类等。这些分析方法使研究者能够深入研究大脑的功能连接、网络结构和动态变化。

总的来说，功能性磁共振成像技术以其非侵入性、高空间分辨率、较好的时间分辨率、全脑覆盖和多模态成像等优势，成为研究大脑功能和认知过程的重要工具。它提供了对大脑活动的非常细致和全面的了解，为神经科学研究和临床应用提供了有力的支持。

尽管 MRI 技术在神经影像学领域中具有许多优势，但它也存在一些局限性：① 低时间分辨率。相对于其他神经影像技术，MRI 的时间分辨率较低。传统的 fMRI 技术的时间分辨率通常在几秒至几十秒级别，无法捕捉到大脑神经活动的快速动态变化。这限制了 MRI 在研究大脑动态过程和事件相关性的应用。② 成像信号受多种因素影响。MRI 信号受到多种生理和物理因素的影响，如脑脊液脉动、呼吸和心跳等。这些因素会引入噪声和伪迹，干扰成像质量和结果的解释。因此，在 MRI 研究中需要采取相应的技术手段来处理这些噪声和伪迹。③ 需要特殊的设备和环境。MRI 成像需要昂贵的设备和专门的磁共振仪，同时需要特殊的环境条件，如强磁场环境和低噪声环境。这增加了研究的成本和实施的难度,限制了 MRI 技术在某些场景下的应用。④ 数据处理复杂。MRI 技术产生的原始图像数据较大,需要进行复杂的数据处理和分析。数据处理包括运动校正、空间配准、去除噪声、时间序列分析等步骤,需要专门的软件和算法来处理和解释数据。⑤ 解析度限制。尽管 MRI 具有较高的空间分辨率,但其空间分辨率仍然受到一些限制。小脑结构和深部脑区的成像相对困难,因为这些区域通常与磁场不均匀性和成像伪迹有关。⑥ 移动伪影。被试的头部移动或不稳定性可能会导致成像中的伪影,降低成像的质量和准确性。为了解决这个问题,需要采取运动校正技术来补偿或校正运动伪影。⑦ 对比度和灵敏度限制。MRI 技术在某些组织或病理状态下的对比度和灵敏度较低,可能导致图像中一些细节的缺失或难以观察。因此,针对不同的研究目标和问题,需要采用不同的成像序列和技术来改善对比度和灵敏度。⑧ 个体差异和统计分析。不同个体之间存在结构和功能上的差异,这对于群体统计分析和结果解释带来挑战。为了解决这个问题,需要进行个体化的数据分析和统计模型。⑨ 安全性问题。MRI 技术使用强磁场和无线电频率,因此需要特别注意被试的安全。对于某些人群,如孕妇、患有金属植入物或心脏起搏器的人士,以及对狭小空间或噪声敏感的人,需要特殊的注意和预防措施。

综上,MRI 技术具有许多优势,但也存在一些局限性和挑战。通过技术的不断改进和创新,可以克服这些问题,并进一步拓展 MRI 在神经影像学领域的应用。此外,与其他神经影像技术的结合和跨学科的合作也有助于解决一些局限性和挑战,提高 MRI 技术在研究和临床应用中的效能。

7. 功能性磁共振成像技术在消费者研究中的应用实例

(1) 研究背景。强大的品牌往往具有多种优势,许多企业都努力将自己的品牌发展成强品牌,但实际在市场上弱品牌也经常被选择。同种产品类别下,相比于强品牌,弱品牌仍然可以拥有14%到54%的市场份额。那么,是什么让这些消费者会选择弱品牌而不是强品牌呢?本节试图通过研究弱品牌选择的潜在过程来回答这一问题[11]。

(2) 研究假设。强品牌(strong brands):被定义为高资产品牌,相比弱品牌在熟悉度、形象和态度等品牌知识维度上得分更高,致使对营销活动的有利差异反应。例如,对于智能手机而言,三星具有强大的品牌形象,消费者的认知更为熟悉,被视为强品牌。弱品牌(weak brands):被定义为低资产品牌,在上述品牌知识维度上的得分明显低于强品牌。例如,相比三星而言,摩托罗拉的品牌形象较弱,知名度逊于三星,被视为弱品牌。

由于弱品牌通常比强品牌定价低,并且可能伴有额外的折扣,因此它们可能比强品牌提供更好的经济效用。此外,对弱品牌的选择意味着对强品牌的放弃,这种放弃可能会导致遗憾、冲突和不确定的负面情绪,这种消极情绪可能需要自上而下的抑制致使选择利于弱品牌。

H1:当选择弱品牌而不是强品牌时,与分析处理和自上而下的情感抑制相关的区域,如背外侧前额叶皮层(DLPFC)、内侧前额叶皮层(MPFC)和前扣带回皮层(ACC)会有更大的激活。弱品牌选择也被认为在情感上更有回报。这是因为消费者有动机从他们的选择中感受到美好和产生积极的情感,并避免 H1 中讨论的消极情绪。当与弱品牌相关的较低价格被有利地评价并被视为额外的奖励时,弱品牌的积极评价就会发生。

H2:当选择弱品牌而不是强品牌时,与积极情感和奖励处理相关的区域,如纹状体、苍白球和伏隔核(NAcc),将会有更大的激活。

(3) 研究方法。预实验确定了哪些品牌属于强品牌或弱品牌,最终选择了两个强品牌和两个弱品牌(同类品牌下的品牌强度相当),但强品牌在知名度、形象和态度上的得分高于弱品牌。其余的预实验排除了有关价格认知、质量认知等因素的影响。

共有 21 名参与者(62%为女性)参与了 fMRI 实验进行品牌选择任务。在熟悉 fMRI 流程和所有智能手机品牌技术特征后,每个参与者按随机顺序进行了 18 次基本实验任务(见图 2-4),并被要求只根据他们对所显示的品牌、价格和折扣信息的感知来进行选择。

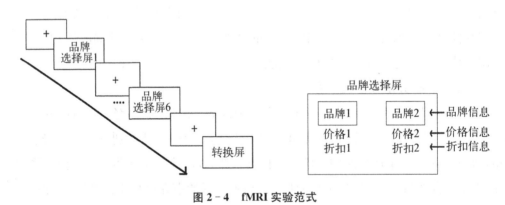

图 2-4 fMRI 实验范式

(4) 研究结果。基于参与者的 108 次选择(18 次运行×每次运行 6 次试验),计算了强/弱品牌的平均选择比例及所需的平均反应时间。总的来说,65.2%的选择情景中选择了强品牌而 34.8%的选择情景中选择了弱品牌($\chi^2(1)=126.8, p<0.001$),强品牌选择的平均反应时间较短($p=0.046$)。

神经影像学结果发现,当选择弱品牌时,RACC 有明显的激活,这表明弱品牌选择可以被解释为一种"错误",这种错误的发生和相关的情感冲突需要 RACC 进行自上而下的认知控制。DACC 的额外激活表明，弱品牌选择与犯错、冲突和恐惧的感觉有关。右 DLPFC 对弱品牌选择也有激活现象。

当选择强品牌时，左腹侧纹状体和左 DLPFC 有激活现象，强品牌与积极的情感关联、奖励认知有关，并被认为更可靠。

（5）研究结论。本项研究探讨了与弱品牌有关的基本过程，功能性磁共振成像实验发现，当选择弱品牌而不是强品牌时 RACC、DACC 和右 DLPFC 被明显激活。弱品牌的选择伴随着错误、冲突和遗憾的感觉，并且涉及对价值的更高分析评估。较低的价格/或折扣所提供的额外经济效用，而不是较低的报酬的情感回报方面，似乎在弱品牌选择的过程中起作用。

2.3　未来展望

在未来，眼动追踪、脑电图和核磁共振成像这三项神经科学技术有望引发前所未有的革命性变革。通过将眼动追踪的精准定位能力与脑电图的实时脑电活动监测相结合，我们能够更深入地探索人类认知和情感的关联，实现更高水平的人机交互。这种融合技术还可能为脑机接口带来革命性突破，允许人们以眼神和意念控制外部设备，提升运动康复、辅助生活等领域创新发展的可能性。同时，核磁共振成像的高分辨率结构和功能信息整合将增加我们对大脑网络的全面理解，为精准医疗提供更多可能性。

综上，眼动追踪、脑电图、核磁共振成像技术的不断发展和融合将在认知科学、医疗诊断和创新技术应用方面开创新的前景，但在追求科学进步的同时，也需要密切关注伦理和隐私问题，确保技术的合理应用。

2.4　小　结

本章深入探讨了消费者神经科学领域所涉及的关键技术。通过技术概述，我们对消费者神经科学技术的整体框架有了更清晰的认识，意识到这些技术的综合运用将为我们深入了解消费者行为提供宝贵的信息。

随后本章进一步介绍了消费者神经科学的主要技术，其中包括眼动追踪技术、脑电技术以及功能磁共振成像技术。我们了解到眼动追踪技术通过监测眼睛的运动，揭示了人们在购物、广告观看等过程中的视觉注意力分布。脑电技术的介绍揭示了如何通过记录大脑的电活动,深入分析消费者在不同购买决策情境下的认知过程。而功能磁共振成像技术的介绍则为我们呈现了一种更高分辨率的方法,可以同时探索大脑的结构和功能。

通过学习这些技术,我们认识到它们各自的优势和适用范围,以及如何在消费者研究中发挥作用。这些技术的整合为我们提供了多维度、多角度的数据,帮助揭示消费者行为背后的心理机制。

思考题

(1) 研究消费者情绪的神经科学方法和工具有哪些?选择一种神经科学技术(如脑成像或生理测量),解释其在消费者研究中的应用和优势。

(2) 神经影像技术如功能性磁共振成像(fMRI)和脑电图(EEG)在消费者研究中的应用,如何帮助我们理解消费者情绪和决策的神经基础?

(3) 移动眼动追踪技术在消费者研究中的应用如何帮助我们理解消费者对广告、产品包装和网页设计等的视觉注意和情绪反应?讨论这些技术如何帮助优化消费者的体验和市场传播策略。

参考文献

[1] Brasel S A, Gips J. Breaking through fast-forwarding: Brand information and visual attention [J]. Journal of Marketing, 2008, 72(6): 31 - 48.

[2] Teixeira T S, Wedel M, Pieters R. Moment-to-moment optimal branding in TV commercials: Preventing avoidance by pulsing [J]. Marketing Science, 2010, 29(5): 783 - 804.

[3] Higgins E, Leinenger M, Rayner K. Eye movements when viewing advertisements [J]. Frontiers in Psychology, 2014, 5: 210.

[4] Kincl T, Štrach P. Cultural differences in online beer marketing: Findings from automated attention analysis [J]. Behaviour & Information Technology, 2013, 32(7): 644 - 654.

[5] Atalay A S, Bodur H O, Rasolofoarison D. Shining in the center: Central gaze cascade effect on product choice [J]. Journal of Consumer Research, 2012, 39(4): 848 - 866.

[6] Chandon P, Hutchinson J W, Bradlow E T, et al. Does in-store marketing

work? Effects of the number and position of shelf facings on brand attention and evaluation at the point of purchase [J]. Journal of Marketing, 2009, 73(6): 1 – 17.

[7] Jantathai S, Danner L, Joechl M, et al. Gazing behavior, choice and color of food: Does gazing behavior predict choice? [J]. Food Research International, 2013, 54(2): 1621 – 1626.

[8] Goyal S, Miyapuram K P, Lahirii U. Predicting consumer's behavior using eye tracking data: 2015 Second International Conference on Soft Computing and Machine Intelligence (ISCMI) [C]. NW Washington, DC: IEEE Computer Society, 2015.

[9] Steinhauser J, Janssen M, Hamm U. Consumers' purchase decisions for products with nutrition and health claims: What role do product category and gaze duration on claims play? [J]. Appetite, 2019, 141 (10): 104337 – 104337.

[10] Fu, Huijian, Ma, Haiying, Bian, Jun, et al. Don't trick me: An event-related potentials investigation of how price deception decreases consumer purchase intention [J]. Neuroscience Letters, 2019, 713 (11): 134522 – 134522.

[11] Kapoor A, Sahay A, Singh N C, et al. The neural correlates and the underlying processes of weak brand choices [J]. Journal of Business Research, 2023, 154 (01): 113230.

第 3 章
自我与消费行为

3.1 自我的概念与理论

近年来,随着美颜 app 自拍功能的普及,消费者可以通过这些神奇的软件轻松地改变自己的外貌,比如削尖下巴、放大眼睛,甚至变成"公主"或"王子"。无论消费者对自己的外貌有多不满意,他们都可以通过简单的一键操作美化自己的照片,重新塑造自己的形象。实际上,每个人都会不时地思考"我想成为怎样的人",但与此同时,他们也在不断地探索"我是谁"的问题。在购物过程中,他们也会想什么样的选择会适合自己。消费者对自我的认识与他们的选择有着千丝万缕的联系。

3.1.1 自我的相关概念

1. 自我概念

当被问到"我是谁"的问题时,有些人可能会回答说,我是一个成绩优秀的学生(对自己学业表现的信念),我是一个善于交朋友的人(对自己社交能力的信念),我是一个擅长唱歌的人(对自己歌唱能力的信念),我是一个外貌出众的人(对自己外貌的信念),等等。这些回答都反映了消费者的自我概念(self-concept),即人们对自己所拥有的特点的信念。

美国心理学家威廉·詹姆斯(William James)于 1890 年提出,自我概念是由纯粹的自我和经验的自我构成的个人自我意识。查尔斯·霍顿·库利(Charles Horton Cooley)则从自我和社会之间的关系上理解自我概念,认为自我概念是他人判断的反应,强调我对自己的看法反映着他人对我的看法。罗伯特·理查森·西尔斯(Robert Richardson Sears)则把自我概念定义为与个人的自我认识有关的内容,是个人自我知觉的组织系统和看待自己的方式。从以上学者对自我概念的理解中可以看出,个体的自我概念实际上是在综合自身、他人或社会评价的基础上形成和发展起来的。自我概念也称为自我形象,是指个人对自己的能力、气质、性格等个性特征的感知、态度和自我评价,即个体如何看待自身。

消费者的自我概念并非浑然天成,而是受到了诸多因素的影响:① 基于自己对自身的推断。消费者会通过自我评价来判断自己的行为是否符合社会所接受的标准,并予以归类,通过对自身行为的不断观察和验证,消费者就形成了自我概念。② 基于他人对自己的评价。人们在交往过程中,彼此之间进行认识和评价。这些评价影响到自己的自我评价,从而形成自我概念。通常,评价者的权威性越大,与自我评价的一致性越高,对自我概念形成的影响程度也就越大。③ 基于社会比较。消费者对自身的评价和他人的评价相比,超过或逊于他人,都会在一定程度上改变个体的自我评价,并驱动他们采取措施修正自我形象。

自我概念实际上是在综合自己、他人或社会评价的基础上形成和发展起来的。这其中包括 4 个基本组成部分或要素。① 实际的自我(actual self),即目前我是如何现实地看待自己;② 理想的自我(ideal self),即我希望如何看待自己;③ 他人实际的自我,即我是如何现实地被他人所看待;④ 他人理想的自我,即我希望如何被他人看待。

上述要素之间存在着明确的内在联系。通常情况下,人们都具有从实际的自我概念向理想的自我概念转化的意愿和内在冲动,这种冲动成为人们不断修正自身行为,以求自我完整的基本动力。不仅如此,人们还力求使自己的形象符合他人或社会的理想要求,并为此而努力按照社会的理想标准从事行为活动。正是在上述意愿和动机的推动下,自我概念在更深层次上对人们的行为发生影响,制约和调节着行为的方式、方向和程度。

2. 自我意象

在日常生活中,我们经常会遇到女性消费者在照镜子时感叹自己的体重问题,表达出想要减肥的愿望。实际上通过测量她们的身高和体重,并计算出 BMI 指数后,我们会发现她们的身体状况其实相当健康(BMI 指数在 19 左右)。这种现象实际上涉及人们对自身身体形象的自我意象(self-image)的认知。如果我们将自我概念定义为回答“我是谁”的问题,那么自我意象则更多地涉及回答“我如何看待自己”的问题,它更加带有评价性质。可以说,自我意象就像是人们给自己画的一幅肖像画,是对自己的认知和评价。例如,“我觉得自己有点胖”“我认为自己很健壮”“我觉得自己不太高”等,都是人们对自身的自我意象的表达。

有人说,当我照镜子时发现自己的相貌普通。那么,这种“相貌普通”的判断是如何形成的呢？很可能是因为我们常常接触到电视节目和广告中的人物形象。与这些形象相比，我们自己可能会感觉自己像是一只丑小鸭。事实上，消费者的感受往往受到媒体宣传的影响。无论在世界上的哪个国家，消费者经常接触到大量的广告。在绝大多数广告中，模特们都拥有迷人的外表：女性有着漂亮的脸蛋和曲线玲珑的身材，男性阳光帅气、健硕有型。久而久之，消费者错误地认为这就是普通人应该拥有的外貌标准。与这些形象相比，消费者可能会认为自己不够美丽、不够苗条或者不够强壮。

实际上，广告中展示的许多美丽形象往往是不切实际的，因为广告商通常会邀请长相出众的明星或模特来代言产品。他们的外貌本身就超出了普通水平，甚至可以说是在人群中的顶尖。这样的形象对于普通人来说很难达到。此外，即使是长相出众的明星，他们在广告中呈现的形象也经过了"修图"等特殊处理。例如，某位女明星因素颜照片引起网友的评议，因为与经过化妆后的形象差别太大。然而，该女明星回应道："希望我们可以坦然面对每一个瞬间的自己，希望你也是。"许多广告所展示的人物形象确实是完美的，但同时也是虚假的。我们应该接受自己每个瞬间的样子。

3. 延伸自我

延伸自我（extended self）是指消费者通过与商品建立情感联系，将商品视为自己的一部分。通常情况下，人们会珍视那些对自己有重要意义的物品，甚至是一些精神层面的东西，比如家乡等，这些都可以成为消费者的延伸自我。实际上，生活中有很多事情都反映了人们将某些物品视为延伸自我的现象。例如，有些人在临终前会将能代表自己的物品传承给下一代，比如自己的手镯或者对自己来说有重要意义的纪念品。这些物品往往是一种延伸自我，通过这种传承行为，延续了自我的存在。当人们在商店看到陈列在货架上的一条裙子时，他们可能并不一定觉得这条裙子有多好，但是一旦他们购买下来，这条裙子的价值和吸引力就会上升。一旦人们拥有了某种商品，这个商品就代表了他们自己，而人们总是追求积极的自我概念，因此对这个商品会有更高的评价。

另外，想象一下，当你即将毕业返回家乡时，由于种种原因无法带走陪伴你多年的小猫咪小嘟。你对它感到非常依恋，因为它承载了你的青春岁月。在你心中，见到小嘟就能够回忆起你学习生活的点滴。现在有两个买家对小嘟感兴趣。经过接触，你发现一个买家为人正直，但出价稍低；另一个买家为人圆滑，但出价稍高。你愿意将小嘟卖给哪个买家呢？很多消费者在面临类似的选择时，宁愿牺牲一些金钱，也要将小嘟卖给具有积极品质的人，因为他们认为小嘟是"自我"的延伸，他们要为"自己"选择一个好的买家。

4. 自尊

在此之前，我们着重讨论了人们对自我的想法与认识，接下来，我们将把关注点转移到人们对自我的情绪感受——自尊(esteem)。

自尊是一个人对自我价值和能力的认知、评价和情感反应的总和。它在个体的心理健康和社会适应中扮演着至关重要的角色。自尊感受通常是在个体与外界环境的互动中逐渐形成和塑造的,包括家庭、学校、同伴、社会等方面的影响。这种内心深处的自我认同和评价不仅影响着个体的心理状态,还深刻地影响着个体的行为、决策和人际关系。

个体的自尊水平对其心理健康和社会交往具有重要影响。高水平的自尊有助于个体建立积极的自我形象,增强自我价值感和自信心,从而更好地适应生活中的各种挑战。相反,低水平的自尊可能导致自我贬值、自卑感和焦虑等负面情绪,甚至影响到个体的心理健康和生活质量。

自尊的形成是一个复杂而动态的过程,受到遗传、家庭环境、教育经历、社会文化等多种因素的影响。早期的父母教养方式、同伴关系、社会角色认同等都对个体的自尊产生着深远的影响。

3.1.2　相关理论

众多西方学者从心理学、社会学两个视角对自我概念在消费者行为学或消费心理学等领域进行了长达半个世纪的研究在理论上深入探讨了自我概念的作用及其在消费者行为学中的地位。

1. 自我意象一致性

自我意象一致性(self-image congruence)是指消费者更倾向于购买或使用与其自我意象相符的商品或服务。一个人认为自己是一个环保主义者,非常关注环境保护。为了保持自我意象一致性,他会采取一系列与环保价值观相符合的行为,如回收垃圾、减少能源消耗、使用可再生能源等。这样做可以使他感到自己与自己内在的环保主义者形象保持一致,并获得内心的满足感。同样地,一个人认为自己是一个体育爱好者,非常注重健康和身体素质。为了保持自我意象一致性,他会定期锻炼身体、遵循健康饮食习惯、参加运动比赛等。通过这些行为,他可以与自己内在的体育爱好者形象保持一致,并获得对自己的肯定和满足感。因此,消费者倾向于选择与其自我形象一致的商品或服务,以体现其个性和价值观。

2. 自我知觉理论

自我知觉理论(self-perception theory)是指人们在确定自身态度时,会参考自己的行为。换句话说,人们的行为在一定程度上会影响他们对事物的态度,尤其是在态度模糊或不确定的情况下。举个例子,一个人购买了一台环保型电动汽车。通过驾驶这辆车,他开始观察自己对环保事业的贡献和对环境的影响。如果他觉得自己通过购买这辆车在保护环境方面起到了积极的作用,那么他可能会形成一个积极的自我知觉,认为自己是一个环保意识强烈的人。这种积极的自我知觉可能会进一步激励他在消费中更加注重环保和可持续性的选择。

3. 社会比较理论

根据社会比较理论(social comparison theory),人们通常通过与他人的比较来评估自己的社会和个人价值。然而,并非所有人都能成为我们进行社会比较的对象,人们通常会选择与自己在某些方面相似的他人进行比较,以获取有关自己的信息和反馈。假设一个人在朋友圈中经常看到朋友们晒出豪华度假的照片和购买名牌奢侈品的消息。在这种情况下,他可能会感到自己的消费水平相对较低,产生一种社会比较的压力。为了提升自己的社会地位和满足感,他可能会增加自己的消费,如购买更昂贵的物品或参与更豪华的活动。通过与他人进行比较,他希望在消费方面与他人保持一致或超越他人,从而满足自己的社会认同和自尊心。又如,某人在社交媒体上看到一位名人或网红使用某个品牌的产品,引起广泛的关注和赞誉。在这种情况下,他可能会认为拥有这个品牌的产品可以提升自己的形象和社会地位。因此,他可能会选择购买该品牌的产品,以与他人保持一致或超越他人。通过与他人比较,他希望在消费方面与他人保持一致或超越他人,从而满足自己的社会认同和满足感。这些例子突显了社会比较理论的概念,即个体通过与他人进行比较来评估自己的社会地位和满足感,并在消费行为中受到他人的影响。这种社会比较可以对个体的消费决策产生影响,推动他们追求与他人保持一致或超越他人的消费行为。

4. 象征性自我实现理论

象征性自我实现理论(symbolic self-completion theory)是指人们可以通过获取与他们理想自我的目标密切相关的符号或物品来象征性地弥合与理想自我的差距。在这个过程中,他们所感受到的满足感与真正减少自我差异后的满足感并没有本质上的区别。例如,一个人追求时尚和个性化的形象,并希望在社交场合中脱颖而出。为了实现这一目标,他可能会购买一些独特的时尚服装、配饰或潮流产品。通过选择特定的品牌和款式,他可以在他人眼中展示自己的独特个性和品位。这种消费行为可以帮助他实现象征性的自我实现,表达自己的身份认同,并在社交圈中获得认可和赞赏。

5. 恐惧管理理论

根据恐惧管理理论(terror management theory),当我们意识到自己注定要逝去时所感受到的恐惧情绪是人类诸多行为和认知背后的主要动力。所有这些行为都是为了管理和控制这种恐惧情绪(这就是该理论名称的由来),如果我们不克制这种恐惧,我们就会无法集中精力做好其他任何事情。假设一个人对金融市场的不稳定感到恐惧和担忧,为了管理这种恐惧感,他可能会采取一些消费行为,如购买稳定的金融产品、增加储蓄、投资于相对低风险的资产等,通过这些消费行为,他可以在一定程度上减轻对金融市场不稳定性的恐惧感,并获得一种安全感和控制感。又如,一个人对健康问题感到恐惧和担忧。为了管理这种恐惧感,他可能会采取一些消费行为,如购买健康保险、健康食品、健身设备等。通过这些消费行为,他可以在一定程度上减轻对健康问题的恐惧感,并获得一种安心和保障感。

3.2 自我认识与消费行为

人们常说人如其名,这意味着一个人的名字可以反映他们的性格和特点。同样地,有人认为字如其人,即一个人的字体和书写方式可以透露出他们的个性。那么,消费行为是否也能反映一个人的本质呢? 我们将探讨人与消费者行为之间的关系,特别是与个体的自我认识相关的因素。

古希腊哲学家苏格拉底经常教导他的学生要“认识你自己”。这表明人们一生中都在不断地探索自己是怎样的人,了解自己的特点和价值观,从而形成自我认识。这种自我探索在青春期的年轻人中尤为常见,他们经常问自己“我是谁”。然而,不仅是年轻人,成年人也会寻求关于自我的认知,尤其是在经历重要的生活转折点,如结婚、成家或罹患疾病时,人们对自我认识的需求更加迫切。

初看起来,自我认识与消费行为似乎没有太大关系。事实上,这两者之间存在着密切的关联。一方面,拥有不同自我认识的消费者会表现出截然不同的消费行为。例如,一个注重环保的消费者更可能选择购买环保产品,以与自己的价值观相符。另一方面,消费者也可以通过观察自己购买或使用哪些产品或服务来进一步认识自己,并获取关于自我的知识。因此,人们的自我认识与其消费行为之间存在相互影响的关系。消费者的自我认识可以影响其消费行为,而消费行为也可以帮助他们更好地了解自己。通过消费行为,人们能够进一步认识自己的偏好、价值观和兴趣,从而更加明确和自信地面对未来的消费决策。

3.2.1 多重自我与消费行为

过去,人们一般认为消费者只有一个单一的自我(a single self)而且仅对能满足这个唯一自我的产品和服务感兴趣。然而,研究发现,消费者不仅仅有一个自我概念,人们在不同的情境中,与不同人相处时,往往需要扮演不同的社会角色,因此具有不同的身份。例如,同一名女性在孩子面前扮演母亲的角色,在父母面前扮演女儿的角色,在公司里扮演管理者的角色。因此,消费者拥有多重自我(multiple selves)。

这其中,有些角色比较类似,但有些角色之间有很大的区别,甚至是相互冲突的。在不同的角色中,人们或多或少表现出不一样的消费行为。消费者角色理论认为,消费者行为类似于戏剧情节,每个消费者的出色演出需要台词、道具和服装。由于人们要扮演很多不同的角色,他们会根据自己当时所处的特定情境改变消费者角色,他们在一个角色中用以评价商品或服务的标准可能有别于在另一个角色中的标准。

一些豪华手表品牌的广告展示了不同风格和场合下的消费者,比如商务场合、运动场所、社交活动等。这些广告强调了手表作为一种奢侈品,能够适应消费者多样化的生活方式和形象需求。这些广告通过展示不同类型的消费者和他们的多重自我,传达了品牌的多样性、适应性和包容性,从而吸引更广泛的消费者群体。

3.2.2　自我意象与消费行为

很多小女孩在成长过程中喜欢芭比娃娃,原因是芭比娃娃被塑造成非常美丽的形象,拥有超长、超直的双腿和纤细的腰。然而,这种完美的身材在现实生活中并不常见。这引发了一个问题:那些经常接触芭比娃娃的小女孩对自己的外貌满意吗?以往的研究发现,玩身材苗条的芭比娃娃实际上会让女孩们对自己的外貌更不满意[1]。这是因为芭比娃娃所呈现的身材标准往往是不切实际的,与真实的身体多样性存在差异。这可能导致女孩们对自己的身体形象产生不满和焦虑。这个问题提醒我们,我们应该鼓励和推崇各种身体形象的美丽,而不是局限于某种标准。

身体积极形象的倡导和多样性的认可对于减少身材焦虑非常重要,鉴于此,企业逐渐对不切实际的完美形象重视了起来,为了减少完美形象对消费者产生的负面影响,一些企业或制造商也开始了他们的行动。例如,Dove(多芬)是一家以个人护理产品为主的公司,他们通过推广身体积极性和多样性来缓解身材焦虑问题。他们的"真实美丽"(real beauty)运动旨在鼓励人们接受自己的身体,并改变对美的标准。此外,Aerie(一家美国内衣品牌)。通过广告和营销活动展示各种身体类型和外貌特征的人,鼓励人们接受自己的身体,并提倡身体积极性。他们的广告中使用真实的人物模特,不使用 Photoshop 或过度修饰,以展示身体的真实美丽。Aerie 还推出了"无修饰真实"(Real Me)运动,旨在鼓励人们展示真实的自己,并庆祝身体的多样性。另外,在 2017 年巴黎时装周上,部分品牌表示不再使用尺码为 0(美国服装最小尺寸)的模特。这一举措旨在抑制消费者为达到过于苛刻的审美标准而不顾健康的行为。

国外爆火的虚拟偶像 Lil Miquela 是一个很有影响力的人,一些时尚界的名人都在排队等着让她为他们的衣服做"模特"。她的形象同样也是不完美的,一脸雀斑,牙齿中间还有一条缝。但仅用了两年时间,Miquela 就已经在 Instagram 上吸引了百万粉丝。她在音乐平台上发布的单曲已有数百万点播量。她还获准进入一些独家活动的后台。

可见,制造芭比娃娃的商家其实是在推销理想的自我,它们为消费者塑造了理想的形象并鼓动消费者去追求理想。而多芬和虚拟偶像 Lil Miquela 恰恰相反,它们销售的则是消费者真实的自我。

3.2.3　延伸自我与消费行为

延伸自我对人们来说有着多重意义。首先,通过购买特定商品,消费者可以更好地认识自己。举个例子,一些人可能会选择购买高档皮包作为自我延伸的方式,因为他们认为这样可以体现自己的优雅和社会地位。其次,消费者也会通过这些商品向他人展示自己。比如,一些人可能会穿着价格昂贵的限量款鞋,以此向他人展示自己的社会地位和品味。最后,人们也会通过延伸自我来怀旧。有些物品可能看起来破旧且没有使用价值,但它们对于个人来说却具有重要的意义。这些物品往往见证了个人的成长历程,虽然它们在现在可能没有实际价值,但由于与个人之间的情感联系,它们成为了对过去时光的回忆,帮助人们怀念过去。这也是为什么怀旧小零食店和怀旧玩具店等受人喜爱的商店如此流行的原因。

人们选择购买特定类型的汽车。有些消费者可能会选择购买豪华品牌的汽车,因为他们认为这代表了他们的成功和社会地位。这些消费者相信,拥有这样的汽车可以延伸自己的形象,向他人展示自己的经济实力和成功成就。他们将汽车视为自我表达和社会认可的象征。

再如,人们购买经典电影的 DVD 或蓝光碟。许多人会购买他们小时候喜欢的电影,这些电影可能是他们成长过程中的回忆。通过收集和拥有这些经典电影的物理媒体,人们可以重温过去的时光,回忆起那些令他们感动和快乐的时刻。这种购买行为不仅仅是为了获得电影本身的观赏体验,更是一种通过物品来延伸自己与过去回忆的联系。这些电影 DVD 或蓝光碟成为了延伸的"自我",帮助人们保留和珍惜那些美好的回忆。

3.2.4　自尊与消费行为

自尊是一种社会特质,对于营销人员来说,它提供了一个有效影响潜在消费者的工具。基于自尊的营销手段的关键在于先降低潜在消费者的自尊。然而,要让一个人降低对自我价值的评估并不是一件容易的事情。例如,营销人员希望男性意识到自己脸上的皱纹增多时,他们的自尊会下降。但是,如何说服那些对面部皱纹毫不在意的男性呢?毕竟,有些男性不仅不认为皱纹有什么问题,甚至认为一些皱纹让他们看起来更成熟和性感。在这种情况下,营销人员可以简单地告诉男性,女性认为有皱纹的男性缺乏魅力。因为周围人的评价会严重影响一个人的自尊,一旦男性相信女性认为长皱纹的男性没有魅力,即使他们并不认为脸上的皱纹会影响自身的价值,他们也无法像以前那样感到自信。这时,他们可能会对去皱产品产生购买欲望。需要注意的是,这种营销手段并非改变男性对面部皱纹的价值评估,而是利用社会认同和他人评价的影响力来影响消费者的自尊,从而激发他们购买相关产品的欲望。

在市场营销中,一些品牌公司确实使用了让消费者相信产品能提高自己在他人眼中价值的手段来吸引潜在客户。例如,Belden 口香糖公司的广告展示了一项双胞胎实验。这个实验通过展示同卵双胞胎,他们穿着一致、发型一致,唯一的区别是一个人没有嚼口香糖,另一个人嚼着口香糖。然后,不知情的观众被要求回答一系列关于这对双胞胎的问题,比如谁更有可能给你涨工资、谁是坏警察、谁拥有更多朋友等。最后的结果是,嚼口香糖的人给别人留下的印象比没有嚼口香糖的人更好。参与实验的被试认为嚼口香糖的那个人更有魅力,拥有更好的品质。这个实验向人们传递一个信息:嚼口香糖可以提高一个人在他人眼中被接受和尊重的程度,从而提高自尊感。

3.2.5　个人特征与消费行为

1. 兴趣与消费行为

兴趣(interest)是指一个人对某种事物表现出积极态度,并且优先关注的倾向。如果一个人对工业造型设计感兴趣,那么他会积极参加工业新产品展销会或工业设计展览会,争着获取入场券和参观券,并且会对优秀的产品造型设计产生持续的兴趣和深刻的印象。

消费者的兴趣通常具有以下几种特征:

(1) 倾向性。消费者的兴趣会指向具体的事物和对象。例如,在汽车偏好方面,有些消费者喜欢动力强大、大型的越野车,而有些消费者则更关注车辆的内饰和性价比。同样,在购买活动中,消费者可能对某个品牌或某种类型的商品表现出兴趣。

(2) 效能性。消费者的兴趣对其行动具有推动作用。例如,一旦某个顾客对某个商品产生兴趣,他会尽早或尽晚地想要购买它,甚至不惜借钱购买。深刻的兴趣还可能形成重复购买的习惯和偏好。

（3）差异性。消费者的兴趣因人而异，存在着很大的差异性。兴趣的中心、广度和稳定性与消费者的年龄、性别、职业和文化水平直接相关，这些因素影响着消费者行为的倾向和积极性。有些人兴趣广泛，对音乐、棋艺、书法绘画等各种事物都有爱好；而有些人对任何事物都没有兴趣，感到无聊。有些人对某种事物或某种活动的兴趣非常稳定，几乎沉迷其中；而有些人则喜欢变换兴趣，今天喜欢这个，明天又迷恋那个，难以找到一个稳定的兴趣对象。消费者的兴趣还与其需求的关联性和偶然性有关，即消费者对于自身需求的事物更为关注，更容易产生兴趣。同时，兴趣也可能隐藏在偶然的机会中，即消费者不是基于迫切的需求，而是在特殊环境或氛围下进行购买行为。

2. 能力与消费行为

能力（capability）是指个人在活动中所展现的心理特征，能够直接影响活动的效率和顺利完成程度。能力可以分为一般能力和特殊能力。一般能力也称为智力，指从事一般活动所需的能力。特殊能力则在特定活动中发挥作用，如音乐能力、美术能力、机械操作能力等。

在消费者的购买行为中，综合运用多种能力是必要的，主要体现在对商品的识别能力、挑选能力、评价能力和鉴赏能力上，这些能力的协同表现被称为购买能力。例如，当消费者购买服装和布料时，他们需要运用手的感觉能力来摸一摸质地，使用眼睛的识别能力来观察产品的质量和花色。他们还需要对所选的服装和布料进行分析比较评价，并综合决策能力来决定是否购买。购买能力强的消费者通常不需要过多外界因素的参与，他们能够快速挑选和购买商品，成交率较高，退货现象较少。相反，购买能力较低的消费者常常犹豫不决，容易受购买环境的影响。如果销售人员采取有效的促销策略，例如介绍产品、当场示范和提供简易的说明书等，对于促成消费者的购买行为具有重要意义。

消费者的不同能力决定了不同的购买类型。可以从对商品的认识程度来划分消费者的消费能力类型。知识型消费者了解较多有关商品的知识，能够辨别商品的质量优劣，并能够在同种或同类商品中进行比较和选择。略知型消费者掌握部分有关商品的知识，需要销售人员在服务中补充他们欠缺的部分知识，并有选择性地介绍商品。无知型消费者缺乏有关商品的知识，对购买和使用经验缺乏，常常在挑选商品时犹豫不决，希望销售人员提供更多介绍和解释。他们容易受到广告、其他消费者或销售人员的影响，购买后可能会有后悔的心理。因此，销售人员需要主动认真、实事求是地介绍商品，不怕麻烦，划分消费者的消费能力类型是一项复杂的任务，因为每个消费者在性别、年龄、职业、经济条件、心理状态、空闲时间和购买商品种类等方面都有所不同。此外,购买环境、购买方式、供求状况以及销售人员的仪表和服务质量等方面也会导致消费者消费能力的差异。

3. 气质与消费行为

气质(temperament)是指个体在心理过程中表现出的特点,包括心理活动的速度、强度、稳定性和指向性。不同的气质类型会对消费行为产生影响。一般来说,消费者的气质类型可以分为兴奋型、活泼型、安静型和抑制型。根据气质类型的不同,消费者在购买商品时表现出不同的行为特征。

兴奋型消费者表现为直率、热情,精力旺盛,脾气急躁,情绪兴奋性高,容易冲动,反应迅速,心境变化剧烈,具有外倾性。

活泼型消费者表现为活泼、好动、敏感,反应迅速,喜欢与人交往,注意力容易转移,兴趣和情绪容易变化,具有外倾性。

安静型消费者表现为安静、稳重,反应缓慢,沉默寡言,情绪不容易外露,注意力稳定但难以转移,善于忍耐,具有内倾性。

抑制型消费者表现为情绪体验深刻,孤僻,行动迟缓而且不强烈,善于觉察他人不易觉察的细节,具有内倾性。

根据消费者的气质类型,可以将消费者分为不同的类型。例如,习惯型消费者更倾向于购买某一品牌的产品;理智型消费者更注重冷静、慎重和比较细致的购买决策;定价型消费者则更注重价格;冲动型消费者喜欢追求新产品;想象型消费者则更容易受外观造型、颜色和命名的影响;不定型消费者则缺乏固定的偏好,购买心理不稳定。

消费者的气质类型对于市场营销活动具有重要意义。了解消费者的气质类型,可以帮助企业更好地定位目标消费者,制订相应的营销策略,以提高销售效果。

4. 性格与购买行为

在现代心理学中,性格(characteristic)是指个体在个体生活中形成的,对现实的稳固态度及与之相适应的习惯化的行为方式。性格由各种特征所组成,是一个人对现实的稳固态度和行为方式的有机统一体。根据人们所持的价值观,国外心理学家将消费者划分为六种性格类型:

(1) 理论型消费者追求真理,关注事实和变化,具有宽阔的胸怀。

(2) 经济型消费者以效用和价值为生活准则,注重买到好的东西。

(3) 审美型消费者追求美的价值,用审美观点衡量商品的价值,喜欢新颖、有变化的产品。

（4）社会型消费者受他人影响而购买，倾向服从集体标准，表现出从众心理。

（5）权力型消费者关注权力地位，倾向购买能满足权力需求的商品，在消费行为中表现出优越感和炫耀欲。

（6）宗教型消费者按照信仰的原则选择商品，不受世俗标准约束。

在现实生活中，很少有消费者单独具备上述六种类型，大多数消费者在不同程度上具备多种价值观。例如，一个消费者可能既是经济型，又对产品的外观有审美要求，并受到社会压力的影响。因此，消费者通常关注价格，但并非所有便宜的商品都能引起购买动机。如果质量和性能相同，消费者更倾向于购买外观美观、色彩和谐的产品，因为审美价值比价格更重要。同样，消费者在购买时尚商品时也会参考所属群体的社会标准，如果与社会标准相去甚远，消费者可能会放弃个人审美而选择符合社会规范的商品。

3.3　自我的神经科学机制

在神经影像学出现之前，关于自我的神经基础的见解大部分来自神经心理学病例。其中，最著名的是菲尼亚斯·盖奇（Phineas Gage）的病例。当盖奇的头盖骨被一根铁棍击穿之后，他的认知、知觉和运动技能都奇迹般地没有受到损伤。然而，他的个性发生了彻底的转变，据大家所说，他完全变了一个人。头部创伤似乎也改变了盖奇的社会判断力，他做了一连串糟糕的社会决定，最终把自己搞得孤苦无依，身无分文。

本节将关注心理学家研究的一些最基本的问题：我们怎样认识自己？在我们认识自己的过程中，大脑能告诉我们哪些呢？

3.3.1　自我面孔识别

1. 自我面孔识别的经典研究

（1）盖洛普（Gallup）的镜子测验。在 1970 年的 *Science* 杂志上，盖洛普进行了一项实验，使用镜子对猩猩进行了镜像测验[2]。首先，他让猩猩在镜子前自由活动了 10 天，观察它们的正常行为。然后，猩猩被麻醉并在额头上涂上一个无气味的记号。醒来后，在没有镜子的情况下观察猩猩的行为，记录它们触摸额头记号的次数。结果显示，猩猩并没有频繁触摸记号，这表明它们没有意识到额头上的记号。接着，将镜子放回去，猩猩立即对记号感到好奇，并表现出典型的探索行为。这证实了猩猩能够认出镜子中的自己的面孔。

为了进一步证实猩猩具有自我识别镜像的能力,盖洛普进行了第二个实验,与第一个实验的步骤相同,只是在第一个步骤中让猩猩自由活动的部分被删除。结果显示,在没有自由活动的情况下,猩猩无法确定记号是新的,因此不表现出探索记号的行为。这个结果支持了假设:在镜子中认出自己,动物必须对自己的外貌有持久的判别力,并在心理上形成自我。

盖洛普还进行了第三个实验,以猴子作为对照组。结果显示,猴子没有自我识别的能力。

综合这些实验结果,盖洛普推测,为了在镜子中认出自己,动物必须具备关于自己外貌的持久判别力,并能够形成自我概念,即使只是身体形式的自我。因此,盖洛普认为他的实验首次证实了存在着亚人类形式的自我概念。

(2)自我面孔识别(self-face recognition)。由于我们对自己的面孔过于熟悉,因而与他人面孔对照时,熟悉性就成了一个混淆变量。因此,研究者现在常常把自我面孔与他人面孔混合成一种带有两种面孔成分的面孔,这种技术叫作 morphing。

这是一项发表在 *Nature* 杂志上的研究。根据 2001 年基南(Keenan)等人自我面孔识别主要与大脑的右半球有关[3]。他们的研究对象是需要进行脑外科手术的患者。实验首先使用 morphing 技术将患者的面孔(50%)与梦露的面孔(50%)合成一个面孔。然后,分别对患者的左半球或右半球进行麻醉,并在麻醉期间向患者呈现合成的面孔,并要求他们记住所呈现的面孔。当左半球或右半球的麻醉结束后,被试被要求回答他们刚才看到的是自己的面孔还是梦露的面孔。结果显示,在麻醉左半球时,所有五个被试都认为他们刚才看到的是自己的面孔;然而,在麻醉右半球时,有四个被试认为他们刚才看到的是梦露的面孔。也就是说,当右半球功能正常时,人们更倾向于认定是自己的面孔,而当左半球功能正常时,人们更倾向于认定是名人的面孔。

2. 自我面孔识别的脑成像研究

自我面孔识别的脑成像研究使用了 PET、ERP 和 fMRI 等方法。这些方法各有优势。PET 具有较高的空间分辨率,可以间接测量与自我面孔识别相关的神经活动,但时间分辨率较低。ERP 具有非常高的时间分辨率,可以研究基本的认知过程,但空间分辨率相对较低。而 fMRI 则能够提供结构和功能两方面的信息,具有较高的空间分辨率,相比于 PET 具有更好的表现。这些方法的应用使得我们能够更深入地了解自我面孔识别的神经机制。

首先,通过应用 ERP 范式研究自我面孔识别,我们可以探讨 N170 成分在面孔识别中的作用。通过观察 ERP 波幅折线图,我们可以直观地了解面孔识别的时间过程。卡沙雷尔(Caharel)研究团队最早研究了自我面孔的 N170 成分,他们发现在被动条件下观看自己的面孔相比于不熟悉的面孔会产生更大的 N170 成分[4][5]。之后的研究也得出了类似的结论。凯斯(Keyes)等人向被试呈现自己的面孔、好朋友的面孔及陌生人的面孔,并要求被试判断呈现的面孔是否是重复出现过的[6]。结果显示,自我面孔所引发的 N170 波幅比朋友的面孔和陌生人的面孔更大。综合大量研究认为,在面孔刺激呈现的早期阶段,大约在 170 ms 左右,神经活动反映了面孔的知觉加工。而后续的神经活动则可能反映了面孔的其他加工过程,如判断年龄等。因此,人们普遍认为枕颞区的 N170 是面孔特异性 ERP 效应的反映,这一效应主要是面孔早期感知加工的结果。

杉浦(Sugiura)等人的 PET 研究设计了三个任务,包括控制性的面孔识别任务、被动的自我面孔识别任务(无须明确判断)和主动的自我面孔识别任务(需要明确的面孔判断)[7]。在被动和主动自我面孔识别任务中,观察到皮肤电增加的现象。相比于控制性任务,被动和主动自我面孔识别任务中观察到了左侧梭状回、右侧缘上回、左侧豆状核和右侧下丘脑的活跃。左侧梭状回和右侧缘上回被认为参与了自我面孔的表征,而右侧缘上回的活跃可能与将自我面孔视为自我身体的一部分有关。此外,杉浦等人的研究还发现右侧前联合运动区和左侧脑岛可能在维持自我面孔的注意力方面起到重要作用。比较主动自我面孔识别和被动自我面孔识别,研究发现右半球的激活面积是左半球的 2.18 倍。而将被动自我面孔识别与控制组(即对陌生人面孔进行识别)进行比较,发现右半球的激活面积是左半球的 1.26 倍。这似乎表明自我面孔识别更多地涉及右半球的活动。

基尔舍(Kircher)等人在 2001 年进行了一项使用 morphing 技术制作面孔刺激的 fMRI 研究,旨在探究自我面孔识别的神经机制[8]。研究结果显示,当自我面孔激活的脑区减去陌生人面孔激活的脑区时,观察到右侧边缘系统的激活,这包括海马结构、脑岛,以及左侧颞叶、左侧下顶区和左侧前额区。为了排除自我面孔熟悉性这一混淆因素,他们在实验中使用了被试对象的面孔。自我面孔识别激活了右侧额叶边缘系统与左侧前额区,但对象面孔识别仅激活了右侧脑岛(对象面孔减去了陌生人面孔),而且激活的像素数仅有五个。

总之,综合自我面孔识别的神经心理学与脑成像研究,自我面孔识别主要与右侧半球相关[7],但左半球也参与加工[8]。

3.3.2　自我参照效应

1. 自我参照效应(self-referential effect)

自我参照加工是一种常用的通过脑成像技术来研究自我的实验方法。它可以分为两种类型：一种是判断一个人的人格特质。许多行为实验证明，当被试以自我为参照（如"这个人格形容词可以描述你吗？"）进行记忆测试时，他们的记忆成绩优于以母亲为参照（如"这个人格形容词可以描述你的母亲吗？"）、以他人为参照（如"这个人格形容词可以描述克林顿吗？"）以及一般语义加工的成绩。这就是记忆中的自我参照效应。另一种是判断一个人当前的心理活动状态。心理活动状态通常通过呈现一系列陈述句，例如"我喜欢何非""我很开心能够去参加毕业旅行"等，然后要求被试以是或否的方式进行反应。这些判断涉及自我的价值观、情感和态度等。

2. 自我参照效应的脑成像研究

随着认知神经科学技术的不断进步，越来越多的学者开始将 ERP 技术与自我参照效应的研究相结合。在实验过程中，研究人员使用 ERP 技术记录被试的脑电位信息，以更加详细的方式来研究参照效应的时间过程，以此来探索参照效应加工的神经基础。这种方法可以提供更深入的了解，帮助我们更好地理解自我参照效应的神经机制。研究已经证明，P300 是对自我相关刺激反应的有效指标[9]。当刺激与自我相关程度越高，我们会调动更多的认知资源，从而引发更显著的 P300 波。另外，ERP 技术在揭示自我参照效应的脑机制方面也发挥了重要作用。通过在不同位置的电极点检测潜伏期和波幅的差异，我们可以了解不同脑区的激活程度差异。这有助于我们更好地理解自我参照效应的脑部机制。最早使用 ERP 研究自我参照效应的是贝拉德（Berlad）和普拉特（Pratt）[10]。他们使用 Oddball 范式（Oddball 范式是常用的 ERP 实验范式之一）研究当姓名被呼唤时的自我参照效应。实验中把被试的姓名作为偏差刺激（小概率刺激），被试不需要反应（非靶偏差刺激），而要求被试需要对同样作为偏差刺激的无关刺激做按键反应（靶刺激），结果发现被试名字的刺激相比其他刺激诱发出更强烈的 P300。

在一项 PET 研究中，研究者设计了几个条件来研究 13 名右利手被试在情景记忆提取过程中自我参照的脑区。在编码阶段，被试需要对一系列人格形容词进行判断，即这些形容词描述他们自己有多好（使用 6 点量表）。在另一个学习系列中，这些形容词描述他们的好朋友有多好，而在第三个学习系列中，这些形容词描述丹麦女王有多好。然后进行大脑扫描，在扫描开始 5 min 后，再次呈现人格形容词，要求被试回忆是否适合描绘自己、好朋友或丹麦女王（通过按键反应）。回忆过程中，准确性被强调，时间没有限制。每个被试在三种条件下进行了两次大脑扫描。控制条件是呈现类似的人格形容词，要求被试判断每个形容词包含的字母是否是双数。

PET 的结果显示，当与女王相比时，右侧顶下回显示出显著的激活，可以理解为与自我相关的提取脑区。另一个重要的结果是，在进行 ROI 分析时发现，自我与好朋友、自我与女王在右侧顶下回的激活上存在显著差异。为了确认右侧顶下回是自我参照的提取脑区,研究者进行了 TMS 实验。除了之前的 13 名 PET 实验被试,他们又加入了 12 名被试。结果显示,在刺激呈现后 160 ms,对内侧顶叶进行的 TMS 干扰会严重影响自我参照的提取(与 0 ms 时进行同一位置的 TMS 干扰进行比较),差异达到显著水平。然而,在好朋友参照上没有观察到这种效应,并且自我参照与好朋友参照在这种效应上存在显著差异。

　　威廉·凯利(William Kelley)和他的团队是最早运用功能性磁共振成像来验证自我参照效应假设的研究人员之一。在他们的实验中,被试在三个不同条件下对人格形容词进行判断:与自己相关联(例如,"这个特质描述了你吗?")、与另一个人相关联(例如,"这个特质描述了乔治·布什吗?"——当时的美国总统)或与印刷格式相关联(例如,"这个单词是用大写字母呈现的吗?")。与之前的自我参照效应研究结果一致,被试最容易记住与自己相关联条件下的单词,而与印刷格式相关联条件下的记忆效果最差。

　　研究人员还发现,在与自己相关联条件下进行判断时,被试的大脑激活模式是独特的,内侧前额叶皮质被激活。随后的研究发现,内侧前额叶皮质与自我参照加工的关系还可以扩展到当被试被要求通过别人的眼睛来看待自己时。当被试被问及另一个人是否会用特定的形容词来描述他们时,内侧前额叶皮质中的一个相似区域就会被激活[11]。

3.3.3　自我知觉

1. 自我知觉(self-perception)

　　之前提到的研究讨论了加工自我相关信息的不同方式,但没有详细说明我们如何准确地加工这些信息。自我判断常常是不准确的,人们总是会用积极方式看待自己的动机。根据以往的研究发现,人们常常有不切实际的积极自我知觉[12]。超过 50% 的人认为他们在智力、体态吸引力和一大堆其他的优秀品质超出平均水平,就像虚构的故事中描述到:"那里所有的女人都是强壮的,所有的男人都是漂亮的,所有的孩子都是优于平均水平的。"这种过度乐观的思维也影响了我们对生活的态度。人们相信他们比其他人更有可能经历积极的事情,如获得升职加薪、找到理想的伴侣、实现个人目标,或者享受健康和幸福的生活。同样地,人们可能会认为自己比其他人更不可能经历一些不愉快的情况,如失业、健康问题或其他不幸的事件。

　　关于大脑如何维持对自己的积极幻觉的机制,目前的研究仍在进行中。然而,最近的研究结果表明,一些特定的高级前额叶区域在这一过程中起到了关键作用。这些区域使人们能够有选择性地关注自己的积极方面,同时也能够避免过度偏离现实。这种机制可能有助于维持自我肯定和积极心态,同时保持与现实的一定连接。

2. 自我知觉的脑成像研究

研究结果表明,扣带前回的最腹侧部分在人们关注与自我有关的积极信息方面起到了关键作用。在一项使用功能磁共振成像的研究中,被试被要求进行一系列自我描述性判断。研究发现,与我们对自我知觉积极偏差的预期一致,被试倾向于选择更多积极形容词和较少消极形容词来描述自己。有研究发现,扣带前回腹侧部分在判断积极和消极形容词时的激活水平存在差异。尤其是在自我描述性形容词方面,这种差异表现得更为明显。这意味着扣带前回腹侧部分在对自我相关信息进行评价和判断时起到了重要的作用。尤其是给信息贴上积极或消极的标签时,会使人们更多关注积极信息。

尽管自我知觉有时会偏向积极的方向,但整体来看,自我知觉并非凭空想象或完全脱离实际。准确的自我知觉对于展示适当的社会行为至关重要。例如,假设你参加一个重要的商务会议,你意识到自己在某个方面缺乏专业知识或技能。准确的自我知觉会促使你主动寻求帮助或进一步学习,以弥补自己的不足。这种行为不仅展示了你的谦虚和自我意识,也表明你愿意为了团队的成功而努力提升自己。相反,如果你对自己的能力过于自信,可能会忽视自己的不足,无法适应团队的需求,从而影响整体的工作效果。因此,准确的自我知觉可以帮助我们更好地理解自己的优势和劣势,并在社会互动中表现出适当的行为。

根据比尔(Beer)等人的研究,眶额皮质可能在帮助人们对自己的行为有相对准确的认识方面发挥着重要作用[13]。研究中,眶额皮质损伤的患者常常表现出一些不切实际的积极自我认知。研究中,与外侧前额叶皮质损伤患者或健康对照组相比,眶额皮质损伤患者更有可能提出一些不礼貌的话题。这些患者无法意识到他们在社交交流中犯下的错误,相反,他们相信自己在社交任务中表现出色。然而,在观看录像后,他们意识到自己的社交错误,并感到尴尬不已。这项研究表明,眶额皮质对于自发和准确的自我认知至关重要。

3.4　未来展望

随着科技的不断进步,我们将看到更多的自我与消费行为的创新和变革。

首先,个性化营销将成为主流。通过大数据和人工智能的应用,企业将能够更好地了解消费者的偏好和需求。这将使企业能够提供更加个性化的产品和服务,满足消费者的独特需求。更重要的是,神经科学的发展还可以为个性化营销和消费者行为预测提供更多的机会。通过分析大脑活动和生理指标,我们可以更准确地了解消费者的偏好和喜好。这将帮助企业更好地了解消费者的需求,并提供更具个性化的产品和服务。

其次,通过神经科学的方法,还可探索自我心理和情感因素对消费的影响。通过了解大脑在情绪、认知和决策过程中的作用,我们可以更好地理解消费者的心理需求和行为动机。这将有助于企业设计更具吸引力和情感共鸣的产品和营销策略,提升消费者的情感连接和忠诚度。

最后,可持续消费将得到更多关注。随着人们对环境和社会责任的意识增强,消费者将更加注重购买环保、可持续和社会负责任的产品。企业需要适应这一趋势,提供符合可持续发展原则的产品和服务,以满足消费者的需求。神经科学的研究有助于我们深入了解自我认知的生理机制。通过研究大脑活动模式和神经回路,我们能够更好地理解人们的意识体验、情绪调节和决策过程。

总体而言,自我与消费行为充满了机遇和挑战。随着科技的发展和消费者需求的变化,企业需要不断创新和适应,更好地理解消费者心理需求与行为动机,以满足消费者的个性化需求、便捷的生活方式,以及可持续发展的要求。

3.5　小　结

本章主要探讨了自我与消费行为之间的关系,并从神经科学的角度提供了一些思考。首先,我们从自我概念、自我意象、延伸自我,以及自尊的角度了解了自我的一些基本概念,并对相关理论进行了阐释。接着,基于上述的概念,我们进一步探讨了自我与消费行为的关系,了解自我认识如何影响消费者行为,以及消费者如何通过自身的消费行为来认识自我。最后,我们从神经科学的研究揭示自我与消费行为的神经基础。通过研究大脑活动和神经回路,我们更好地理解消费者自我与消费行为。

总的来说,自我与消费行为之间存在着紧密的联系,并且神经科学的发展为我们提供了更深入地了解这种关系的机会。通过研究自我和消费行为的神经基础,我们可以更好地理解消费者的需求和偏好,并提供更具个性化的产品和服务。

思考题

(1) 自我意象如何影响个体的消费行为? 是否存在与自我意象相关的消费决策模式?

(2) 自尊感如何与消费行为相关联?

(3) 如何定义多重自我? 想想你在生活中会有哪些不同的身份? 这些身份如何影响你的消费行为?

(4) 目前与自我相关的神经科学研究主要涉及哪些方面?

参考文献

[1] Jellinek R D, Myers T A, Keller K. The impact of doll style of dress and familiarity on body dissatisfaction in 6-to 8-year-old girls[J]. Body Image, 2016, 18: 78 – 85.

[2] Gallup G G. Chimpanzees: Self-recognition[J]. Science, 1970, 167(3914): 86 – 87.

[3] Keenan J P, Nelson A O, Connor M, et al. Self-recognition and the right hemisphere[J]. Nature, 2001, 409(6818): 305 – 305.

[4] Caharel S, Courtay N, Bernard C, et al. Familiarity and emotional expression influence an early stage of face processing: An electrophysiological study[J]. Brain and Cognition, 2005, 59: 96 – 100.

[5] Caharel S, Poiroux S, Bernard C, et al. ERPs associated with familiarity and degree of familiarity during face recognition [J]. International Journal of Neuroscience, 2002, 112: 1499 – 1512.

[6] Keyes H, Brady N, Reilly R B, et al. My face or yours? Event-related potential correlates of self-face processing[J]. Brain and Cognition, 2010, 72(2): 244 – 254.

[7] Sugiure M, Kawashima R, Nakamura K, et al. Passive and active recognition of one's own face[J]. Neurolmage, 2000, 11: 36 – 48.

[8] Kircher T T J, Senior C, Phillips M L, et al. Recognizing one's own face[J]. Cognition, 2001, 78(1): B1 – B15.

[9] Gray H M, Ambady N, Lowenthal W T, et al. P300 as an index of attention to self-relevant stimuli[J]. Journal of Experimental Social Psychology, 2004,

40(2): 216 - 224.

[10] Berlad I, Pratt H. P300 in response to the subject's own name [J]. Electroencephalography & Clinical Neurophysiology/Evoked Potentials, 1995, 96(5): 472 - 474.

[11] Ochsner K N, Beer J S, Robertson E A, et al. The neural correlates of direct and reflected self-knowledge[J]. Neuroimage, 2005, 28: 797 - 814.

[12] Taylor S E, Brown J D. Illusion and well-being: A social psychological perspective on mental health[J]. Psychological Bulletin, 1988, 103: 193 - 210.

[13] Beer J S, John O P, Scabini D, et al. Orbitofrontal cortex and social behavior: Integrating self-monitoring and emotion-cognition interactions[J]. Journal of Cognitive Neuroscience, 2006, 18: 871 - 880.

第4章
消费者的感觉与知觉

4.1 感觉、知觉的概念与理论

4.1.1 感觉

你与好朋友出去玩，一见面你们就激动地握手、拥抱，他人的温暖从指尖传来。你们一同去观看了热映中的电影，壮丽的视觉效果深深震撼了你们。从影院出来的路上，朋友意犹未尽地对剧情展开讨论，你侧耳倾听对方的见解和观点。就在这时，路边餐馆传来一阵诱人的香味，你们的肚子也随之咕咕作响。于是你们共进了一顿美餐，品尝各种令人垂涎欲滴的菜肴，给这一天画下了完美的句号。

可以看到，在这愉快的一天玩耍中，你与朋友都充分利用了自己的感知觉，获得了绝佳的消费体验与感官享受。感觉（sensation）是指我们的感受器对光线、色彩、声音、气味等基本刺激的直接反应。人类主要依靠触觉、视觉、听觉、嗅觉、味觉五种感官感受周遭环境的物理或化学属性，这五种感官分别对应着皮肤、眼、耳、鼻与口舌五种感受器（sensory receptors）。

每个消费者每天会从环境中接收海量的感官刺激（sensory stimuli）与各种文字信息。例如，在购物中心、餐厅、电影院、公共交通工具和家庭环境中，消费者会听到各种声音的刺激。音乐的类型、节奏和音量，环境中噪声的嘈杂程度，他人说话的声音与语气，都会对消费者的情绪和感受产生影响。当消费者亲临到各种商品陈列前，这些商品不仅展现视觉刺激（如鲜艳的包装、引人注目的标识），还可能提供触觉刺激（如拿起试用品、触摸布料、试穿衣物）。在餐厅、咖啡馆、超市等地方，消费者会享受到丰富的嗅觉和味觉刺激。刚端上来的菜肴散发着诱人香气；喝一口现磨咖啡，先闻见咖啡豆独特的气味，随后醇厚的味道满溢口腔，让人沉醉，购物的心情也变得愉快起来。

如此多的感官刺激围绕在我们身边,但并非每种刺激都能被识别。我们说过,感觉是由刺激物直接作用于某种感官引起的。然而,人的感官其实只能对一定范围内的刺激做出反应;超出这个范围的刺激,并不能引起人们的感觉。最经典的例子就是蝙蝠能通过超声波听声辨位,而这种声音对人类的耳朵而言相当于不存在,因为其超出了我们听觉能做出反应的范围。这个刺激范围被称为感觉阈限(sensory threshold),对刺激的感觉能力被称为感受性。

感觉阈限可分为绝对阈限(absolute threshold)和差别阈限(differential threshold)。绝对阈限指的是刚刚能引起这种感觉的最小刺激量。绝对感受性则是人的感官器官觉察这种微弱刺激的能力。差别阈限则是感觉系统能觉察到两次有差别的刺激之间的最小差异量。与之相应的差别感受性是对最小差异量的感觉能力。19 世纪德国心理学家恩斯特·海因里希·韦伯(Ernst Heinrich Weber)发现,差别阈限与第一次刺激的绝对量正相关,即第一次刺激的量越大,人们察觉出变化时就需要有更大的变化量,这就是著名的韦伯定律(Weber's Law)。

曾经有过一个著名的营销界事件:1957 年,市场研究员詹姆斯·M.维卡里(James M. Vicary)声称,他发现了"潜意识广告"的巨大影响力。他在一部电影中穿插了短暂的可口可乐和爆米花广告,闪现的时长仅为 1/3 000 s。尽管观众中没有任何人说自己看到了这些信息,但该电影院爆米花的销量增加了 57.5%,可口可乐的销量也增加了 18.1%。但这是真的吗?当学者们尝试重复这项实验时,并未能产生相同的结果。在后来的一次电视采访中,维卡里承认他只是为图噱头而打造了这一消息,整个所谓"实验"都是一场骗局,从未真实存在过。

利用感觉阈限的概念,你能解释为什么"潜意识广告"难以影响消费者吗?

4.1.2　知觉

知觉(perception)是我们对感觉进行选择、组织和理解的过程,它使我们能够从外界环境中获取信息并赋予其意义。这个过程可以分为三个阶段:暴露、注意和解释(见图 4-1)。

在知觉的暴露阶段,外界环境中的感官刺激首先被个体的各种感受器官感知到。我们的身体和感官器官(如眼睛、耳朵、鼻子、皮肤)扮演着接收和传递刺激的角色。当我们与外界接触时,感官系统会接收到大量的刺激,包括视觉、听觉、触觉、嗅觉和味觉等。这些刺激会通过感受器官传递到我们的大脑,为知觉的下

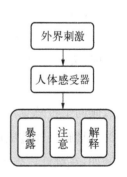

图 4-1　知觉过程

一阶段奠定基础。

在知觉的注意阶段,大脑选择性地关注某些刺激,并将其提取出来进行加工和分析。注意是知觉的关键环节,它帮助我们过滤掉无关的刺激,集中精力对重要的信息进行处理。我们的注意力受到多种因素的影响,包括刺激的显著性、情境的重要性及个体的兴趣和目标等。通过注意,我们能够将精神集中在特定的刺激上,进一步加深对其的认知和理解。

最后,在知觉的解释阶段,大脑对所感知到的刺激进行解读,赋予其意义和价值。这个过程涉及对刺激的加工、比较和归类等认知过程。大脑会将感知到的刺激与先前的经验和知识进行联系,以形成对刺激的认知模型。这种认知模型帮助我们将感知到的刺激归类为特定的对象、情境或概念,并为行为和决策提供指导。

在知觉过程中,还存在一种有趣的现象,即简单暴露效应(mere exposure effect),也被称为多看效应或熟悉效应。这指的是仅仅是刺激的暴露次数的增加就可以增加消费者的偏好。研究表明,消费者更喜欢熟悉的刺激,当我们反复看到或听到某个刺激时,我们会对它产生更加积极的态度和喜好。这一现象可以解释为,在暴露的次数增加后,我们对刺激更加熟悉,从而产生了一种心理上的舒适感和认同感。

知觉是一个复杂而精妙的过程。尽管在分析研究中我们将知觉过程分为了暴露、注意和解释三个阶段,但日常生活里,人们对周围世界的感知并不是割裂的,而是以一种自然而流畅的方式进行。格式塔心理学派的马克斯·韦特海默(Max Wertheimer)、库尔特·考夫卡(Kurt Koffka)等人在研究知觉时发现,人类对事物的知觉并非根据此事物的各个分离的片断,而是以一个有意义的整体为单位进行组织。

一般而言,知觉的组织会遵循以下知觉组织原则(principles of perceptual organization):① 封闭性:视野中封闭的线段容易组成图形;② 简单性:视野中具有简单结构的部分,容易组成图形;③ 邻近性:空间上接近的部分,容易组成整体;④ 相似性:视野中相似的成分容易组成图形;⑤ 对称性:在视野中,对称的部分容易组成图形;⑥ 线条朝向:视野中同朝向的线条容易组成图形;⑦ 良好连续:具有良好连续的事物,容易组成图形;⑧ 共同命运:当视野中的某些成分按照共同方向运动变化时,人们容易把它知觉为一个图形。

知觉组织原则为我们提供了一种解释感知现象的框架。它们帮助我们理解为什么倾向于将感觉片段组织成整体,并以何种方式组织。这有助于对人类感知行为的深入理解。通过应用知觉组织原则,我们可以预测人们在感知过程中的行为和错误。例如,在设计广告图像时,可以利用对称性原则和简单性原则来预测人们会如何组织和理解画面,从而更好地引导视线,以增强消费者的感知体验和吸引力。

4.2 感觉、知觉与消费行为

4.2.1 感官营销：创造绝妙体验

近年来，许多企业开始通过提供与众不同的消费体验来吸引更多顾客。科学家越来越多地认识到，消费者做出购物决定主要是被潜意识与情感所驱使，而非完全理性的选择。大多数零售商正在努力把购物从一种无法避免的家务事转变成为妙趣横生的体验。感官营销(sensory marketing)的风潮由此而起。

究竟什么是感官营销呢？营销学专家阿莱德哈娜·科瑞斯纳(Aradhna Krishna)将其定义：利用消费者感官感受来影响消费者行为的营销活动。这是一种崭新而有效的营销方式。产品的颜色、气味、开启包装的声音、触摸的舒适感等，都可以在消费者心中烙下感官印记(sensory signature)，改变消费者的感知、判断与行为[1]。

事实上，早已有不少知名品牌在实施感官营销上取得了成果，例如，诺基亚便深谙其道。美国纽约一家音乐公司 Audiobrain 的创始人曾做过一个小测试：播放一些品牌使用过的音乐，让作答者猜测其与哪个品牌相关联。在整个测试中，只有一则旋律让所有人都条件反射般地认出，那就是诺基亚的经典铃声 Nokia Tune："灯邓等灯，灯邓等灯，灯邓等灯登。"诺基亚将这段经典旋律作为品牌宣传的撒手锏，在每一部诺基亚手机中均内置为铃声。此外，它还频繁出现在《特务 A》《真爱至上》《杀死比尔》等影视作品当中。1999 年至 2000 年期间，诺基亚经典铃声被欧盟、美国及芬兰的商标管理机构接受为注册商标。尽管在如今的智能手机时代，诺基亚的功能手机已辉煌不再，但是估计没有人会忘记它的经典铃声。毕竟，它已经超越了品牌识别，成为一个被广泛使用的大众符号。

感官营销在商业实践中发光发热的同时，学界也对这一课题表现出了浓厚的兴趣，开展了广泛的研究。图 4-2 展示了感官营销研究的一般框架，上方是对消费者认知过程的理论解释，下方显示感官营销研究与其他消费者行为研究一样，关注消费者的态度、学习、记忆和行为等结果变量。科瑞斯纳提出的框架明确指出，与传统营销中基于经典认知心理学的方法不同，感官营销研究不仅关注消费者对信息的心理加工过程，还关

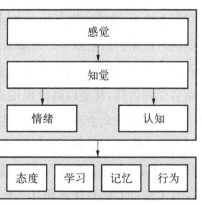

图 4-2 感官营销研究框架

注消费者身体如何通过感官与外界进行互动,以及不同感官如何影响后续的情绪和认知过程[1]。

4.2.2 触觉：我们为什么渴求接触

走进商店,消费者接收到的触觉体验是不间断的,其中自然包括我们与产品之间的接触,除此之外,我们与他人、环境的接触,也对判断与行为有着潜移默化的影响。

触觉是人类感知中的重要组成部分,而对产品本身的触觉体验会影响消费者的行为。美国研究人员佩克(Peck)与琼德斯(Childers)发现,触摸到商品的机会能够增加消费者的购买意愿[2]。通过诱导人们接触产品,可以传达信息并营造愉悦感,增加消费者购买的可能性。尽管随着互联网的普及,越来越多的消费者选择通过在线购物享受便利、快速和有竞争力的价格,但仍有一部分消费者更偏好于在实体商店进行购物,并享受触觉体验所带来的独特感受。因此,对于营销者和零售商而言,了解消费者对产品触觉的心理需求是至关重要的。通过提供丰富的触觉体验,他们可以吸引那些注重触摸感受和实物判断的消费者,并为他们创造出令人满意的购物环境。

在与物品的互动之外,和他人的接触也会影响消费者的感受。此前的研究已经表明,人与人的皮肤接触对营销结果既有可能产生正面作用,也有可能产生负面作用。有一定社交关系基础的人际接触通常会带来正面效果,如服务人员和顾客之间的接触。而没有关系基础的人际接触,尤其是从背后发生的接触,会引发消费者的警觉,从而导致负面结果,使人感到厌恶。

除了人和人的直接接触,消费者们还可能通过触摸同一件产品而产生间接接触。由于触觉需要物理接触作为前提,人们自然而然地认为触摸意味着自己的身体会被其他物体上的物质所"污染"。因此,有学者提出了消费者污染(consumer contamination)的概念。例如,我们不喜欢购买摆放在最前面的商品,而是要把手伸进货架深处去拿那些后方的、没被摸过的商品。比起书店里被很多人翻来试阅的样书,我们更愿意买有塑料封皮保护的全新本。在服装、食品等品类中,商品被他人触碰过通常会降低消费者对该商品的价值评估、购买意愿和满意度。然而,也存在例外情况,名人用过的物品会受到追捧,甚至以高价被拍卖[3]。

触觉为什么会对消费者产生如此大的影响？2014 年, *Neuron* 期刊上发表的一篇研究文章揭示了触觉的神经生物基础。作者麦格隆(McGlone)等人发现在无毛皮肤(如手掌)下分布着专门负责辨别性输入(discriminative input)的触觉神经纤维,而在有毛皮肤(如手背或躯干)下则存在另一种触觉神经纤维,负责将情感性输入(affective input)传递给大脑。基于这些发现,作者将人类触觉根据其认知功能划分为辨别性触觉和情感性触觉两种类型。这项研究建立了触觉与人类认知功能之间的直接关系[4]。触觉对人类认知的贡献是多样的,它不仅能够告诉我们外界的温度、软硬度、摩擦程度等客观环境信息,还能传递与情感有关的更复杂和高级的讯息。

4.2.3　视觉:眼睛会"欺骗"认知吗?

视知觉领域的心理学研究表明,人类视觉对知觉对象的空间特征(如长度、形状或方向)和颜色非常敏感。在有意识的注意发生之前,人类已经开始无意识地处理这些物理特征了。视知觉学习的研究表明,个体对形状、方向等视觉特征存在无须意识参与的内隐学习(implicit learning)[3]。也就是说,你在上班的路上路过一幅广告牌,在你有意识地去看这幅广告牌上的信息内容之前,感官和大脑就已经无意识地捕获了广告牌的颜色、大小或者形状这样的信息。虽然你压根没有意识到这一点,但你可能已经受到这些信息的影响了。

研究人员已经发现,视觉信号对感觉、知觉、情感、记忆、认知和行为等各种消费者反应均具有影响。例如,颜色对于消费者的购买决定起着十分重要的作用。调研公司 KISSMetrics 数据显示:93%的消费者在做购买决定时会考虑到颜色和外观;85%的消费者表示,颜色是他们购买产品的主要决策因素之一;杂志上的彩色广告要比黑白的文字多26%的关注度。研究文献表明,当色彩非常显著或突出时,的确更能激发感觉。例如,当某个房间的墙壁刷上了令人放松的颜色,那么房里的人便不会骄躁不安、挑衅滋事。戈恩(Gorn)等人在1997年针对广告内色彩的研究,也发现了色相对感觉和偏好的影响。

在色彩特征之外,视觉捕获到的空间特征亦可能会造成消费者的认知偏差(cognitive bias),使我们对产品容量、重量等量值产生错误估计。有句话说"所见即所得",但现实中往往不是如此。20世纪40年代美国的八大财团中,摩根财团是名列前茅的"金融大家族"。可老摩根从欧洲漂泊到美国时,却穷得只有一条裤子。后来夫妻俩好不容易才开了一家小杂货店。当顾客来买鸡蛋时,老摩根由于手指粗大,就让他老婆用纤细的小手去抓蛋。鸡蛋被纤细的小手一衬托后,就显得大些,摩根杂货店的鸡蛋生意也因此兴旺起来。这种认知偏差因为人们并不能有效、准确地计算商品体积,而是更多地以视觉捕捉到的参照物作为依据来估计。

更特别的是,视觉还会影响到我们的具身认知(embodied cognition)。具身认知是认知心理学研究的一种全新的取向,强调身体在认知过程中所起到的作用。我们的认知经验来源于身体,那么当身体处于某种状态时,与之相关的认知很可能会被激活。当品牌或产品以一种特定的方式呈现时,便可能会激发消费者的空间视觉认知,并影响其行为。例如,2016 年施洛瑟(Schlosser)等人研究探讨了倾斜方向对产品评价的影响,结果发现,在强调"活动"时消费者更偏好向上倾斜的广告图像;而在强调"放松"时,消费者更偏好向下倾斜的广告图像。这是因为在我们的生活经验中,从下往上的运动需要更多的努力,而从上往下的运动相对轻松,所以我们的认知自动地将向上倾斜与活动相关联,而向下倾斜与放松相关联[5]。

4.2.4　听觉:说服消费者的耳朵

营销实践对听觉的重视仅次于视觉。对消费者产生影响的声音可以分成两种:非语音和语音。前者主要关注音频、音量、节奏等声音本身的物理属性。后者则关注文字用声音来传递时会有哪些影响。

商店里播放的音乐是消费环境中常见的非语音要素。2022 年,全球店内背景音乐市场规模达到 89.18 亿元人民币,足见营销人员对其的重视。心理学家曾在一家超市进行了过调查,发现与快速音乐或没有音乐相比,慢速音乐可以增加 38.2% 的营业额。由于慢节奏音乐的影响,顾客消除了疲劳,感到愉快,谨慎地选择和购买商品,延长了选择和购买商品的时间,因此营业额会增加。如果播放莫扎特的音乐,顾客平均可以在商店多待 3 min。相反,餐厅里必须播放快节奏的音乐。有人测试了一家餐馆,并在营业时间播放轻快的音乐。结果,顾客不知不觉地加快了用餐速度。由于顾客用餐时间相对较短,酒店客流量大,营业额也有所提升。

语音与非语音相比具有更多的象征意义,这对消费者的认知产生影响。美国语言学家萨丕尔(Sapir)在 1929 年的经典研究中生造了两个词语 mil 和 mal,让被试在两个词里选其一来表示大桌子或小桌子。结果表明,人们会选发音时需要张大嘴的 mal 来表示大桌子,而将发音时嘴唇闭合的 mil 与较小的物品联系在一起[6]。除此之外,不同语言中数字的发音特征会影响消费者对折扣大小的判断。以 7.01 元这个折扣价格为例,汉语为母语的消费者会认为这个折扣力度较大,因为折后价中的"一"发音开口较小,使他们认为折后价格更低。相反,英语为母语的消费者会低估折扣的幅度,因为折后价 7.01 的结尾发音为"one",开口较大,使他们认为折后价格较高。这项研究揭示了语音对数字价值认知和购买决策的影响。在市场营销中,了解语音对消费者认知的作用可以帮助品牌设计更具吸引力和影响力的广告。通过选择合适的语音,品牌可以增强消费者对广告的积极情感和认知,从而提升品牌形象和产品销售。

4.2.5　嗅觉:以味诱人

研究显示,气味能帮助储存和唤起回忆,由气味引发的记忆相对来说会更富情感。不少商家就利用了这一点,使用独特的气味作为品牌的其中一个标签并广泛运用到不同的店面中,在潜移默化中把消费者吸引过来,达到营销目的。

著名的豪华汽车品牌劳斯莱斯就是嗅觉营销较早的应用者之一。他们在 1965 年所创造的经典气味,成为市场竞争中的一枚撒手锏。原来有一段时间很多用户抱怨说新款没有旧款好,这让他们觉得很奇怪,后来发现新旧两款就气味不一样。原来老款使用了很多天然的原材料,比如木头、皮革、亚麻、羊毛,这种气味让人觉得有种天然高贵的感觉。但随着技术的发展,这些原材料被其他材质所代替。为了重新调制出这种特殊气味,他们组建专业团队,对老款的气味进行分析,提取出每一种单一的气味。再设计出一个包括 800 种不同元素的气味配方,将老款的气味经典再现。后来呢,这个气味配方就成为每辆汽车出厂的标配。

科瑞斯纳的实验室还进行过一项有趣的研究,她们发现标签对嗅觉的影响非常强烈,可以让人产生嗅觉幻象。研究检验了 5 种气味,包括紫罗兰叶、广藿香、松油、薄荷脑及异戊酸-丁酸混合液。参与者在两次试验中分别闻了这些气味,在每次试验中,气味被赋予不同的语言标签,有些标签是积极的,有些是消极的。结果显示,标签对气味的享受认知有显著影响。当标签是积极的时候,相比于带有消极标签的同一气味,每种气味都被认为更好、更熟悉,并收获更积极的行为反应。例如,当异戊酸和丁酸混合液被称为"意大利干酪"时,人们便愿意食用该气味的产品;而当该混合液被赋予消极标签(如"呕吐物")时,人们则避开这一气味。很多被试甚至无法相信自己两次试验中闻到的是同一种气味。这表明无论最初的感知如何,单词的含义对气味的喜好具有重大影响,这对气味营销具有重要意义[1]。

视觉环境和语境对嗅觉认知的影响力大于其他感官,这可能因为与其他感官刺激相比,气味是看不见的,所以人们十分热衷于从外部环境搜寻其他辅助信息。精明的感官营销人员可以利用这些因素,通过产品标签和品牌将影响力发挥到极致。

4.2.6 味觉:食物带来的享乐

味觉与嗅觉一样也属于化学感官,但味觉并不纯粹,因为味觉体验的形成除了依赖味蕾,还依赖嗅觉、触觉等其他感官。仅依靠味觉,我们无法很好地区分味道。当我们没有看见食物或嗅到气味时,我们很难区分土豆和苹果,或者红葡萄酒和咖啡。这是因为我们只能辨别少数迥然不同的味道,正如前面提到的,人类只能辨别五种味道。因此,食物"美味"与否,可能与味觉本身的关系并不大,而与其他感官感受及认知因素密切关联。

(1)触觉影响味觉。科瑞斯纳(Krishna)和莫里(Morrin)在 2008 年研究了产品触感这一外在因素对味觉认知的影响。他们通过一系列实验发现,玻璃杯的触感可以影响人们的味觉认知。与脆弱的玻璃杯相比,牢固的一次性玻璃杯让人觉得杯中的水更好喝。有趣的是,接触对味道的影响只出现在"自发接触需求"(只为了接触而接触,除此之外没有其他目的)较高的消费者身上。科瑞斯纳和莫里对此推测,成长过程中,接触需求较高的人在记忆中将触感和物体的其他属性联系在一起,因此本能地知道触感能如何帮助自己做判断[7]。

(2)视觉影响味觉。大部分有关视觉和味觉的研究均关注产品颜色的影响。杜博斯(Dubose)等人在研究中发现,在掩盖了果汁的颜色或给出错误颜色的情况下,消费者对水果口味的识别准确性大幅降低。如果给你喝一杯蓝色的橙汁,你会很难识别出来这是橙汁。尽管研究结果有所差异,但人们普遍认为,提高颜色深度对于增强味道具有强烈影响[8]。

(3)听觉影响味觉。2004年赞皮尼(Zampini)和斯彭斯(Spence)的研究显示,对薯条脆度和口味的评价会受到消费者听到的咀嚼音量的影响。在试验中,他们要求被试在隔音的电话亭里对着话筒吃薯条,薯条的咀嚼声会传到他们头戴的耳机里。由此,研究人员就可以改变声音的频率和音量了。有趣的是,如果被试无法听到咀嚼薯条时清脆的声音,他们就会认为薯条没那么酥脆新鲜[9]。

(4)嗅觉影响味觉。感冒鼻塞时,大多数人会觉得食物没有味道,其中一个原因便是无法闻到食物的气味。而对于为什么我们普遍觉得飞机餐很难吃,实际上并非食物本身的问题,是因为机舱环境对我们的嗅觉产生了影响。在高海拔飞行中,客舱里甚至比大多数沙漠环境还要干燥,这导致我们的鼻腔无法正常工作。德国汉莎航空公司进行过一项实验,结果发现,干燥的机舱环境使乘客对甜味和咸味食物的敏感度降低了约30%。当机舱加湿后,乘客的味觉敏感度有所恢复。

4.3 消费者的感觉与知觉神经科学研究

4.3.1 触觉

1. 触觉的认知神经机制

(1)触觉的神经通路。触觉是最基本、最原始的感知方式之一,它使我们能与世界进行直接而亲密的互动。人类的皮肤中分布着大量的触觉感受器与神经末梢,它们构成了一个被称为躯体感觉系统(somatosensory system)的巨大网络。躯体感觉系统包含两个子系统,其中一个负责对身体内外部受到的刺激做出反应;另一个负责感受本体中的四肢及肌肉状态。前者的感受器主要分布在皮肤内,后者的感受器则位于肌肉、肌腱、关节和韧带等运动器官处。

当我们接触到物体时,皮肤中的感受器能够对多种不同的刺激做出反应,收集到压力、温度、纹理和形状等信息,并编码成为感觉信号。从功能上,这些感受器可分为机械感受器(mechanoreceptor)、温度感受器(thermoreceptor)与伤害感受器(nocireceptor)三个类别。机械感受器负责探知压力、振动和纹理等,它以微小体(corpuscles)的形式存在。温度感受器负责感受冷和热;伤害感受器即痛觉感受器,可以检测到由物理刺激(割伤或刮伤);热刺激(烧伤)或化学刺激(昆虫叮咬的毒素)引起的疼痛,它们通过向大脑发送这些早期预警信号来保护身体免受严重伤害。这些最为基础的感受器塑造了我们对柔软、温暖、舒适感觉的偏好。婴儿时期与母亲的亲密接触,在我们心中创造出了"温暖/柔软→安全→放松""寒冷/坚硬→不安全→紧张"的思维。随着成长,我们将温暖与社会包容、寒冷与孤单难受紧密联系在一起。例如,如果我们在餐厅里受到了服务员的"热"情招待,那么消费体验也会更加愉快。同时,消费环境内的温度需要在一个让人感觉舒适的区间,不能过热又不能太冷,这样消费者才会有"温暖"的购物体验。

后一个子系统负责进行本体感受,主要的受体是本体感受器(proprioceptor)。它们能帮我们区分肌肉的拉伸是由外力所致,还是由我们自己的动作引起。如果没有本体感受器,我们将连一些基本的动作都无法完成,比如进食或穿衣。当我们戴上VR设备时,就能从数字环境中获得本体感受的补充信息,从而拥有"足不出户游天下"的奇妙体验。

(2)触觉的大脑加工方式。感受器会将触觉信号通过脊髓发送至大脑。具体而言,信号先经过脑干,传送到对侧的丘脑,接着投射至大脑皮质(包括一些皮质下结构)。躯体感觉皮层(somatosensory cortex,见图4-3)是大脑的一个区域,负责接收和处理来自全身的触觉信息,包括触摸、压力、温度和疼痛。该区域位于前脑,其中初级躯体感觉皮质(primary somatosensory cortex,也称为S1区)处在大脑半球外侧表面的中央后回,次级躯体感觉皮质(secondary somatosensory cortex,也称为S2区)处在外侧沟上部的初级躯体感觉皮层附近,将额叶和顶叶与大脑分开[10]。

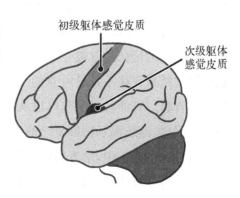

初级躯体感觉皮质

次级躯体感觉皮质

图 4-3 躯体感觉皮层

初级躯体感觉皮质能够对来自身体的大部分感觉信号进行基本处理。这部分皮质能够表征身体的躯体定位，也就是说，身体表面的各个部分和这块大脑皮层区域之间存在着地形上的对应关系。身体部位对躯体感觉的贡献越大，相应的大脑皮层区域也就越大，如双手和嘴巴所对应的躯体感觉皮层区域就比躯干和手臂要大。将这种对应关系画出来，就是著名的躯体感觉侏儒图（sensory homunculus map，见图 4－4）。根据布罗德曼分区（Brodmann area），这里存在着布罗德曼 1、2、3 区。布罗德曼 3 区负责接收来自丘脑的大部分体感输入，并进行信息的初始处理；而 3a 区会对来自本体感受器的信息做出反应。区域 1 和 2 是进行更复杂处理的地方。我们已知的是，区域 1 有感测物体纹理的职能，区域 2 则在感知物体的形状和大小，以及参与本体感觉方面具有作用。

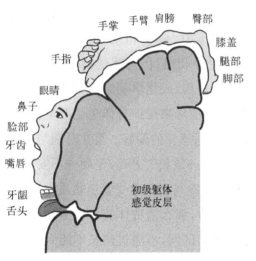

图 4－4　躯体感觉侏儒图

次级躯体感觉皮质不像初级躯体感觉皮质那样被研究得比较透彻。该区域已被证明能够表示很大一部分的躯体位置，也有证据支持其能够辨别疼痛感觉。因为该区域连接到海马体和杏仁核，因此它能够参与触觉物体识别和记忆，并通过过去的经验，以及我们的感受来决定如何处理触觉信息。

2. 触觉的神经科学研究

如 4.2 节中所介绍的那样，在消费者感知觉领域，行为研究已经揭示了众多有趣的结论。但学者们并没有满足于此，为了进一步揭示消费者感知觉的神秘面纱，不少学者开始转向了神经科学的方法，以探索行为背后更深层的机制。这主要是因为传统的纸质调查无法全面客观地考察感官感受对消费者的影响。传统的调查研究总是在事后进行（即在特定的感觉体验之后），因此无法在体验期间实时考察被试的反应。考虑到人类的记忆经常被夸大或扭曲，如果自体验以来已经过去了一段时间，那么得到的调查结果往往不是最可靠的。因此，能克服这些障碍的神经科学方法越来越多地受到青睐。神经科学研究可以从认知加工视角验证行为研究结论，并在此基础上更上一层楼，继续揭示精妙复杂的大脑活动过程。

在过去的几年中，学者们已经发现触觉刺激在某些情况下甚至比视觉刺激更重要。神经科学方法能让我们观察到消费者经历触觉交互中的实时大脑反应，也因此能揭秘消费行为背后的认知机制。

脑电图技术便是常被使用的神经科学方法之一。它不仅能让我们观察到触摸期间大脑的认知和情绪活动,甚至还发现在触摸任务的早期,消费者的触觉唤醒最高。帕克(Park)等人利用脑电图技术针对商用洗衣机旋钮进行了研究。18 名被试以几种旋转方向和距离来操作不同设计的旋钮,在触摸和操作的过程中记录下脑电图信号,并在事后收集了他们对这些旋钮设计的触觉满意度评分。结果显示,额叶伽马振荡(gamma oscillations,一种特定频率范围内的神经电活动)的程度与触觉偏好的水平相关,随着触觉偏好的增加,振荡变得更强烈。并且,在触觉任务的早期,额叶伽马功率和触觉偏好之间相关性最高。这意味着产品的触觉特性在交互开始时对消费者的偏好影响最大[11]。

使用功能性核磁共振成像技术的研究,则更多地关注与触觉互动有关的不同大脑区域。泽福斯(Servos)等人在 2001 年围绕形状、纹理和硬度这几个属性进行了研究。实验使用了 27 个椭球型硅胶物体,这些物体有三种不同的大小形状、三种表面纹理和三种硬度等级。被试在三个单独的实验中,根据物体特性(形状、纹理或硬度)对每个物体进行触觉分类任务。结果显示,纹理、形状和硬度的处理引发了后中央沟回(postcentral gyrus)的对侧激活。在形状和纹理识别期间,观察到后中央沟回相对靠后的一个共同区域的激活;而在硬度识别任务期间,则激活了一个独立且位于更前部的区域。硬度识别任务还在顶叶门区(parietal operculum)产生了双侧激活[12]。从中可以看出,我们的触觉加工过程实在精妙,不同的触觉属性涉及不同脑区的活动。但 2008 年德什潘德(Deshpande)等人的研究发现,在与产品的触觉交互过程中,这些脑区并非"各自为政",而是处在一种复杂的有效连接(effective connectivity)状态下彼此合作[13]。

4.3.2　视觉

1. 视觉的认知神经机制

(1) 视觉的神经通路。视觉是我们最重要的感知方式之一,消费者接受的大部分产品信息都来自视觉。我们的视觉系统执行许多复杂的任务,包括光的接收、色觉、立体视觉、物体间距离的评估、运动感知、视觉信息的分析和整合等。当我们看到一个物体或场景时,光线会进入我们的眼睛,并经过感光细胞(photoreceptor cell)的感知,将光信号转化为神经信号。

感光细胞分布在视网膜(retina)上,分为视锥细胞和视杆细胞。视杆细胞对低强度的刺激敏感,因此在光线暗淡的夜晚最有用。视锥细胞的活动则需要强烈的光线,正是它们让我们能够看到颜色。感光细胞中存在着感光色素,通过感光色素的分解来改变细胞周围的电流,进而触发下游神经元的动作电位,将光刺激转换为内部神经信号。因此在餐厅中,光线的运用非常重要,因为它直接影响了我们对食物的视觉感受。美食讲究"色香味俱全",如果餐厅的光线太暗,视觉对颜色的敏感度就会下降,导致食物看起来不那么鲜艳。相比之下,饱满红润的西红柿、金黄诱人的炸薯条或清新绿色的沙拉,在明亮均匀的光线下会显得更加诱人和美味。

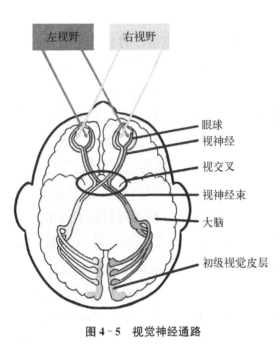

左视野　　右视野

眼球
视神经
视交叉
视神经束
大脑
初级视觉皮层

图4-5　视觉神经通路

(2)视觉的大脑加工方式。神经信号随后通过视神经传递到大脑的视觉皮层(visual cortex)。在传递的过程中,视神经会发生交叉,左侧视野的所有信息被送往右侧大脑,而右侧视野的所有信息到达左侧大脑(见图4-5)。大多数视神经纤维终止于外侧膝状体(lateral geniculate nucleus)。在外侧膝状体将电信号转发到视觉皮层前,它会测量我们视野中对象的范围与速度,进而能够预测对象的移动。

视觉皮层位于大脑后部的枕叶,接收、整合和处理从视网膜传递的视觉信息。视皮层根据功能和结构分为五个不同的区域(V1至V5)。视觉信息离开外侧膝状体后,首先传播到视觉皮层的第一个区域V1,也被称为初级视觉皮层,位于距沟周围。V1能够对简单的视觉线索(如边界和轨迹)做出反应,这些数据的积累为以后在其他区域中进行更复杂的图案信息处理奠定了基础。关于不同视觉区域的功能,有些学者认为,随着视觉数据沿着连续的皮层区域传播,后一个区域对信息的加工会比前一个更复杂而专业。另一些学者则认为不同区域能够分析处理的信息类型具有差异,如有证据表明短尾猿的V5区对运动和运动方向非常敏感,但对颜色没有明显反应。

视觉加工不仅仅是简单地接收和传递视觉信号,大脑还对这些信号进行高级的分析和解析。大脑会将视觉信息与先前的经验和知识相结合,以帮助我们理解和识别物体、场景和运动。通过学习和记忆,我们能够辨别出不同的物体、面部表情和文字等。除了物体的形状和颜色,视觉还与情感和情绪体验紧密相关。不同的颜色和光线条件可以引发不同的情绪反应,如明亮的颜色可能带来愉悦和兴奋的感觉,而暗淡的颜色可能产生平静和沉思的情绪。这些情感反应是由大脑中情绪和奖赏系统的相互作用产生的。

2. 视觉的神经科学研究

眼动追踪技术是视觉相关神经科学研究常用的技术之一。在过去的十年里,感官营销的研究者们已经广泛使用这一技术来阐明消费者对产品包装、标签等视觉特征的处理过程。消费相关的眼动研究主要针对影响视觉注意力的因素展开,可分为两种思路——自下而上的刺激驱动因素(bottom-up factor)及自上而下的目标驱动因素(top-down factor)[14]。

自下而上是指外部刺激的显著性导致的注意力分配,这类研究主要关注视觉特征的显著性、大小、颜色等。基尔(Gere)等人 2020 年的研究发现,食物图像的大小及排列方向对注视行为产生了影响。大尺寸图像引起了更多的注视次数和停留时间,而对角线排列的多个食物图像导致了更长的初次注视时间[15]。而张宝月(Baoyue Zhang)和徐汉石(Han-Seok Seo)发表于 2015 年的文章研究了背景醒目性会如何影响对食物的视觉注意力,例如餐具、桌布和餐桌装饰等。他们的研究结果表明,当背景引人注目时,消费者初次注视食物的时间会更长,并且修正次数(注视点重新回到食物的总次数)亦增加。然而,总注视时间随着背景醒目性的增加而减少[16]。2016年,越南学者们发现,食物图像的数量会影响凝视行为。当图像为 6 张时,观察到了被试更频繁地注视次数与更长的总注视时间[17]。

自上而下是指消费者内部目标驱动的注意力,这类研究主要关注消费者目标、任务指令、任务复杂性和情绪等。健康 vs. 美味就是我们在消费食物时常常追求的两种目标,并且二者在很多情况下是彼此冲突的。布尔戈斯(Burgos)等人 2017 年的眼动研究主要考察了总注视时长,发现那些不健康、高热量的食品能吸引更多人的视觉注意力;对于那些健康的、中性的或人们认为味道不好的食物,人们便显得兴趣缺乏[18]。斯皮尔沃格尔(Spielvogel)等人 2018 年针对儿童的研究也得到了类似的结论:儿童在注视、扫视食物图片时,对不健康食物的总观看时间更长[19]。这是否意味着我们真的对健康食物不屑一顾呢?并非如此。波特霍夫(Potthoff)和席恩勒(Schienle)2020 年的研究中让被试观看成对的食物图像(高热量和低热量、高热量和非食物、低热量和非食物),并比较了高热量、低热量、非食物三个项目的注视时长百分比。他们发现,在观看的早期阶段,不健康食物(高热量)比低热量食物更容易受到关注;而在观看的后期阶段,健康食物(低热量)比不健康食物更容易受到关注[20]。

功能性核磁共振成像研究还挖掘到了更多令人震惊的现象,揭示出我们的大脑有时很容易被视觉欺骗。2006 年 1～4 月,美国得克萨斯州毒物控制中心报告了多达 94 件意外摄入家庭清洁剂的案例,原因是这种名为"法布洛索"的清洁剂包装"看上去像饮料一样"。针对这种现象,巴索(Basso)等人 2014 年的研究向人们展示了一些模仿食品包装的家用清洁剂图片,并用功能性磁共振成像技术监控被试的脑区活动。他们惊讶地发现:与中性的家用清洁剂图片相比,含有食品属性的产品图片会导致视觉食品加工区域(脑岛、OFC 和梭状回)的活动增加。这意味着,模仿食品包装来吸引消费者的营销策略具有非常严重的隐患:当使用此类包装时,即便是健康的成年消费者,也可能会无意中将有毒的、不可食用的产品错认为食物[21]。

4.3.3 听觉

1. 听觉的认知神经机制

(1) 听觉的神经通路。听觉是我们与世界亲密接触的窗口。声音、音乐和语言的魅力能唤起我们深层的情感共鸣和丰富的记忆体验。如图 4-6 所示,当声音进入

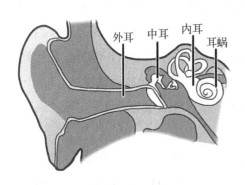

图 4-6 人耳结构

我们的耳朵时,它会通过由外耳、中耳和内耳组成的复杂通道。到达耳朵的声波使耳鼓振动,振动经由内耳液传递到耳蜗,此处基底膜表面上的听觉感受器细胞便将声音振动转化为电信号。这些小小的毛细胞能够编码一定范围频率内的声音,大致在 20～20 000 Hz 之间,特别对 1 000～4 000 Hz 间的声音刺激最为敏感。日常生活中,绝大多数具有重要作用的声音都落在这个区间。

听觉电信号下一步会输出到两个位于中脑的结构:耳蜗核(cochlear nucleus)和下丘(inferior colliculus),并在之后到达位于丘脑(thalamus)的内侧膝状体(medial geniculate nucleus)。借助丘脑的中继作用,外界声音信号被收集并传递至听觉皮层(auditory cortex)。

(2) 听觉的大脑加工方式。听觉皮层位于左右颞叶(见图 4-7)。颞叶是大脑中第二大的叶,处在耳朵和太阳穴后面的大脑两侧。并通过听神经传递到大脑的听觉皮层。右耳接收到的声音主要传递到左颞叶,而来自左耳的信息主要传递到右颞叶。有趣的是,负责感知和理解言语的听觉皮层位置会根据我们的惯用手而有所差别,其通常位于身体优势侧的对面。例如,如果一个人是右撇子,那么语言理解中心

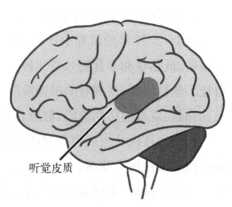

图 4-7 听觉皮层位置

听觉皮质

将在左颞叶。这个事实适用于所有右撇子。然而学者路利亚（Luria）发现，60%的左撇子的语言中心也在左颞叶，只有40%的左撇子的语言中枢位于右颞叶[10]。

听觉皮层可以细分为多个区域，尽管如何对其进行划分仍然存在争议。然而，人们普遍认为，听觉皮层由一个主要区域，即核心区域的初级听觉皮层（primary auditory cortex），和多个非主要区域组成。

初级听觉皮层位于颞叶上部，一直延伸至外侧沟。来自丘脑的听觉信号会首先到达这里。初级听觉皮层中，不同位置的神经元会专门对不同频率的声音做出反应。对低频率敏感的神经元被分组在一端，对高频率敏感的神经元被分组在另一端。初级听觉皮层的一个关键功能是通过整合听觉和空间信息来对声音进行定位。这种分析囊括了声音的振幅或响度，涉及复杂的神经计算。

2. 听觉的神经科学研究

对于一些微妙的声音差别，例如语音与非语音，或者是不同类型的音乐，我们很难准确判断何者对自己的情绪、反应、行为影响更大，这就意味着依赖被试自我报告的传统行为研究终归会碰到天花板。利用功能性磁共振成像等技术，我们能够突破这一局限性，更加客观地研究声音对我们的唤醒程度，并细致地考察与声音感知相关的神经机制。

在研究声音对消费者感知的影响时，一项关于广告中人声和非人声背景音感知的研究引起了广泛的关注。莫斯塔法（Mostafa）2012年的功能性磁共振成像研究采用了块设计范式，被试观看以人声和非人声配音的多则广告，其中非人声包括动物、机器、雨、溪流、汽车、乐器声等。功能性磁共振成像研究结果表明，与非人声相比，人声在初级听觉皮层内及周围的几个区域引起了更大的激活。这一结果意味着，不同类型的声音在不同的大脑功能通路中受到处理，并且人声在广告中的使用可能会引起更大的注意和兴趣，进一步启示了营销人员在广告创作中合理运用声音元素的重要性[22]。

音乐常常用于广告、商店及电商网站中作为背景音。但除此之外，音乐本身作为一种商品，也是感官营销神经科学研究的重要对象。伯恩斯（Berns）等人2010年对12~17岁青少年的音乐购买行为进行了深入研究。功能性磁共振成像研究结果观察到音乐对大脑的影响跨越了几个不同的大脑区域和认知系统，除了听觉刺激的基础处理脑区，还调用了处理语义的脑区（外侧前额皮质语言区域），甚至包括皮层的运动区（某种原因上与音乐的产生有关，如唱歌或敲击）。他们还发现，歌曲的大众评分会改变青少年个人对歌曲的喜爱程度评分。这并非因为歌曲人气改变了他们的音乐口味：歌曲受欢迎程度确实对被试大脑产生了显著的影响，但这种影响在与歌曲喜好相关的大脑区域网络之外。真实的原因蕴藏在双侧前脑岛的激活中。前脑岛常在预期和体验到痛苦刺激时被激活,与处理金融风险及对他人疼痛的共情反应等社交信号相关联。在评分行为中对歌曲人气最敏感的被试,正是那些看到歌曲人气后在前岛中有最大激活的被试。意味着这些青少年正在经历认知/情绪的不协调,用公众意见代替个人偏好对歌曲进行打分。这项研究的结果表明,歌曲人气对青少年消费者音乐选择的影响,是源于他们对自我偏好与他人偏好不匹配所产生的焦虑,这种不匹配焦虑促使他们改变选择[23]。

4.3.4 嗅觉

1. 嗅觉的认知神经机制

(1)嗅觉的神经通路。嗅觉是感知悬浮在空气中的挥发性化学物质的能力。一个普通人可以分辨出多达10 000种不同的气味,从水果产生的酯的甜香,到臭鸡蛋产生的含硫化合物的腐臭。气味会影响我们的意识和行为。它们引诱我们品尝新鲜出炉的面包,扔掉腐烂霉变的食物。

嗅觉通路非常独特,它的感受器直接暴露在外界,且嗅神经不需要经过丘脑的转换就可以抵达初级嗅皮质。当我们闻到气味时,气味分子,也称为着嗅剂(odorant)会进入我们的鼻腔,并与位于上的嗅觉感受器细胞相互作用。因为有鼻后嗅觉(retronasal olfaction)的存在,在进食和咀嚼的过程中,口腔中的着嗅剂亦可以传到鼻腔内。这些着嗅剂会附着在位于鼻腔顶部黏膜(嗅觉上皮)内的嗅觉感受器上。我们的鼻子里有大约400万个嗅觉感受器,分为大约400种不同的类型,每一种感受器会对特定的着嗅剂有选择性地起反应。这种高度特异性的感受器系统使我们能够细致地辨别各种不同的气味,从而丰富了我们对世界的嗅觉感知能力。但若是我们在短时间内嗅闻多种气味,鼻子中的嗅觉感受器会受到连续刺激的影响而产生嗅觉疲劳,暂时性地降低对气味的敏感度。这也是为什么调香师或香水爱好者在品鉴多种香水时会闻咖啡豆作为休息,目的就是清除嗅觉感受器受到的刺激,使其恢复敏感度。

当一个着嗅剂分子与嗅觉感受器的受体结合时就会引起电反应,将信号输送到嗅球(olfactory bulb)的神经元中,即嗅小体(glomeruli)中。嗅觉神经和纤维将关于气味的信息从外周嗅觉系统传递到大脑的中央嗅觉系统(见图4-8)。

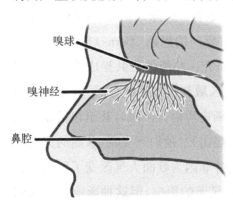

图 4-8 嗅觉神经通路

嗅球

嗅神经

鼻腔

（2）嗅觉的大脑加工方式。嗅觉皮层（olfactory cortex）对于处理和感知气味至关重要。它位于大脑的颞叶，参与组织感觉输入。嗅觉信号通过嗅束离开嗅球后会投射到两个不同的目标。一些细胞投射到嗅结节，经过丘脑的内侧背核，然后到达眶额皮质。这条通路负责让我们有意识地感知气味。其他细胞直接投射到嗅觉皮层和颞叶内的相关结构中，如海马体、杏仁核等。这使得嗅觉皮层与边缘系统（limbic system）连接在一起。边缘系统参与了有关情绪、生存本能和记忆形成的处理，如杏仁核能产生、识别和调节情绪，海马体能存储和转换记忆。因此，气味经常会激活我们强烈的情感和记忆。

2. 嗅觉的神经科学研究

众多的行为研究观察到，嗅觉体验在许多情况下会受到个体差异、情绪状态和环境因素的影响，并与其他的感官感受密切联系，具有超乎想象的可塑性。

例如，嗅觉与味觉便常常起到相辅相成的作用。但两者究竟是怎么互相影响的呢？日本学者前田（Maeda）等人 2019 年的研究便使用脑电图（EEG）技术，探索气味与食物的匹配性如何影响消费者的大脑加工过程。每次被试品尝巧克力时都会进行特殊的气味刺激。研究使用巧克力酱作为"匹配气味刺激"的增香剂，使用大蒜酱作为"不匹配气味刺激"的增香剂，并观察到了匹配和不匹配条件下的 EEG 信号存在差异。在非匹配气味刺激条件下，θ 频段的脑电活动占有率较高，而在匹配气味刺激条件下较低。有趣的是，θ 频带的占有率与巧克力甜度的主观感觉之间存在负相关。θ 频段往往反映了精神集中状态，这意味着当受试者接收到与正在食用的巧克力不匹配的气味时，他们的主观甜味感觉受到干扰，因而在集中精神辨别食物是什么[24]。

除了味觉，气味还与记忆密切相关。一些科学家认为，这是由于嗅皮质与边缘皮质之间存在直接连接，而边缘皮质正是与记忆和情绪主要相关的脑区之一。通过功能性磁共振成像技术，赫茨（Herz）2004 年发现，当气味被用来触发个人有意义的记忆时，与相关的视觉刺激相比，气味更稳定地激活了边缘系统[25]。勒维（Levy）等人 2004 年的研究发现边缘系统中海马体损伤患者的气味识别能力亦严重受损，进一步证实了气味和记忆之间的联系[26]。这表明气味营销策略确实具有其认知神经基础，能在消费者的记忆中留下品牌烙印，产生"闻香识品牌"的效果。

4.3.5　味觉

1. 味觉的认知神经机制

（1）味觉的神经通路。对着镜子观察自己的舌头，你会发现舌头的表面覆盖着小的、可见的肿块，称为乳头（papillae）。味蕾（taste bud）位于乳头内，每个味蕾都由味觉感受器细胞沿着支持细胞和基底细胞组成。味觉细胞的寿命约为 2 周，随后基底细胞取代垂死的味觉细胞。味觉细胞具有微绒毛，这些微绒毛通向味觉孔，食物中的化学物质可以与味觉细胞上的受体相互作用。

当一个食物分子，或称为着味剂（tastant），刺激味觉细胞中的感受器并使感受器去极化时，味觉系统的感觉转换就开始了。味觉细胞位于味蕾中。口腔中包括大约 10 000 个味蕾。味蕾大部分都位于舌头上，尽管在少量情况下也会分布在脸颊和嘴中的其他位置。基本味觉包括咸、酸、苦、甜和鲜。每一种基本味觉感觉都有不同的化学信号转换形式。我们的一些味觉是与生俱来的，例如甜味；而另一些味觉是后天习得的，例如苦味。这就解释了为什么许多人最初不喜欢咖啡的味道，在第一次喝时需要加糖。整个舌头都能够感知五种味道，这意味着在整个舌表面上均存在每种味道的味觉受体。然而，舌头的某些区域对某些味道的反应阈值略低，因此对这些味道更敏感。舌尖是对甜味、咸味和鲜味最敏感的区域。舌头的两侧对酸味最敏感，舌头的后部对苦味最敏感。

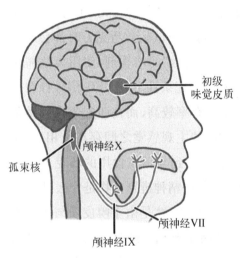

图 4-9 味觉神经通路

如图 4-9 所示，舌头由三根颅神经支配。舌的前三分之二受颅神经 VII（面神经）支配。后三分之一由颅神经 IX（舌咽神经）支配。最后，会厌和咽由颅神经 X（迷走神经）支配。所有三个脑神经在延髓处进入脑干，并在孤束核（nucleus of the solitary tract）中形成突触。从那里，信息被发送到丘脑的腹后内侧核（ventral posterior medial nucleus of the thalamus），丘脑神经元再向味觉皮层发送投射。

（2）味觉的大脑加工方式。味觉皮层位于外侧裂深处的一个叫作脑岛（Insula）的区域。味觉信息主要停留在神经系统的同侧，也就是说，来自舌头左半部分的味觉信息在大脑的左半球加工，反之亦然。大脑内的投射也存在于味觉区域与下丘脑和杏仁核之间，这表明味觉与嗅觉一样，都会经过边缘系统的处理来告诉我们接收到的味道是否令人愉快。

初级味觉皮质（primary gustatory cortex）与眶额皮质（orbitofrontal cortex）的次级加工区域相连接。每个味觉细胞被认为是只对一种着味剂反应。因此我们体验到的复杂味觉，很可能是由味觉细胞传递的信息经眶额皮质加工后整合得到的。在味觉加工中，眶额皮质会在我们加工摄入食物时给予奖赏（如愉悦感）。

2. 味觉的神经科学研究

我们的进食过程大致如此：首先，我们观察即将入口的食物饮料；其次，将其放入口中品尝味道;最后,我们吞咽,并体会到美食带来的愉悦感。

　　一些味觉神经科学研究关注在进食过程的前期,外在因素(如标签)如何影响味觉。消费者神经科学领域早期最著名的功能磁共振成像研究之一,是对百事可乐和可口可乐偏好的研究。麦克卢尔(McClure)等人 2004 年发现,当在没有任何品牌信息的情况下进行盲品评估时,被试对可口可乐和百事可乐的偏好是平等的,在大脑腹内侧皮层(vmPFC)产生了一致的神经反应,这一区域与奖励价值与口味偏好有关。然而,当在品尝饮料之前向被试展示该品牌的形象时,他们就更喜欢可口可乐而不是百事可乐。被试看到可口可乐时,在背外侧前额叶皮层(dlPFC)、海马体和中脑中观察到更大的活动,这些区域与认知控制、情绪与记忆有关,而对百事可乐则没有显著的类似反应。该研究的结果表明,营销信息既影响行为偏好,也影响大脑对味道的反应[27]。

　　另一些研究则关注进食过程后期,食物如何激活大脑的奖励或享乐系统。眶额皮质似乎在加工摄入食物带来的愉悦感或奖赏价值中起到重要作用。斯莫尔(Small)等人 2001 年的研究中用 $H_2{}^{15}O$ - PET 方法扫描了被试吃巧克力时的大脑。在进食过程中,被试评估巧克力引起的愉悦感和想吃更多巧克力的欲望。最初,巧克力被称赞为非常美味,并引发了被试继续食用的欲望。然而,随着被试吃得越来越饱,他们想吃更多巧克力的欲望下降了。同时,尽管巧克力仍然被认为是美味的,但愉悦感的评分也下降了。通过比较实验的早期和晚期时的神经活动,研究者确定了大脑哪些区域参与了对巧克力的奖赏价值(愉悦感)和想吃动机(想吃更多巧克力的欲望)的加工。在巧克力具有高度奖赏价值、被试食用欲望强烈时,眶额皮质的后内侧部分被激活。与之相对的,眶额皮质的后外侧部分在被试已经吃饱,也就是巧克力不再具有奖赏价值和想吃动机较低时被激活。这表明,眶额皮质在味觉加工中起着高度特化的作用,其不同区域分别处理食物奖赏价值的不同极端[28]。

　　这些发现不仅拓展了我们对味觉感知的理解,还为我们更好地理解食品营销和消费行为提供了启示。

4.4　未来展望

4.4.1　消费者跨感官体验

　　在感官营销领域,神经科学研究只能说是刚刚起步。人类复杂而精妙的感官加工机制,仍等待我们去开拓和探索。例如,在消费者跨感官体验(multi-sensory experience)这一研究主题上,神经科学方法就有可能实现传统行为研究所无法达到的突破。

传统行为研究在主要依赖于被试的自我报告和行为观察,这就让我们很难分辨,当消费者拿起一袋薯片时,让其兴致盎然的是精美的图像设计、光滑的外包装手感,还是薯片摩擦的沙沙声? 当食客品尝佳肴时,打动他(她)的究竟是色、香、味,还是唇齿间咀嚼时的快乐?

而神经科学方法使我们能以一种更加客观、直接且精细的方式来研究消费者的感知和体验,它可以提供关于跨感官体验的神经机制的直接证据,让研究者观察到大脑在不同感官刺激下的活动模式。这不仅包括了解不同感官之间的相互作用、共同塑造消费者体验的具体过程(前文中我们提到了一些相关研究),还包括考察哪种感官刺激能脱颖而出,获得消费者的核心注意力。

例如,一部分行为研究认为,以视觉标签的方式命名一种特殊的味道或口腔体感的质地属性,可以帮助它在消费者的脑海中脱颖而出,使其胜过其他在争夺消费者注意力的感觉。李(Lee)等人 2006 年发现,在品尝食物或饮料之前提供名称,往往比在品尝后提供相同信息对消费者产生更大影响[29]。迪斯特尔(Distel)等人 2001 年发现,人们通常认为那些被命名(即被识别)的味道/香气比那些没有被命名的味道/香气更强烈、更熟悉、更令人愉快[30]。追寻这一线索,冈萨雷斯(González)等人 2006 年的认知神经科学研究发现,仅仅阅读具有独特香气的食物或成分的名称词语,就会导致大脑嗅觉部分的激活增加,尽管消费者当时可能没有闻到任何东西[31]。根据巴若-洛塞泰斯(Barrós-Loscertales)等人 2012 年的研究,阅读与味觉相关的单词也被证明会导致初级和次级味觉区域(即在脑岛前部、额叶盖层和眶额皮质)的激活增加[32]。结合行为研究与认知神经科学研究两方面的证据,我们可以推测,在视觉、嗅觉、味觉的跨感官体验中,视觉刺激能够很大程度上吸引消费者的注意力,并影响消费者整体的感官体验感受。

可以看出,在消费者跨感官体验领域,神经科学方法的应用已经带来令人振奋的新进展。但跨感官体验可以有多重排列组合,在不同类型产品上的表现形式与效果也必定存在差异。这一领域的研究仍有无限扩展的空间。未来,随着神经科学技术的不断发展和创新,我们将能够更加深入地探索消费者跨感官体验的奥秘。我们可以进一步研究不同感官刺激之间的时间序列和空间关系,以及它们对消费者行为和决策的影响。神经科学视角进行的消费者洞察,将有助于企业和品牌制订更加有效的营销策略,开创更具创新性和卓越性、更加贴合消费者期望的产品、体验和服务。

4.4.2 数字环境中的感官营销

随着人们越来越多地在线上购买、消费、娱乐,数字环境中的感官营销也变得越来越重要。传统上,线上消费的感官交互主要限于视觉和听觉输入,但随着科技的进步,人机交互领域不断创新,让人们能够以更多的感官参与在线交互。

现如今,我们有了触摸屏、虚拟现实和增强现实等各种传感接口,这为人们在在线环境中提供了更丰富的感官体验。例如,通过触摸屏,消费者可以通过手指滑动和点击来与数字界面进行互动,这种触觉交互使得在线购物和产品浏览更加直观和有趣。虚拟现实和增强现实技术则可以将数字内容与现实世界融合,创造出身临其境的体验,使消费者能够更真实地感受产品和服务。

此外,随着人机交互技术的不断进步,数字环境也有望在未来与离线环境建立更紧密的联系,并涉及更多的感官参与。这意味着在线环境可能会提供更多种类感官的体验,比如更加真实的触摸感受,甚至加入嗅觉与味觉,与传统的视觉和听觉交互相结合。这种扩展的感官参与和消费者日益增加的情感体验需求相吻合。对于具有前瞻性思维的营销人员和研究人员来说,了解和应用最新的工具和技术是至关重要的。他们需要紧跟科技的步伐,探索如何利用这些技术,为未来的消费者创造更丰富、更具沉浸感的在线体验。

以认知神经科学方法来研究数字环境中的感官营销,可以说是天作之合,有极高的匹配性。消费相关的实验室研究,往往由于不能模拟真实消费环境而受人诟病。而在线消费,与到店购买的传统消费方式相比,更便于科研人员在实验室模拟真实消费环境。只要有相关数字设备,就能让被试进行全真的在线消费体验,并且能很好地同步使用眼动、脑电、功能磁共振成像等监测技术,给神经科学研究以更大的机会。

4.5 小 结

本章我们探讨了消费者感知觉的重要性和影响因素。开篇首先介绍了感知觉的基本概念和经典理论。然后,我们关注了感官营销领域的行为研究,了解视觉、听觉、触觉、味觉和嗅觉等感官刺激如何影响消费者的决策和体验。接下来,我们进一步深入学习了感知觉的认知神经机制,通过神经科学方法揭示了大脑在感知过程中的加工方式。我们了解到不同感官在大脑中的哪些区域进行加工,并了解了这些区域在感官营销中的作用。同时,我们还介绍了一些具体的研究,展示了学者们如何以科学方法来研究消费者的感知和决策过程。最后,我们展望了未来的感官营销神经科学研究方向。通过丰富消费者跨感官体验领域的神经科学研究,可以为营销人员提供参考,以创造出更个性化、有影响力的消费体验。并且,随着科技的发展和人机交互领域的创新,可以预见,在数字感官营销领域里,神经科学研究方法将发挥越来越重要的作用。

通过本章的学习,希望你能够更深入地理解为什么某些产品或品牌会激发我们强烈的反应和情感,以及为什么某些刺激能够引发特定的消费行为。作为消费者,这些知识能让我们知道为何自己会有某种感受和体验、做出某种消费决策,在未来做出更合理、科学的判断。作为市场营销相关的科研或实践人员,这些知识也能为未来研究或市场营销策略提供重要的指导和启示。

思考题

(1) 你认为消费者感知觉在购买决策中有多重要?在你的日常生活中,是否有过因为感知觉体验而对某个产品或品牌产生强烈兴趣或偏好的经历?请分享你的故事。

(2) 在本章中我们学习了感官营销领域的认知神经科学研究,你认为这些研究对于营销领域有哪些实际应用价值?企业可以如何利用这些研究结论来提升产品的营销效果?

(3) 未来展望部分提到了数字环境中的感官营销。随着科技的不断发展,我们在线上购物和消费的机会越来越多。你认为在数字环境的营销中,营销人员可以如何运用感知觉来给消费者提供更丰富的体验?你能想象未来的数字消费场景是怎样的吗?

参考文献

[1] 阿莱德哈娜·科瑞斯纳.感官营销[M].王月盈,译.北京:东方出版社,2011.

[2] Peck J, Childers T L. If I touch it I have to have it: Individual and environmental influences on impulse purchasing[J]. Journal of Business Research, 2006, 59(6): 765-769.

[3] 周欣悦.消费者行为学[M].北京:机械工业出版社,2019.

[4] Mcglone F, Wessberg J, Olausson H. Discriminative and Affective Touch: Sensing and Feeling[J]. Neuron, 2014, 82(4): 737-755.

[5] 魏华,段海岑,周宗奎.具身认知视角下的消费者行为[J].心理科学进展,

2018,26(7)：1294－1306.

[6] Sapir E. A study in phonetic symbolism[J]. Journal of Experimental Psychology，1929，12(3)：225－239.

[7] Krishna A, Morrin M. Does touch affect taste? The perceptual transfer of product container haptic cues[J]. Journal of Consumer Research，2008，34(6)：807－818.

[8] Dubose C N, Cardello A V, Maller O. Effects of Colorants and Flavorants on Identification，Perceived Flavor Intensity，and Hedonic Quality of Fruit-Flavored Beverages and Cake[J]. Journal of Food Science，1980，45(5)：1393－1399.

[9] Zampini M, Spence C. The Role of Auditory Cues in Modulating the Perceived Crispness and Staleness of Potato Chips[J]. Journal of Sensory Studies，2004，19(5)：347－363.

[10] 米歇尔，S G,理查德，B I,乔治，R M.认知神经科学：关于心智的生物学[M].周晓林，高定国，译.北京：中国轻工业出版社，2011.

[11] Park W, Kim D H, Kim S P, et al. Gamma EEG Correlates of Haptic Preferences for a Dial Interface[J]. IEEE Access，2018，6：22324－22331.

[12] Lederman S, Gati J, Servos P, et al. fMRI-derived cortical maps for haptic shape，texture，and hardness[J]. Cognitive Brain Research，2001，12(2)：307－313.

[13] Stilla R, Hanna R, HU X, et al. Neural processing underlying tactile microspatial discrimination in the blind：A functional magnetic resonance imaging study[J]. Journal of Vision，2008，8(10)：13.

[14] Motoki K, Saito T, Onuma T. Eye-tracking research on sensory and consumer science：A review，pitfalls and future directions[J]. Food Research International，2021，145：110389.

[15] Gere A, Danner L, Dürrschmid K, et al. Structure of presented stimuli influences gazing behavior and choice[J]. Food Quality and Preference，2020，83：103915.

[16] Zhang B, Seo H S. Visual attention toward food-item images can vary as a function of background saliency and culture：An eye-tracking study[J]. Food Quality and Preference，2015，41：172－179.

[17] Vu T M H, Tu V P, Duerrschmid K. Design factors influence consumers' gazing behaviour and decision time in an eye-tracking test: A study on food images[J]. Food Quality and Preference, 2016, 47: 130 - 138.

[18] Garcia-Burgos D, Lao J, Munsch S, et al. Visual attention to food cues is differentially modulated by gustatory-hedonic and post-ingestive attributes[J]. Food Research International, 2017, 97: 199 - 208.

[19] Spielvogel I, Matthes J, Naderer B, et al. A treat for the eyes. An eye-tracking study on children's attention to unhealthy and healthy food cues in media content[J]. Appetite, 2018, 125: 63 - 71.

[20] Potthoff J, Schienle A. Time-course analysis of food cue processing: An eye-tracking investigation on context effects[J]. Food Quality and Preference, 2020, 84: 103936.

[21] Basso F, Robert-Demontrond P, Hayek M, et al. Why people drink shampoo? Food Imitating Products are fooling brains and endangering consumers for marketing purposes[J]. PloS One, 2014, 9(9): e100368.

[22] Mostafa M M. Brain processing of vocal sounds in advertising: A functional magnetic resonance imaging (fMRI) study[J]. Expert Systems with Applications, 2012, 39(15): 12114 - 12122.

[23] Berns G S, Capra C M, Moore S, et al. Neural mechanisms of the influence of popularity on adolescent ratings of music[J]. NeuroImage, 2010, 49(3): 2687 - 2696.

[24] Maeda S, Yoshimura H. Enhancement of electroencephalogram activity in the theta-band range during unmatched olfactory-taste stimulation[J]. The Journal of Physiological Sciences, 2019, 69(4): 613 - 621.

[25] Herz R S. A Naturalistic Analysis of Autobiographical Memories Triggered by Olfactory Visual and Auditory Stimuli[J]. Chemical Senses, 2004, 29(3): 217 - 224.

[26] Levy D A, Hopkins R O, Squire L R. Impaired odor recognition memory in patients with hippocampal lesions[J]. Learning & Memory, 2004, 11(6): 794 - 796.

[27] Mcclure S M, Li J, Tomlin D, et al. Neural Correlates of Behavioral Preference for Culturally Familiar Drinks[J]. Neuron, 2004, 44(2): 379 - 387.

［28］Small D M，Zatorre R J，Dagher A，et al. Changes in brain activity related to eating chocolate：from pleasure to aversion［J］. Brain：A Journal of Neurology，2001，124(Pt 9)：1720 – 1733.

［29］Lee L，Frederick S，Ariely D. Try It，You'll Like It：The Influence of Expectation，Consumption，and Revelation on Preferences for Beer［J］. Psychological Science，2006，17(12)：1054 – 1058.

［30］Distel H，Hudson R. Judgement of Odor Intensity is Influenced by Subjects' Knowledge of the Odor Source［J］. Chemical Senses，2001，26(3)：247 – 251.

［31］González J，Barros-Loscertales A，Pulvermüller F，et al. Reading cinnamon activates olfactory brain regions［J］. NeuroImage，2006，32(2)：906 – 912.

［32］Barrós-Loscertales A，González J，Pulvermüller F，et al. Reading salt activates gustatory brain regions：fMRI evidence for semantic grounding in a novel sensory modality［J］. Cerebral Cortex（New York，N. Y.：1991），2012，22(11)：2554 – 2563.

第 5 章
消费者情绪

5.1 情绪的概念

情绪一直是营销者的强大武器,优秀的营销人员一直在利用这个概念,基于情感活动的例子无处不在,比如在第四届世界互联网大会上,天猫便推出 Happy 购情绪营销,即对着商品微笑能打折,不同笑脸不同折扣,引起了现场众多嘉宾的好奇与尝试。再比如"丧文化"营销一度在网络上盛极一时,"丧文化"通过以颓废、绝望、悲观、生无可恋的大众内心状态,迅速调拨起大众的情绪,获得情感共鸣。丧茶、江小白、分手花店、网易云音乐,都利用了丧文案,成功获取了病毒式传播,引爆了社交圈,那么究竟什么是情绪?

5.1.1 情绪的定义和特征

(1) 情绪(mood)的定义。情绪是指个体受到某种刺激所产生的一种身心激动的状态,是人对客观事物的态度体验及相应的行为反应。情绪是一种以消费者的愿望和需要为中介的心理活动。当客观事物或情境符合主体的需要和愿望时就能引起积极的、肯定的情绪和情感,如渴求知识的人买到一本好书会感到满意;人们在生活中遇到知己会感到欣慰;等等。当客观事物或情境不符合主体的需要和愿望时就会产生消极、否定的情绪和情感,如失去亲人会引起悲痛,消费者在接受服务中遭到服务人员的冷遇会产生愤怒,等等。由此可见,情绪是由个体与环境间某种关系的维持或改变而引起的。

情绪由独特的主观体验、外部表现和生理唤醒这三个部分组成。主观体验是消费者对不同情绪和情感状态的自我感受。每种情绪都有不同的主观体验,它们代表了人们不同的感受,构成了情绪和情感的心理内容。人的主观体验与外部表现存在着固定的关系,即某种主观体验是和相应的表情模式联系在一起的,如愉快的情绪体验必然伴随着欢快的面容或手舞足蹈的外显行为。生理唤醒是指情绪与情感产生的生理反应,它是一种生理的激活水平。不同情绪、情感的生理反应模式是不同的,如满意、愉快时心跳节律正常;恐惧或暴怒时心跳加速、血压升高、呼吸频率增加,甚至出现间歇或停顿;痛苦时血管容积缩小;等等。

消费者的情绪和态度影响消费的各个环节,最终会以满意度的形式体现出来。调动消费者愉快的情绪和积极的态度是经营者十分重要的一个策略。情绪或情感是人对于客观事物是否符合自己的需要所产生的一种主观体验。短时间内的主观体验称为情绪,如喜悦、气愤、忧愁等。长时间内与社会性需要相联系的稳定体验一般称为情感,如道德感、美感等。在日常用语中,情绪这个词的含义比较复杂,既包含短时体验的情绪,也包含长时间内稳定的情感体验。本书对情绪与情感作了明确的区分。

人们在长时间内保持的一种比较微弱的情绪状态称为心境,因为心境可以维持较长的时间,所以人的心境对行为的影响时间也相对要长。人们在一定场合爆发出来的强烈的情绪称为激情,激情出现的时候可以对人的行为造成巨大的影响。激情甚至可以改变人的理智状态,使理智变得模糊或难以控制。消费者在营业环境受到强烈刺激的时候,就有可能出现这种情况,在抢购商品等场合也会出现类似的情绪状态。强烈的兴奋与巨大的失望等情绪交织在一起,会引起消费者的行为反常,商业企业必须注意这种情况。

(2) 情绪的特征。情绪具有以下特点:① 指向性。正性情绪是指需要得到满足,负性情绪指的是需要没有得到满足。人类主要有生理需要、安全需要、爱和归属的需要及自我价值实现的需要等等。如果需要没有得到满足,就会产生负性情绪。② 两极性,情绪有高兴、愉快,也会有愤怒和悲伤。③ 动力性。情绪对行为和认知是具有动力性的。日常生活中的一个孩子被表扬之后动力十足,干什么都特别有干劲,这是情绪的动力性在起作用,甚至我们高兴的时候痛的感觉都会下降。④ 宣泄性。情绪可以通过生理方式表达,也可以通过心理方式表达。心理表达方式主要是将情绪迁怒于别人,跟别人发脾气这样一种心理表达。生理表达是当我们有负面情绪的时候,我们不能够把这个表达出来,压抑在心里,就会以身体症状表示。⑤ 过程性。无论是多么高兴或者悲伤的情绪,经历一个过程就会衰减下来。⑥ 非理性。我们一直认为理智会战胜情感,但生活不是所有事情都能战胜情感,实际上经常有理智被情感冲破的现象,比如听信谣传等。⑦ 转换性。情绪之间可以互相转换,情绪和行为之间也可以进行转换。例如,平常讲的成语里的喜极而泣,破涕为笑就是情绪转换的特征。当你有高兴的事情,就更容易对别人友善,也更容易答应别人的要求,你有一些不高兴的事情,更容易迁怒于别人,冲别人发脾气。

5.1.2 情绪的分类和维度

1. 情绪的分类

心理学家尝试对情绪进行分类,但至今没有一个标准的答案。

1890 年,威廉·詹姆斯根据身体参与程度提出了 4 种基本情绪:恐惧、悲痛、爱和盛怒[1]。

20 世纪 70 年代初期,心理学家伊扎德(Izard)采用因素分析法把人类的情绪分为 11 种:兴趣、惊奇、痛苦、厌恶、愉快、愤怒、恐惧、悲伤、害羞、轻蔑、负罪感[2]。

保罗·埃克曼(Paul Ekman)确定了 6 种基本情绪:愤怒、厌恶、恐惧、幸福、悲伤和惊喜。情绪可以与面部表情有关。20 世纪 90 年代,埃克曼(Ekman)提出了一个扩大版的基本情绪列表,包括一系列并非都编码在面部肌肉中的积极和消极情绪。新包含的情绪是:娱乐、蔑视、自满、尴尬、兴奋、内疚、成就中的自豪、轻松、满足、感官愉悦和羞耻[3]。

1980 年,罗伯特·普拉奇克(Robert Plutchik)在他的《十项假设》的启发下,绘制了一个由 8 种情绪组成的轮盘:快乐、信任、恐惧、惊喜、悲伤、厌恶、愤怒和期待。他认为情绪可以划分为两个纬度:愉快度和强度。愉快度又可以分为愉快与不愉快;强度又可以分为中等强度和高等强度。由此可以组成 4 个类型:愉快—高等强度是高兴;愉快—中等强度是轻松;不愉快—中等强度是厌烦;不愉快—高等强度是惊恐[4]。近年来,关于情绪对消费者购买意愿的影响研究逐渐增加。研究者发现,当人们非常高兴的时候,可能会产生购物的欲望和冲动,购买一些平时不会购买的东西。因此,商家大多抓住节假日商机大力推销商品,因为家人团聚、兴高采烈的时候,往往会导致消费者较高的购物欲望。而企业的产品或服务出现失败时,可能会激发消费者的不满甚至愤怒情绪,此时消费者的购买意愿或重复购买的可能性会大幅度降低。此外,性别差异也会影响消费者的情绪性购买行为。例如,女性常会在不开心的时候疯狂购物,男性则在情绪低落时到酒吧饮酒。总之,消费者的情绪会影响到购买意愿,企业也面临着如何准确把握和调动消费者积极情绪的挑战。

1994 年,理查德·拉扎罗斯(Richard Lazarus)和伯尼斯·拉扎罗斯(Bernice Lazarus)在《激情与理性》一书中将情绪列表扩大到 15 种情绪:愤怒、焦虑、同情、抑郁、嫉妒、惊吓、感激、内疚、幸福、希望、嫉妒、自豪、轻松、悲伤和羞耻[5]。

美国加州大学伯克利分校的研究人员确定了 27 类情感:钦佩、崇拜、审美欣赏、娱乐、愤怒、焦虑、敬畏、尴尬、厌倦、冷静、困惑、渴望、厌恶、共情之痛、魅惑、兴奋、恐惧、恐怖、兴趣、快乐、怀旧、轻松、浪漫、悲伤、满足、性欲和惊喜。这是基于 2 185 个旨在激发某种情绪的短视频。然后,这些被建模为情绪的"地图"。

人机情绪互动网络提出的情绪注释和表示语言对 48 种情绪进行了分类。消极且有力的有愤怒、烦恼、蔑视、厌恶、激怒;消极且不在掌控中的有焦虑、尴尬、恐惧、无助、无力、担忧;消极思维有自豪、怀疑、嫉妒、挫折、内疚、羞耻;消极且被动的有厌倦、绝望、失望、伤害、悲伤;忧虑有压力、震惊、紧张;积极且有活力的有娱乐、高兴、得意、兴奋、幸福、快乐、愉快;关心有爱慕、共情、友谊、爱;积极思维有勇气、希望、谦逊、满足、信任;平静的积极有冷静、自满、放松、轻松、平静;反应有兴趣、礼貌、惊喜。

2. 情绪的维度

冯特认为一切心理现象都是由心理元素构成的。对心理元素的分析是心理学首先要回答的问题。在他看来,心理复合体是心理元素的联合;心理元素是不可再分的心理结构的单位,它包括感觉和情绪两个方面。冯特指出,感觉是心理元素的基本单位,呈现人的经验的客观内容。而情绪显示人的经验的主观内容,是感觉元素的主观补充。冯特认为,感觉和情绪是相互联系的,简单的情感是伴随着情绪产生的。冯特认为,情绪不能只用愉快和不愉快进行说明,而需要从三个维度进行描述才更准确:① 愉快—不愉快;② 紧张—松弛;③ 兴奋—沉静。该理论的提出为情绪的维度理论打下了基础。激动与平静为情绪的激动性,激动具体指一种强烈的,外显的情绪状态,一般是由重要的事件引起;而平静则是一种平稳安静的情绪状态,是人们正常生活,学习,工作时的基本状态。而紧张与轻松是情绪的另外两级。人们情绪的紧张程度决定于面对情境的紧迫性,个体心理准备状态及应变能力。如果情境比较复杂,个体心理准备不足且应变能力较差,则容易产生紧张的情绪;反之,则会感到轻松。对于愉快与不愉快则会影响人的活力状态,在机体感到愉快的情绪时,往往是一种积极的情绪,可以提高人的活力,而当机体感到不愉快时,它所产生的消极情绪则会降低人的活力。冯特的情绪三维理论于 1896 年提出,为之后的情绪模式理论的提出奠定了基础。

美国心理学家罗伯特·普拉特切克(Robert Piutchik)在 20 世纪 80 年代末提出的一种情绪分类的理论认为,情绪是进化的产物,是有机体力求适应和控制生存环境所必须的心理工具[6]。一切有机体均有 8 种基本的适应性行为。在高等动物中,这些适应性行为是与情绪状态相一致的。描述这 8 种基本的适应行为或基本的情绪状态的语言有多种,如刺激语言、认知语言、主观语言、行为语言和功能性语言等。他设想可根据强度、相似性和两级性这三种基本的特性来划分情绪,构成一个倒立的锥体模型。此模型的 8 个扇面表示八种基本情绪:狂喜、警惕、悲痛、惊奇、狂怒、恐惧、接受和憎恨。其垂直方向表示的是强度(从忧郁到悲痛),从上至下强度逐渐减弱,各基本情绪之间的相似性和对立性用扇面的排列位置来表示。互为对角的情绪是彼此对立的两极(如喜欢与厌恶),而处于相邻位置的情绪则是相近似的。各种情绪之间的相似性和对立性由排列的位置来表示。处于对立位置的是两极的情绪。排列的位置越接近,情绪间就越相似。普拉特切克认为情绪具有下列重要意义:① 情绪包含原始适应性;② 情绪包含着认知;③ 情绪包含着进化;④ 要按特殊方法研究情绪。20 世纪 70 年代初,美国心理学家用因素分析法和逻辑分析方法,提出一个新的"情绪分类表",其中包括 8 种基本情绪,即兴奋、喜悦、惊骇、悲痛、憎恶、愤怒、恐惧和悲哀。大多数学者认为人类的基本情绪有 4 种,即快乐、愤怒、恐惧和悲哀。

施洛伯格认为,情绪的维度有愉快—不愉快、注意—拒绝和激活水平 3 个维度。并由此建立了一个三维模型。图中椭圆切面的长轴为快乐维度,短轴为注意维度,而垂直于椭圆面的轴表示的纬度则是激活水平的强度,通过这三种水平的整合可以得到各种情绪。

理查德·戴维森(Richard Davidson)和沙伦·贝格利(Sharon Begley)的著作《情绪大脑的秘密档案》(*The Emotional Life of Your Brain*)阐明了情绪类型的 6 个维度:① 抗挫力,从逆境中恢复的快与慢;② 展望,能够保持积极情绪的时间;③ 社会直觉,从周围人获得社会信号的熟练程度;④ 自我觉察,能够准确地感知反映情绪的身体感受;⑤ 情境敏感性,当认识到自己所置身其中的真实情景时,有多擅长调节你的情绪回应;⑥ 注意力,对注意力有多清晰和敏锐。戴维森和贝格利提供了令人信服的证据证明情绪模式既可以被接受同时也可以通过冥想训练而得以转化[7]。

伊扎德从生物进化的角度,认为人的情绪可分为基本情绪和复合情绪。基本情绪是与生俱来、不学而能的,每一种基本情绪都具有独立的神经生理机制、内部体验和外部表现,并具有相应的适应功能。他采用因素分析的方法提出人类的基本情绪有 11 种,即兴趣、惊奇、痛苦、厌恶、愉快、愤怒、恐惧、悲伤、害羞、轻蔑和自罪感。复合情绪有三类:第一类为基本情绪的混合,如兴趣—愉快、恐惧—害羞、恐惧—内疚—痛苦—愤怒等;第二类为基本情绪与内驱力的混合,如疼痛—恐惧—愤怒等;第三类是基本情绪与认知的结合,如多疑—恐惧—内疚等。伊扎德的情绪维度理论是四维理论:愉快度,激动度,紧张度,确信度。伊扎德的情绪动机—分化理论:情绪是一种基本的动机系统,与动机,行为等建立联系。情绪是分化的,这是进化过程中的产物,在有机体的适应和生存上起着核心的作用。情绪是人格系统的组成部分(人格有六个子系统),也是人格系统的核心动力。

詹姆斯·A.罗素(James A. Russell)采用情绪词评价和归类方法,把情绪划分为两个维度:愉快度和高强度。在愉快度维度上可分为愉快和不愉快,在强度维度上可分为中等强度和高强度,根据两个维度可组合为四种基本情绪类型:高兴:愉快—高强度;轻松:愉快—中等强度;厌烦:不愉快—中等强度;惊恐:不愉快—高强度[8]。

5.1.3　情绪与情感的区别

情绪和情感(emotion)是两个容易混淆的概念。情感是相对稳定且持久的情感反映,而情绪则是短暂且强烈的情感反映。《简明牛津英语词典》从心理学角度定义情绪是一种不同于认知的精神情感。德雷弗在《心理学词典》中指出,情绪是一种复杂的状态,是由身体各部分发生变化所产生。新西兰心理学家 K.T.斯托曼总结以上研究认为,情绪是身体在特定情境中发生变化的身体状态。伊扎德认为,情绪是由主观感受、生理反应和外部表现构成的。主观感受指个体受到外界刺激后产生的情绪,如当个体需求未能得到满足时就会产生消极的悲伤、难过等情绪;反之则会产生快乐、兴奋等积极情绪。生理反应指在情绪产生时个体的心跳、呼吸或者血压等生理会发生变化。语言、表情、肢体动作、说话语调等沟通情感的手段则是情绪的外部表现。

情绪通常与有机体的生理需要,如饮食、睡眠、繁殖等,相联系,为人和动物共有,而情感通常与个体的社会需要,如友谊、劳动等,相联系,如爱国主义、人道主义、荣誉感、责任感、羞耻心等,是人类所特有的心理现象。情绪主要指感情过程,即个体需要与情境相互作用的过程,即脑的神经活动过程,通常有较明显的生理唤醒,而情感则主要指人的内心体验和感受,经常用来描述那些稳定、深刻的具有社会意义的感情,如对真理的热爱、对美的欣赏等。情绪具有情境性和短暂性的特点,一旦这一情境发生变化,相应的情绪体验就消失或改变,而情感则具有较大的稳定性和持久性,一经产生就比较稳定,一般不受情境左右。如友谊并不因朋友是否在眼前而改变。情绪具有冲动性,并带有明显的外部表现,如悔恨时捶胸顿足,愤怒时暴跳如雷。情绪一旦发生,其强度往往较大,有时个体难以控制,而情感则经常以内隐的方式存在或以微妙的方式流露,并始终处于意识的调节支配之下。

情绪是受外界干扰而产生的心理活动,情感是内心自发引起的心理活动。情绪和情感是对客观事物与个人需要之间关系的体验过程,是人对客观事物是否符合自身需要而产生的态度体验。情绪和情感同认识活动一样,仍然是人脑对客观现实的反映,只不过反映的内容和方式上有所不同。认识活动反映的是客观事物本身,包括事物的过去、现在和将来,以及它们的外部特征和内在联系。情绪和情感反映的是一种主客体的关系,是作为主体的人的需要和客观事物之间的关系。情绪和情感的区别有以下几点:① 情绪出现较早,多与人的生理性需要相联系;情感出现较晚,多与人的社会性需要相联系。② 情绪具有情境性和暂时性;情感则具有深刻性和稳定性。③ 情绪具有冲动性和明显的外部表现;情感则比较内隐。情绪和情感的联系是指情感是在多次情绪体验的基础上形成的,并通过情绪表现出来;反过来,情绪的表现和变化又受已形成的情感的制约。

5.2 影响消费者情绪的主要因素

1. 购物环境

购物环境是指购物现场的整体情况和气氛,如现场空间大小、温度、照明、色彩、声音状况、人员拥挤状况等。消费者的情绪产生和变化首先受购物环境的影响,当其步入宽敞明亮、干净整洁、温度宜人、毫不拥挤、有舒缓音乐的商场,则消费者会产生愉快、舒畅等积极情绪;反之,则会产生失望、厌烦等消极情绪。购物环境的温度、照明、光照色彩、空间大小及营业环境中人员的拥挤状况等因素对于情绪的影响最大。温度对情绪有较大的影响。合适的温度令人感到舒服;过冷的温度令人情绪低落,购物兴致下降;过热的温度令人烦躁,会导致顾客不舒服、不愉快的情绪。为了避免不合适的温度引起顾客不愉快的情绪,大部分商业营业场所都安装了空调设备,以保证舒适的温度条件。光线的色彩对于情绪的影响已有比较成熟的研究结果,心理学家已经做过实验证实了这种影响:请 10 位客人参加 4 次晚餐,为 4 次晚餐分别布置了 4 种颜色的背景。第一次布置的是绿色,结果用餐的客人吃得很慢,大家对谈话感到索然无味。第二次布置的是红色背景,客人们都较兴奋,吃得快也吃得较多,有的人甚至打翻了酒杯,还有的人相互拌起嘴来。第三次布置的是白色,客人们吃饭时彬彬有礼,谈话之中没有什么内容,有的人打着哈欠,有的觉得有些无聊。第四次布置的是黄色,客人们吃得好,谈话也相当投机,用餐之后分手的时候大家还相互约定下次再见。这个色彩实验相当有名,研究结果反映了颜色对情绪和行为的影响。一般而言,暖色调能够兴奋人的情绪,利于消费者的行为进行;而冷色调容易抑制情绪的兴奋,不利于消费行为的进行。营业环境的空间大小与人员的拥挤状况会影响顾客的情绪。人与人之间松散有序、距离适度,顾客购物或消费相对从容,情绪比较稳定。

从发达国家对顾客满意度的研究看,社会与经济的发展促使人们增加了心理空间的要求,反映在营业环境方面,顾客增大了对心理空间的要求,人们倾向于较大的物理空间以保护个人隐私。如果营业空间过于拥挤,一部分顾客的消极、烦躁情绪容易被刺激起来,购物或消费的满意度将迅速降低,并且经常以逃避的方式减少消费。当然,营业空间过于松散,人员稀少,也不利于调动消费者的情绪。空空荡荡的营业厅内,只有稀稀落落的顾客走动,大部分服务人员无所事事,顾客的情绪难于兴奋,服务人员的情绪也会受影响。如果服务质量体系不严密,服务人员的不良情绪还会传染给顾客。

2. 消费对象

消费者的心理准备状态对于情绪有直接的激发作用,这些情绪又反过来影响原来的心理准备,两者合一,推动购买行为的进行。消费者的需要水平与动机越强烈,情绪的兴奋程度越高,购买动机转变为购买行为的可能性也越大。从整个市场的角度看,这种关系一直存在,市场上的商品越稀少,人们的需要越是强烈,消费者购买越迅速,商品上市之后销售的速度就越快。如果消费者的心理准备不足,难以在短时间内调动起购物的情绪,购买行为也就难以实现。这就是企业要在新商品推广之前做大量广告、进行促销宣传的原因,这种做法有利于消费者购物前积累一定的心理准备,商品上市后消费者的情绪已经被调动起来了。但消费者心理是复杂的。如果需要水平很高,而商品与消费者的期望相差大大,消费者的情绪将产生很大的反差,由兴奋情绪变为失望情绪。服务人员在遇到这类消费者时,应该善于理解消费者的这种情绪,绝不可强行推销,以免增加消费者对厂商与商品的厌恶感。

3. 服务人员

在工作状态下,服务人员的表情必须符合服务质量的要求,不能自由随意,因为服务人员的情绪会对消费者情绪构成重大的影响。服务人员的表情中,微笑对顾客的影响最为重要。在服务行业,微笑服务已经成为服务基本的原则,要求服务人员接待顾客的时候热情待人、礼貌服务,以饱满的情绪、微笑的面容接待每一位顾客。当人们内心处于愉快的情绪体验时,人就会表现为欢喜的表情,其他心理活动也会带有愉快的色彩,人会变得较为活跃,容易与别人交往,待人接物时容易考虑对方、理解对方。在大部分情况下,人们都愿意使自己处于愉快的情绪当中。欢喜、愉快的情绪体验反映在表情上,一般表现为微笑的状态。微笑具有自然质朴的特点,欢喜愉快的情绪会自然地流露,靠伪装、假笑表现不出微笑的效果,即使伪装出微笑,也会让人一眼看透。所以在商业营业环境,微笑是表示服务人员真心诚意地欢迎顾客的到来是发自内心的真情实意,而不是对顾客的虚情假意,也不是对顾客搞诡计、欺骗顾客的表情,顾客通过服务人员的微笑可以看出他们是否在诚心诚意地服务。微笑服务使服务人员表现得较为亲切,顾客愿意与这样的服务人员接触,从他们手里购物觉得比较放心。微笑可以较好地化解顾客与服务人员之间的矛盾,当顾客向服务人员有意挑剔甚至刁难时,服务人员的微笑服务可以减少顾客的不满,避免双方矛盾的恶化。微笑服务给人们留下的情感记忆较为深刻。正因为微笑服务有这么多的好处,我们大力提倡商业活动中的微笑服务。微笑是愉快情绪的自然流露,人很难装出一副微笑的表情。服务人员要微笑地接待顾客,必须使自己的内心真正处于愉快的状态,这就要求服务人员提高自己的素养,从内心热爱本职工作,诚心诚意地尊重顾客,对任何顾客都保持欢迎的态度,能够随时随地以愉快、饱满的心情接待每一位顾客。微笑服务有助于服务素养的提高,这是微笑服务带来的另一个好处。

4. 其他因素

经营单位陈列的新商品、风格奇异的商品、式样别致的商品、新包装商品、价格处于消费者心理期望内的商品等,都容易激发消费者的积极情绪。在营业环境中,雅致的环境设计、有趣的商品摆放风格、新颖醒目的卖点广告等因素也容易激发消费者的积极情绪。

5.3 情绪对消费者行为的影响

1. 情绪对消费者认知和信息处理的影响

情绪对消费者认知和信息处理的影响是多方面的。情绪由三个组成部分:① 生理唤醒,如血压身高和肌肉紧张;② 主观体验,如听闻别人受伤会替他难过;③ 外部行为,如悲伤时会流泪。只有三者同时被激活、同时存在、才能构成完整的情绪体验。积极情绪可以激发亲社会行为,愧疚感和尴尬等消极行为在一定情况下也会提高个体的亲社会倾向。情绪会影响消费者对具体产品的偏好,如尴尬的情绪会导致消费者选择提高其颜值的产品,如化妆品。情绪会扩展和重塑个体的认知与行为,如高兴会促使个体行动、感兴趣会激发个体探索,影响信息加工的质量,影响消费者注意力的分配和记忆效果,如汶川地震王老吉捐款一个亿感动了消费者,让消费者记住了它,饱含情绪的内容更不容易忘记。每种情绪是不同评价属性的集合,情绪在评价属性、愉悦性、唤醒性、确定性、努力程度、可控性和自主性的不同导致消费行为不同。快乐的东西容易被大家接受和记忆,会提升对产品的评价。悲伤的个体往往有两种反应:避免将来损失、情绪管理,因此消费者会去追寻奖励或补偿,并且悲伤可以引发反思。自我意识情绪要求个体关注自我,激活消费者的自我展示动机和自我评价,会导致个体关注他人对自己的评价。整体性情绪是一种即时的、基于简单联系的、启发式的情绪,对于这种即时的情绪,消费者更加受到即时情感奖励或者惩罚的影响,而忽略后续的结果,这也是消费者受到整体性情绪影响而产生冲动性消费的一个重要原因。当消费者想追求享乐型目标时,如果让消费者回忆悲伤的事情,他会遏制放飞自我的冲动,因为他们此时对损失很敏感;相反,当消费者的享乐型目标没有被激活时,面对享乐型选择他们会更关注享乐带来的快乐,为了降低悲伤情绪,更多进行享乐型消费。后悔包括预期后悔和买后后悔。预期后悔是指消费者在购买前判断如果不买会更加后悔,则会倾向购买,买后后悔是指会明显降低消费者的购买满意度。如果商家不希望自己的消费者去别家购买商品,就要提高预期后悔,如提高转换成本;如果商家希望消费者从别家转来自己这里购买,就要消除预期后悔。恐惧会让消费者产生高度不确定性,会提高消费者的多样性选择。

2. 情绪对品牌认知和态度的影响

情绪对品牌认知和态度的影响是多方面的。消费者的情绪会影响他们对品牌的认知和态度,进而影响他们的购买行为和购后行为。具体来说,消费者的情绪会影响他们对品牌的感知、品牌形象、品牌信任、品牌忠诚度等方面。研究表明,积极情绪会提高消费者对品牌的认知和态度,而负面情绪则会降低这些效果。例如,积极情绪会提高消费者对品牌形象的评价,而负面情绪则会降低这些评价。此外,积极情绪还可以提高消费者对品牌的信任度和忠诚度。在品牌营销中,情感营销是一种常用的策略。通过创造积极的情感体验,如愉悦、幸福、满足等来提高消费者对品牌的认知和态度。例如,可口可乐公司在其广告中强调了"开心"这一主题,以此来创造积极的情感体验,并提高消费者对其品牌的认知和态度。

3. 情绪对购买决策过程的影响

消费者的情绪会影响他们的购买行为和购后行为。具体来说,消费者的情绪会影响他们对产品的感知、产品评价、购买意愿、购买行为等方面。研究表明,积极情绪会提高消费者的购买意愿和购买行为,而负面情绪则会降低这些效果。例如,积极情绪会提高消费者对产品的评价,而负面情绪则会降低这些评价。此外,积极情绪还可以提高消费者对产品的感知度和忠诚度。在购买决策过程中,消费者的情绪也会影响他们的选择。例如,当消费者处于愉悦状态时,他们更容易选择那些与愉悦相关的产品,例如甜食、玩具等。另一项研究表明,当消费者处于愉悦状态时,他们更容易接受价格较高的产品;而当消费者处于悲伤状态时,则更容易选择那些与悲伤相关的产品,如纪念品、安慰食品等。

4. 情绪对消费者忠诚度和口碑传播的影响

忠诚度和口碑传播也受到消费者情绪的影响。情绪是口碑意愿的重要决定因素,情绪反应可以解释大部分的口碑传播意愿的变化。高唤醒的积极或消极情绪刺激了口碑的传播,而且不需要经过满意度等中介变量,而情绪效价与唤醒对正面口碑及口碑沟通范围具有显著的影响。Berger 和 Milkman 的研究表明,正面引起高唤醒情绪的内容较负面引起低唤醒情绪的内容传播性更广[9]。推动所有正面口碑行为的最有效方法是实现情感承诺和积极情绪最大化。一项研究发现,当消费者处于积极情绪时,他们更容易成为品牌忠实粉丝,并且更愿意向其他人推荐该品牌。因此,品牌可以通过创造积极情绪来提高消费者的忠诚度和口碑传播。消费者愤怒情绪对消费者忠诚度具有显著负向影响,对负面口碑传播具有显著正向影响。

5. 情绪对品牌认知和态度的影响

品牌认知和态度是消费者对品牌的感知和评价,而情绪则是影响消费者对品牌认知和态度的重要因素之一。例如,人的心理状态如果与怀旧情感相关,那么在营销领域会某种程度上影响到品牌认知与品牌购买意愿。孙明贵认为,强烈的怀旧心理需求要投射到行为上进行消解,这一动机会极大促进消费行为的发生[10]。在消费者行为学中,购买意愿是消费者购买行为的前奏,更方便以实证研究的方式进行测量。经过文献梳理,怀旧情感与购买行为之间的关系已经被众多学者证实。孙明贵、孙雨晴和邓绪文实证研究发现,老品牌利用与怀旧情感天然的联系,能够显著提升购买意愿,而这之间的关系是能够在特定品牌间进行复制的[11]。俞林、孙明贵发现,消费者留恋过去的情感能够影响当下的决策,在购买行为上即表现为怀旧偏好强烈的消费意愿,这种影响作用在社会变迁、时代转型时期更为显著[12]。

人是有着丰富感情生活的高级生命形式,情绪、情感是人精神生活的核心成分。现代心理学的研究表明,情绪、情感在人的心理生活中起着组织作用,它支配和组织着个体的思想和行为。一般说,诸如快乐、兴趣、喜悦之类的正情绪有助于促进认知过程,而诸如恐惧、愤怒、悲哀之类的负情绪会抑制或干扰认知过程。随着研究方法和神经科学的发展,人们在认知选择时考虑进更多的情感要素,Murry 等人认为,人们对于电视节目的感觉直接影响对插播广告的评价好坏,从而又影响对品牌的评价[13]。Lee 和 Sternthal 研究情绪,将其作为一个在经典认知反应的形成中影响刺激物关系的因素[14]。Pham 等人从自觉控制的感情的判断特性来探讨情绪与品牌选择的关系[15]。Adaval 在其对情绪影响品牌评价的探讨中认为,情绪影响品牌的形象,并且已经成了一个品牌认知要素[16]。情绪是初级的、无意识的精神过程,有时会有明显的外在表现。情绪作为基本的精神心理过程,引导并影响很多人的选择行为,当然包括消费者的选择。如今情绪被用来帮助解释消费者作出的一些选择,这些选择比单单的认知思考和估值方面有着更深厚的基础。当代的神经科学研究让我们有了新的见解,认识到人们在作出经济决定时,大脑是怎样运转的,情绪又发挥着怎样的作用。McClure 等人通过功能磁共振成像,辨别出与某一品牌相关的情绪是如何在消费者的评估过程中形成的[17]。接受实验者被分为四个相同的小组,要求每组消费一瓶可乐饮料并根据消费经历写出报告。第一组实验者面前是不知名的可乐饮料;第二组面前是贴上了商标的不知名可乐饮料;第三组面前是可口可乐,但是没贴商标;第四组面前是贴了商标的可口可乐。结果,只有最后一组消费者的精神反应与情绪反应被证明一致,说明好的品牌总是与消费者积极的情绪反应紧密联系的。

　　2021 年 7 月,河南遭遇暴雨灾害,鸿星尔克公司向灾区捐赠五千万元物资,随后引发全网热议与"野性消费"行为,称之为鸿星尔克事件。所谓野性,《咬文嚼字》解释是指不驯顺的性情,"野性消费"即不受约束的消费。此次事件引起了全网的广泛讨论,持续了较长时间,应该说是一起较为典型的研究案例。事件在新浪微博平台发酵最为猛烈,部分用户的言辞激烈、情绪激昂,不断地推动着鸿星尔克在短时间内多次登榜热搜,掀起巨大品牌热度与消费热潮。李冰玉认为,用户在网络中进行的情绪表达有助于强化对自身和他人对传播内容的认同。新媒体中用户可以通过各种语言或非语言符号表达自己的情绪,如点赞作为较简单的表达情绪方式之一,可以直观地反映用户对内容是否认同。田维钢认为,网络公共事件中,个体通过表达情绪塑造共同的社会认知与认同感,这种认知与认同能使群体的身份边界更加明确,并引发情绪的共鸣。新媒体中用户的情绪表达更具有感染力,用户可以通过各种方式传播情绪,一旦情绪表达开始,就开始迅速蔓延扩大传播,同时对群体的互动和认同感产生影响。从情绪表达研究中看,社会舆论环境、议题的情绪色彩,以及个体的情绪认知都会体现在用户的情绪表达上。其中正面的议题、积极的态度会引发正向的情绪表达,情绪表达作为个体表达自我态度的一种方式,积极地进行表达有助于用户在过程中产生认同感。从品牌认同的影响因素来看,正向的评价与反馈有利于强化消费者对品牌的认同感,认同感对消费者购买行为起着正向的作用,所以从一定程度上看,用户参与情绪表达的程度与购买行为都能反映是否对品牌产生认同感。

　　品牌情绪反应倾向很可能在引导消费者行为中发挥重要的作用。因此,有关品牌情绪化反应的研究越来越重要。当前我国许多品牌的广告评估都建立在认知思考的基础之上,其中很重要的是诸如广告回忆、广告偏好等方法,缺乏深入到消费者情绪层面的系统方法。除了脑部扫描外,可以采取图片、词汇等多种有意义的方法量化与品牌和产品相关的情绪反应倾向。在未来的企业营销调查中,可以将问卷调查产生的情绪反应数值评估与眼部扫描、图片测试和功能磁共振扫描等方法结合起来,进一步完善问卷调查方法;另外,可以将问卷调查产生的情绪反应数值变化与具体的营销公关结合起来,加强品牌的敏感度研究。需要注意的是,尽管这些品牌情绪反应倾向在长时间内能保持相对稳定,在市场情况发生变化时,它们也会经历一些波动。同样,走向国际市场时它们也很有可能会显出一些跨文化的差异。因此,在企业实践中,可以引入低成本的品牌情绪反应测量方法,建立时间维度的品牌监控体系,通过品牌情绪化反应的强弱变化实施品牌管理。另外,我国企业需要高度重视网络情绪的收集。如今的互联网已经成为情绪的集散地,在日常生活中经常被压抑的情绪,在互联网的环境中,可以自由地释放出来。有些情绪是对企业有利的,企业一定要迅速参与,否则机会转瞬即逝;而当对企业不利的情绪洪峰出现的时候,企业可以采取各种手段调节情绪,使得情绪向对自己有利的方面转化。有的企业善于把握互联网这个情绪宣泄的巨大的平台,不断获得创新的灵感。如李宁公司在网络热词"囧"中认识到了年轻人群中普遍存在的怀才不遇、愤世嫉俗的情绪,以"囧"为主题设计了系列鞋,结果上市就销售一空。不断找到情绪的引爆点,将之融入公司的产品和业务已经成为企业营销的一个新方向。

5.4 消费者情绪的神经科学研究

5.4.1 情绪的神经基础

1. 情绪的神经机制和脑区

情绪是人类的一种心理状态,通常是由外部刺激引起的,如看到美景或听到好听的音乐。情绪的神经机制和脑区是一个复杂的话题,涉及许多不同的神经元和神经递质。情绪的产生和调节涉及多个脑区,包括杏仁核、腹内侧前额叶、伏隔核、脑岛等。

杏仁核(amygdala)是脑内一个主要的皮层下神经核团(subcortical nucleus),它附着在海马的末端,呈杏仁状,是边缘系统的一部分。杏仁核与前额叶皮层、扣带回、脑岛和纹状体之间都有双向的纤维联结。它主要接收丘脑的上行神经信号和皮层的下行神经信号。这些信号在杏仁核得到快速的加工后,被传递到大脑的其他区域进行进一步加工。来自动物和人的研究证据都表明,杏仁核的主要功能是负责情绪的初级加工。杏仁核既负责表征恐惧、焦虑等消极情绪,也负责表征愉快等积极情绪。

电生理研究发现杏仁核内同时存在对奖赏刺激和对惩罚刺激敏感的神经元。杏仁核的另一个功能是负责将奖赏或惩罚与感知进行联结,因而在情绪学习中起着重要作用。另外,杏仁核还与内脏活动及自主神经功能有关。比如,对杏仁核进行电刺激将引起被试表现出呼吸节律、频率和幅度的改变,以及血压、脉搏、瞳孔和唾液分泌的变化。因此,积极和消极的情绪反应也与这些内脏活动或者自主神经功能的反应密切相关。

腹内侧前额叶/眶额皮层(ventronedial prefrontal lobe)位于人脑的前额叶皮层的腹内侧,主要包括布鲁德曼 10 区、11 区和 47 区。虽然研究者经常不对这两个区域作区分,但腹内侧前额叶通常特指前额叶中部脑区,主要是 BA10 和后部的 BA25,包括腹侧脑区以及背侧的脑区。眶额皮层则指腹侧位于眼眶之上的前额叶区域,包括中部和外侧脑区。该区域有丰富的集中分散式神经元胞体,与广泛的脑区都具有神经联结,如感觉皮层和皮下组织等,也存在其他几个情绪相关的脑区双向的神经联结,使得其在情绪和感觉整合的加工中起着调控作用。腹内侧前额叶/眶额皮层存在一些基本的功能分化。比如,腹内侧前额叶主要负责表征、监控和学习奖赏,其中后部主要负责基本强化物,如食物、味道等;而前部则负责较为复杂的抽象强化物,如金钱等[18]。腹外侧的前额叶则负责监控惩罚及其所引发的行为改变,比如反转学习。同样,背内侧前额叶也和腹内侧前额叶在细胞形态,神经联系和功能上存在差异。背内侧前额叶细胞核密度低而轴突联系丰富,使其特别善于整合来自感觉系统和边缘系统的信息,在加工身体和脏器状态、情节记忆,前瞻性记忆中发挥重要作用。元分析也发现背内侧前额叶在情绪加工中发挥了普遍的作用,包括情绪评估、情绪调节及情绪性决策。

脑岛(insula)是大脑皮层的一部分,其位置隐藏在外侧裂的内部。长期以来,脑岛一直被认为是大脑边缘系统的一部分。早期研究发现其主要接受来自手腹内侧前额叶/眶额皮层、嗅觉皮层(olfactory cortex)、颗上沟(STS)和前扣带回(ACC)的输入,并输出到侧眶额皮层、嗅觉皮层、颗上沟和前扣带回。近年来,Craig 在老鼠和猴子身上发现了一个脊髓—丘脑—脑岛后部和前扣带回的"内脏感觉输出通路"(homeostatic afferent pathway),主要负责传达躯体和内脏的感知觉信息[19]。脑岛这种在连接躯体/内脏与认知区域的中间地位使得它在很多情绪和认知功能中都发挥重要作用。大量研究发现脑岛能表征不同的躯体和内脏感觉,包括冷、热、触觉、疼痛、饥饿等,同时也参与到药物成瘾行为中,特别是线索刺激诱发的药物渴求。由于决策中往往涉及大量的躯体和内脏感觉变化,如心跳加速、出汗、紧张激动等,脑岛也在很多决策任务中激活。同时,还有很多研究发现脑岛参与了很多高级认知功能,如反应抑制,并推断其起到了把外在的突出刺激转成内部动机的作用。

伏隔核(nucleus accumbens)埋伏于尾状核壳核、内囊前肢的腹侧和钩束形成的薄板之间。它与嗅球共同组成了腹侧纹状体。该区域主要的神经输入来自杏仁核、腹侧背盖区(VTA)和前额叶皮层,加工后输出到腹侧苍白球,后者输出到丘脑并最终到前额叶皮层。由于腹侧纹状体/伏隔核接受来自 VTA 多巴胺神经元的投射,其主要负责处理奖赏信息,包括食物、性等初级奖赏以及金钱、社会奖赏等次级奖赏。同时,该区域可能负责产生对奖赏的驱动,或者负责将刺激与奖赏连接起来。另外,该区域在成瘾行为中也具有重要作用,揭示它与动机有关。最后,腹侧纹状体/伏隔核同时接受杏仁核、腹侧前额叶的输出,因此该脑区的活动也受到情绪系统的调节,从而成为情绪影响决策和动机的中介。

2. 神经传递物质对情绪调节的作用

神经传递物质是指神经元之间传递信息的化学物质,它们在情绪调节中起着重要作用。血清素、皮质醇、催产素和多巴胺是与情绪密切相关的主要神经递质。

血清素(serotonin)是一种神经递质,可促进幸福感和幸福感。血清素这种神经传递物质是主要的情绪调节剂。血清素会和大脑中的受体一起起作用,以提升情绪、提高记忆力、促进健康的睡眠习惯。血清素在大脑和消化道中产生,它的前身是色氨酸。这种氨基酸常见于火鸡、蛋和奶酪等高蛋白食物中。血清素可以调节情绪,它会在身体中起作用,产生快乐和幸福的感觉。主要情绪调节器促进神经元之间的通信,并控制信号的强度。一些生理环境可能会改变激素对大脑的可用性;血清素较低可能导致悲伤、嗜睡和困倦的感觉。当大脑中有足够的血清素时,您会感到清醒和满足。有证据显示血清素和食欲之间存在关系。健康的血清素浓度可以帮助您的身体判断是否已经吃饱,防止暴饮暴食。血清素还可以减少对甜食和淀粉类食物的渴望。为了在体内更容易获得血清素,试着多吃些富含色氨酸的食物并做大量运动。一般认为,运动可以增加大脑中血清素的功能,并可以减轻压力。积极情绪对个人的整体心理健康很重要,尤其是那些有心理障碍或心理健康下降的人。处于更积极的心态和感受更积极的情绪将增加个人执行营养建议的信心和能力。

皮质醇(cortisol)通过压力来影响情绪。并非所有的压力都不好,事实上,压力可以驱使您吃饭和睡觉,压力使您的大脑以目标为导向,并有动力完成任务。良性压力即好的压力,和痛苦即不好的压力,都会引发皮质醇,也就是压力激素。在压力事件发生后,皮质醇会引发紧急的迎战或脱逃情绪反应。当良性压力的情况导致皮质醇浓度上升,您可能会感到精力充沛、清醒和坚定。当压力源离开,皮质醇浓度会恢复正常,您的情绪也会相应做调整。但是在遭遇重大变故时,皮质醇浓度会上升并保持高标——即使事过境迁后也仍是如此。痛失亲人、患病、突然失业等事故会引发压力激素的增加。伴随着皮质醇升高而来的是不安、紧张和焦虑的感觉。幸运的是,人们可以采取一些措施让皮质醇不会抑制您的情绪。运动是一种压抑迎战或脱逃感觉的好方法,与亲人交谈并与朋友交谊可以帮助血液中的皮质醇恢复正常。这些活动可以对抗由重大变故引起的焦虑和疲劳,并帮助人们继续生活。

催产素(oxytocin)在大脑中由下视丘产生,这种激素经由脑垂体传播分布在全身。在孩子出生、关系开始和身体接触等经历之后,血液中催产素的浓度就会上升。催产素创造了爱和信任的感觉,这就是爱情激素这个名字的由来。血液中存在这种激素有助于形成对所爱的人,如朋友、家人甚至宠物的情感依恋。催产素还可以帮助您的身体在压力期间保持平静和幸福感,从而缓解身体不适。增加体内的催产素量的活动有助于提升您的情绪。为您的孩子唱歌、拥抱亲人、亲喂母乳、与伴侣的亲密关系及社交互动都会增加催产素。了解如何为您的身体提供爱情激素,可以帮助您充分利用其平静和安宁的好处。

多巴胺(dopamine)是一种能带来能量和动力的神经传导物质,不仅能左右人们的行为,还参与情爱过程,激发人对异性情感的产生。此外,多巴胺对我们的身心健康有着至关重要的作用,同时还跟愉悦和满足感有关,当我们经历新鲜、刺激或具有挑战性的事情时,大脑中就会分泌多巴胺。多巴胺用来帮助细胞传送脉冲的化学物质。它与人的情欲、感觉有关,它传递兴奋及开心的信息。一些有趣的研究结果显示,购物带给人的愉悦心情也与多巴胺有着或多或少的联系。购物能够刺激大脑的主要区域,琳琅满目的商品和对购物收获的期待,都可以使多巴胺浓度上升,甚至超过了实际收获时的兴奋,于是即使是只逛不买,或者搜寻降价打折都会令人感觉很有乐趣。反而有可能当时买了一件觉得十分喜欢的衣服,拿回家却束之高阁,那是因为当购物完成之后,多巴胺的浓度会迅速下降,看到这件衣服的时候也不再有当时兴奋的感觉,所以很多女人的冲动购物,也许罪魁祸首正是捣乱的多巴胺。

5.4.2　情绪影响购买决策的神经机制研究

任何一件事情都必须是先有思想后有行动的,消费也不例外。情绪直接影响消费者的态度和决策过程,进而影响消费者的购买行为和购后行为。具体来说,消费者的情绪影响着消费的购买量和购买类型、消费者对产品或服务的评价、再次购买的意向,以及消费者的满意度等。

情绪作为重要的心理现象早就被营销学者关注,顾客满意中同时包括认识和情绪两种成分,这两种成分对消费者购买行为都具有重要的影响。测量情绪的传统方法均采用量表。很明显,这种测量方法由于掺杂了认知过程并且不能做到实时测量而遭到质疑。神经营销方法为我们了解和测量情绪变化提供了科学的方法。脑成像的研究成果发现,不同的情绪加工与大脑的不同区域相对应[20]。杏仁核是消极情绪加工的核心区。Fredrickson认为,中脑腹侧对多巴胺的投射是积极情绪的表[21]。Fionnuala认为,对于前进情绪(即能产生促进作用或者目标导向行为的情绪),左半边大脑活动更活跃;对于后退情绪(即对于敌对刺激产生规避作用的情绪),大脑的活动区域是对称的[22]。与恐惧、厌恶、生气相关的大脑区域各不相同,但是与快乐和悲伤相关的大脑区域基本一致。

还有一些学者研究了一些具体情绪与脑区的对应关系,如厌恶与前脑岛对应、后悔情绪的体验与腹内侧眶额皮层、扣带回皮层前部以及海马前部增强活动密切相关,恐惧与杏仁核对应,悲伤与胼胝体下扣带回对应,视觉刺激的情绪诱导与枕叶皮层和杏仁核活动相关,情绪回忆诱导以及认知需要的情绪诱导都与前扣带和脑岛活动相关等。我们可以把这些成果应用到消费者行为中的情绪研究中来。Hedgcock和Rao率先采用功能性磁共振成像技术研究了消费者购买决策中负面情绪的诱发问题[23],当然,我们还建议从以下几方面进行研究。如正负面情绪在消费体验中是否能够被同时激发? 情绪感染对个体间情绪的交互影响? 以及广告对情绪的激发如何影响广告记忆与评价等。功能磁共振测试表明,当受试者评估产品或品牌时,他们的边缘系统表明做出的大多数购买决定都是情感上的。情绪过程包括了情绪、情感与意志,这一心理过程是消费者对商品是否符合自己需要所产生的一种主观体验。消费者产生的喜悦,满意或不满意等内心体验对消费者做出购买决策有着重要的决定作用。如果这个商品符合消费者对商品的体验,如商品的命名、包装、形状等符合消费者的期望,消费者会产生满意和喜悦的情绪,从而购买这个商品。如果不符合,消费者可能产生不满意的情绪,从而再三比较考虑,最终拒绝购买。

5.5 未来展望

1. 情绪对营销信息再传播的影响

情绪感染理论认为情绪能够在群体间实现广泛传播,那么营销信息如何借助情绪的传播性达到"一传十,十传百"的病毒营销效果? 情绪在连续性的再传播过程中遵循的作用路径和机制是否与单一环节相同? 在营销信息再传播的过程中情绪是否能被正确解读,是否存在情绪编码和解码偏差? 营销信息接收者个人的人格特质、信息双方的亲密程度等因素是否会调节情绪对分享行为的作用？这些问题对于企业的病毒营销和内容营销实践具有重要的现实意义,值得进一步关注。

2. 信息媒介的"情绪偏好"效应

不同的媒介对于不同的情绪类型具有不同的传播效能。或者说,在特定的媒介领域,一些类型的情绪比另一些类型的情绪具有更好的传播效力,从而显现出媒介的"情绪偏好"。情绪对信息分享行为的作用机制受到媒介情绪偏好的影响,但在移动互联时代,新媒介层出不穷,不同媒介是否会对不同的情绪类型表现出不同的偏好？媒介的"情绪偏好"效应是否对情绪的传播性具有重要影响？与此同时,信息媒介的其他特点,如感知有用性和感知易用性,信息内容的呈现形式,如文字、图片、音频、视频等不同形式,信息内容的质量、数量、生动性和互动性等都会影响信息分享行为,那么情绪与上述与营销信息直接相关的因素是如何混合作用于消费者的营销信息分享行为的？这些问题都有待未来的实证研究去揭示。

3. 混合情绪的作用机制

混合情绪是探讨情绪功能的新视角,对消费行为有着重要影响。混合情绪是指两种或两种以上的情绪同时存在,具有多种呈现方式,比如愤怒与高兴、厌恶与满意,以及日常生活中进行重大决策时所面临的复杂情绪体验。消费者在使用产品的过程中会产生对某些功能满意而对另一些功能厌恶的混合情绪。在产品促销的购物情境中存在既开心又担心的混合情绪;在观看某些广告视频时也可能出现悲伤与惊奇的混合情绪。那么,这些混合情绪的产生是否会影响消费者的信息分享意愿？其作用机制与单一情绪的作用机制是否相同？混合情绪中积极情绪和消极情绪的比例与分享行为之间的关系如何？单一情绪或者混合情绪对分享行为的触发是否有一个阈值？这些问题都值得进一步探讨。

5.6　小　结

本章主要探讨了消费者情绪,并介绍了神经科学在这一领域的应用。具体而言,首先,我们从定义与特征两个方面对消费者情绪这个基本概念进行了阐释。其次,基于上述的概念,我们进一步探讨了消费者情绪的分类和维度,了解影响消费者情绪的主要因素。接下来,我们论述了消费者情绪对消费者行为的影响。最后,神经科学的研究揭示了消费者情绪的神经基础。通过研究大脑中的神经回路、突触连接和神经递质等,我们可以更好地理解产生消费者情绪和影响消费者情绪的机制。消费者情绪是消费行为的重要组成部分,而神经科学的研究为我们提供了更深入地了解这一过程的机会。通过应用神经科学的知识,我们可以更好地理解消费者的情绪。

情绪的神经机制和脑区是一个复杂的话题,涉及许多不同的神经元和神经递质。情绪的产生和调节涉及多个脑区,包括杏仁核、腹内侧前额叶、伏隔核、脑岛等。未来,我们将通过深入的研究神经机制,来打开消费者情绪的黑箱。

思考题

(1) 消费情绪如何影响人们的购买决策?

(2) 人们在购买过程中的消费情绪如何影响他们的满意度?

(3) 如何通过神经科学的手段监测和理解消费者情绪?

参考文献

[1] James W. The consciousness of self[J]. 1890.

[2] Izard, C. E. Four systems for emotion activation: Cognitive and noncognitive processes[J]. Psychological review, 1993, 100(1): 68.

[3] Ekman, P. Emotions revealed[J]. Bmj, 2004: 328 (Suppl S5).

[4] Plutchik R. A general psychoevolutionary theory of emotion[M] //Theories of Emotion. Academic press, 1980: 3-33.

[5] Lazarus, R. S., Lazarus, B. N. Passion and reason: Making sense of our emotions[M]. New York: Oxford University Press, 1994.

[6] Piutchik, R. Emotion: A psvchoevolutionary svnthesis[M]. New York: Harper & Row, 1980.

[7] Davidson, R. J., Begley, S. The Emotional Life of Your Brain. How to change the way you think, feel and live, 2013.

[8] Russell, J. A. A circumplex model of affect[J]. Journal of personality and social psychology, 1980, 39(6): 1161.

[9] Berger, J., Milkman, K. L. (2012). What makes online content viral? [J]. Journal of marketing research, 2012, 49(2): 192-205.

[10] 孙明贵.怀旧消费,购买意愿与品牌依恋研究综述[J].经济与管理评论, 2015,31(5): 48-57.

[11] 孙明贵,孙雨晴,邓绪文.怀旧情感体验对老字号品牌购买意愿的影响[J].广义虚拟经济研究,2013,(3): 55-61.

［12］俞林,孙明贵.品牌关系,消费价值对品牌忠诚度的影响［J］.企业经济,2014,
　　　(3)：11-14.

［13］Murry Jr, J. P., Dacin, P. A. Cognitive moderators of negative-emotion effects: Implications for understanding media context［J］. Journal of Consumer Research, 1996, 22(4)：439-447.

［14］Lee, A. Y., Sternthal, B. The effects of positive mood on memory［J］. Journal of Consumer Research, 1999, 26(2)：115-127.

［15］Pham, M. T., Cohen, J. B., Pracejus, J. W., et al. Affect monitoring and the primacy of feelings in judgment［J］. Journal of Consumer Research, 2001, 28(2)：167-188.

［16］Adaval, R. How good gets better and bad gets worse: Understanding the impact of affect on evaluations of known brands［J］. Journal of Consumer Research, 2003, 30(3)：352-367.

［17］Mcclure, K. S., Halpern, J., Wolper, P. A., et al. Emotion regulation and intellectual disability［J］, 2009.

［18］Kringelbach, M. L. The human orbitofrontal cortex: linking reward to hedonic experience［J］. Nature Reviews Neuroscience, 2005, 6(9)：691-702.

［19］Craig, A. D. Interoception: The sense of the physiological condition of the body ［J］. Current Opinion in Neurobiology, 2003, 13(4)：500-505.

［20］张亮,孙向红,张侃.情绪信息的多通道整合［J］.心理科学进展,(6),2009：1133-1138.

［21］Fredrickson B L. The broaden-and-build theory of positive emotions［J］. Philosophical Transactions of the Royal Society of London. Series B: Biological Sciences, 2004, 359(1449)：1367-1377.

［22］Fionnuala Helen, O. N. Regeneration of Native Oak Woodland Following Rhododendron Ponticum L［J］. Clearance from Glengarriff Woods Nature Reserve, Co. Cork, Ireland (Doctoral dissertation, NUI), 2003.

［23］Hedgcock, W., Rao, A. R. Trade-off aversion as an explanation for the attraction effect: A functional magnetic resonance imaging study［J］. Journal of Marketing Research, 2009, 46(1)：1-13.

第 6 章
注意与消费行为

6.1 注意的概念

我们来看看下面这个消费者及其行为：

在购物过程中，消费者往往会被某件事情打断或终止。例如，某消费者正在把注意力全部放在一次网上采购行为时，突然电话铃声响了，这时消费者不得不中断购物去接电话。如果电话持续 10 分钟，且谈话内容与购物无关，当挂了电话后，该消费者把注意再转回到购物当中时，是否会对其购物行为有影响呢？再比如，面对超市货架琳琅满目的商品，消费者如何注意到你所在的公司刚刚推出的新品？上述例子是很典型的消费者注意和消费行为的关系。因此，本章节将详细阐述消费者注意是否会影响，以及如何影响其消费行为？

6.1.1 注意的定义和特征

注意(attention)是人的心理活动或意识对一定对象的指向与集中。当消费者在选购商品时，其心理活动或者意识会集中于一件中意的商品上，对其他商品就可能视而不见，或者无暇顾及。同时，注意的对象又是在变化的，而且在多数情况下，消费者可以有意识地控制这种变化。

注意有两个特征：指向性和集中性。注意的指向性是指个体在某一瞬间的心理活动或意识选择了某个对象，而忽略了另外一些对象。当个体的心理活动或者意识指向某个对象的时候，他们会在这个对象上集中起来，即全神贯注起来，这就是注意的集中性。例如，消费者一旦被某件商品所吸引，其注意就会集中到该商品上，其他商品就会被排出意识之外。如果说，注意的指向性是指心理活动或意识朝向哪个对象，那么集中性就是指向心理活动或者意识在一定方向上活动的强度或紧张度。心理活动或意识的强度越大,紧张度就越高,注意也就越集中。人在高度集中自己的注意时,注意指向的范围就会缩小。此时,他对自己周围的一切可能视而不见,听而不闻。从这个意义上说,注意的指向性和集中性是密不可分的。注意是人们获得信息的先决条件,并且与其他的心理活动紧密相连。只有进入人们注意范围之内的事物才有可能被感知。与注意事物同时进行的是感觉认知等心理活动。

消费者注意包含四个方面的特征:① 注意的广度,指个体在同一时间内能清晰地把握对象的数量。如消费者只能注意货架上数量有限的几个产品,无法注意全部产品。② 注意的转移,指将注意从一个对象转移到另一个对象上,是对注意资源的重新分配。如在超市中消费者听到某一产品的促销广播,将注意从当前产品转移到促销产品上。③ 注意的稳定性,指在同一对象或活动上注意所能持续的时间。如消费者被电视广告吸引将注意持续集中在广告上。④ 注意的分配,指在同一时间内注意被分配给不同的对象。如消费者一边打电话一边挑选商品。

6.1.2 注意的分类和功能

消费者对商品的注意,有时是自然而然发生的,不需要任何意志的努力;有时是有目的性的,需要付出意志的努力来维持。根据有无预定目的和所付出意志努力的程度,可以将注意分为不随意注意、随意注意和随意后注意三种类型。

不随意注意是指事先没有目的、也不需要意志努力的注意。例如,消费者无意中路过一个真人模特展示服装的展台,不由自主地把目光朝向模特及其展示的服装,从而产生对这款时装的注意。在这一状况下,消费者对注意的对象并没有预定目的,也没有明确的认知任务,注意的引起与维持不是依靠意志的努力,而是取决于刺激物本身的性质和特征。因此,不随意注意是一种消极被动的注意,注意发生时消费者的积极性水平较低。不随意注意既可帮助消费者对新异事物进行注意,使他们获得对事物的清晰认识,也能使消费者从当前进行的活动中被动地离开,干扰他们正在进行的活动,因而具有积极和消极两方面的作用。

随意注意是指有预定目的、需要一定意志努力的注意。当消费者在选购商品时,是否能不受其他事物的干扰,而把注意集中到所进行的选购行为上,即表现为随意注意。它是一种积极、主动的注意形式。

随意后注意是注意的一种特殊形式。从特征上来说,它同时具有不随意注意和随意注意的某些特征。例如,某消费者一直有购买一副偏光眼镜的打算,在一次逛街中偶然看到一处促 销推广的偏光眼镜品牌正好是自己想要的那款,从而就会对该促销产生注意。此时,消费者的注意是从随意注意的基础上发展而来的,但这种注意不需要付出意志努力,而是偶遇的推广促销活动引发了消费者的关注。只要驻足片刻,消费者就能够获得必要的信息,甚至可能立即购买。随意后注意既服从于当前的活动目的与任务,又能节省意志努力,因而对完成长期、持续的任务特别有利。培养消费者的随意后注意,关键在于发展其对活动本身的直接兴趣。当消费者需要完成各种较复杂的智力活动或动作技能时,要设法增进他们对活动的了解,使之逐渐喜爱并沉浸在该活动中,这样才能在随意后注意的状态下使活动取得更大成效。

注意的功能主要表现在选择功能、保持功能和调节监督功能。注意的基本功能是对信息进行选择。周围环境给消费者提供了大量刺激,这些刺激有的对消费者很重要,有的不重要,有的则毫无意义,甚至会干扰当前正在进行的活动。消费者要准确高效地获取适当信息,就必须有选择地接收重要信息,排除无关刺激的干扰,这是注意的基本功能。注意对信息的选择受到许多因素的影响,如刺激的物理特性,个体的需要、兴趣、情感、过去的知识经验等。

注意的保持功能是指人们可以将选取的刺激信息在意识中加以保持,以便在随后的心理活动中对该信息进行加工,完成相应的任务。假如选择的注意对象转瞬即逝,消费者就无法保存注意的信息,相应的信息接收、加工、整理等心理活动就无法展开,也就无从进行选择和购买。

注意的调节监督功能是指在注意集中的情况下减少失误、提高注意的准确性和速度。在调节监督功能中注意的分配和转移可以使个体适应变化多端的环境,从而保证活动的顺利进行。消费者在购物时如果能够保持对所选商品的注意,就能减少时间、精力和成本,提高购物效率。

6.1.3　注意的测量

消费者注意具有明确的外部表现,例如听到声音时会将身体或头部转向声音发出的方向。因此,通过观察消费者身体朝向可以简单了解消费者注意所在。消费者对某一产品的注意常表现为注目凝视,研究人员借助眼动追踪(eye-tracking)技术,可以精确记录消费者眼动轨迹,从而了解其注意情况。因此,眼动追踪技术成为消费者注意研究的常用方法[1]。消费者注意研究常用的眼动指标包括注视点个数、注视次数、总注视时间等。已有研究发现,消费者对产品或广告注视越多、注视时间越长,对其的注意就越多。除此之外,反应时法、鼠标测量法、自我报告法等方法也被用于消费者注意研究。例如,Unnava 和 Burnkrant 在研究中使用双任务范式考察被试对广告的注意情况,通过记录被试次要任务的反应时间来推断其对主要任务的注意程度[2]。实验中被试的主要任务是观看广告,次要任务是在听到某一音调时按下按钮。

由于注意资源有限,被试对主要任务的关注占用了大部分注意资源,降低了对次要任务的反应能力。因此,次要任务反应时间增加表明被试对主要任务的注意程度增加。过去研究通过分析视觉扫描路径和鼠标移动轨迹之间的关系,证明视觉注意和鼠标移动轨迹之间存在高度相关性,对某一区域注意越多,鼠标在该区域停留的时间就越长。之后,Shen 和 Sengupta 采用自我报告法测量被试对产品的注意情况,要求被试在利克特 7 级量表上对自己的注意情况进行评分,据此考察了视觉和听觉交互作用对消费者注意的影响,以及消费者注意对产品偏好的影响[3]。此外,Venkatraman 等人还指出通过记录被试的脑电、心率及神经激活情况也可以了解被试的注意情况[4]。

综上,眼动研究法是目前消费者注意研究中最直接、应用最广泛的方法,眼动追踪技术的发展为消费者注意研究提供了重要支持,在此基础上营销学者可以对消费者注意进行深入探索。由于不同眼动设备之间存在性能特征等方面的差异,未来的研究需要根据具体研究情境和实验设计选择合适的眼动仪。例如,无线头盔式眼动仪和眼镜式眼动仪等穿戴式视线追踪系统,对被试头部及身体活动限制较小,能够将实际场景与眼动数据结合起来,确保眼动数据自然、精确,可用于在商场、超市等场所进行的现场实验研究。需要注意的是,头盔或眼镜等设备的佩戴,也会对被试产生干扰,影响被试体验。而桌面式眼动仪、屏幕式眼动仪等非穿戴式视线追踪系统,通常连接或内置于电脑显示器,通过红外摄像系统捕捉并记录被试眼动数据,因此无需被试佩戴任何测试仪器,实验结果较为真实可信,可在实验室中针对广告、网页等进行研究。此外,反应时法等其他测量方法作为消费者注意测量方法的有效补充也具有重要意义。在对消费者注意的内涵、特征和测量进行讨论之后,我们根据已有研究归纳总结了消费者注意模型:受到刺激相关特征、个体因素和情境因素的影响,消费者选择注意的对象,并将注意集中在该事物上并进行加工,做出不同的认知反应和行为反应。

6.1.4　注意规律的运用

研究注意的心理规律并应用于产品设计、广告设计、商业环境设计是商业艺术设计的重要组成部分。这些商业艺术设计主要集中在视觉和听觉形式,如网络页面设计、影视宣传片、平面展示等。相对而言,其余感官信息在商业设计中被较少开发使用。

朱郭奇等人用仪器法研究人们浏览平面广告的眼动行为,以探索影响注意力的相关因素。数据统计显示,广告中人物性别因素对于浏览者的搜索路径长度、兴趣区域注视点个数、兴趣区域观察次数和兴趣区域观察时长有显著影响,在技术类产品和日用类产品中,男性广告人物对于广告效果的影响高于女性广告人物的影响。广告人物的眼神指引作用对于浏览者第一次注视兴趣区域时长具有显著的影响，但对其他眼动行为没有显著影响，这可能与广告代言人的知名程度有关。广告背景的视觉复杂度对于搜索路径长度、搜索路径时长、第一次注视兴趣区域时长、兴趣区域注视点个数、兴趣区域观察次数和兴趣区域观察时长具有显著影响。广告中背景复杂度对于浏览行为具有显著影响，进行平面广告设计时，应当尽量降低图片的背景复杂度，这样有利于潜在顾客对平面广告的浏览，并且可以有效帮助潜在顾客与产品产生交互，令他们更多地注意广告中的商品信息。

事物特征明显，与周围的事物反差较大，或事物本身的面积体积较大、色彩明亮艳丽等因素容易吸引人们的注意。国内品牌在楼外的大型发光二极管广告十分醒目。人们熟悉的事物，在众多不熟悉的事物中容易被注意。从消费者的角度来看，消费者强烈需要的商品或熟悉其形象的商品，容易引起注意。从社会的效应来看，能造成社会及舆论轰动的事件容易引起人们的兴趣与注意。这些研究结果对于营业场所的安排与商品陈列、广告设计策划等工作有重要的参考意义。在营业场所布置柜台、摆放商品，应尽量整齐而有规律，商品必须归类，同类商品同一品牌同一厂家的商品应当摆放在一起。有少数商店把商品全部混在一起由顾客自己去翻动挑选，据报道这种做法也能吸引一些人的兴趣和注意，但只是权宜之计。在广告设计时应该充分考虑人们的注意极限。消费者注意广告所宣传的内容并记住这些内容，是广告应该达到的初步效果。我国广告常见的问题是广告信息量过大，企业名称与地址，企业领导人的姓名、职务、联系方法，商品品种规格与名称，还有一些文法并不精彩的鼓励消费者购买商品的用语混杂在一起，这么多内容难以激发人们的阅读兴趣。因此，要提高我国广告，尤其是电视广告的质量，首要的工作是压缩广告信息量。在吸引顾客注意力方面，少数商家使用一些怪诞的、违背常识甚至伤害他人情感的方式，这是缺乏商业道德的做法。

6.2 影响消费者注意的主要因素

6.2.1 刺激因素

研究者从刺激特征的角度出发对影响消费者注意的因素进行了研究，主要涉及刺激的感官特征和设计特征两类。

关于刺激的感官特征，研究者关注最早也最多的是视觉特征。研究表明，刺激大小是影响消费者注意的因素之一，会影响消费者对广告的注意情况，人们对文字和图片内容较大的广告注意更多、喜欢程度更高，但是广告中品牌元素增大却没有引起消费者更多注意，而在广告大小确定的情况下，消费者对动态广告注意更多[5]。此外，关于网页注意的研究表明，消费者首先注意网页中的大幅信息，但版面扩大会降低信息效果[6]。颜色和对比度会影响个体注意状况，与黑白两色广告相比，彩色广告能够获得更多注意也更受消费者喜欢[7]。含有高对比度信息的广告在注意初期阶段就能影响消费者注意[8]，如同时包含红色和绿色的广告[9]。此外，背景反差明显的网页设计也能吸引个体注意。形状是另一个影响消费者注意的因素，研究表明独特形状的包装会吸引更多注意从而影响消费者对产品属性的判断[10]，在实际购物环境中细长型包装更能吸引消费者初期的视觉注意。

　　除了基本的视觉特征会影响消费者注意，图片、背景、布局、位置及产品信息也会对消费者注意产生影响。研究指出，人们会花更多时间注视含有图片的广告，图片元素增大可以吸引更多注意[11][12]。图片对注意的影响还体现在其与广告中文字信息内容的一致性上，当图片和文字内容不一致时消费者对广告的注视时间更长。此外，消费者对是否含有图片的商品评论的注意情况受到性别因素的调节，相对而言女性对含有图片的评论注意更多[13]。广告背景图片也会影响消费者注意情况，例如，背景为风景图案时被试对产品注意最多，其次为人物背景和文字背景。已有研究发现，网页布局会影响消费者注意模式，分栏式网页布局获得注意更多[14]。此外，网页布局还会影响个体浏览方式，消费者常进行字母 F 型网页浏览，当受到自身情境特征影响时也会表现出不同的浏览模式。研究发现网页视觉元素的空间位置也会影响消费者注意情况，网页顶端和中心位置的内容受到更多注意，上方位置比下方位置受到更多注意[15]，而最先受到注意的是左上方区域[16]。此外，针对产品空间位置的研究也发现，消费者存在中间固定倾向，位于中间位置的产品会获得更多注意、更有可能被选择。针对广告位置的研究发现，网页中间的广告会获得更多注意，但当广告背景不同时，广告元素位置不同受到的注意也不同[17]。在线视频中嵌入的广告位于屏幕右下方时获得的注意更多[18]。学者也发现对电商平台的研究表明，产品销量信息越大，消费者注意就越多，购买可能性也越大。

　　研究者还考察了其他感官刺激特征对消费者注意的影响，如气味和声音。研究者首先考察了气味对消费者产品品牌记忆的影响，并考察了注意在其中的中介作用[19]。实验中研究者向被试呈现含有不同香味的洗化产品，并让其参与品牌记忆测验，其中实验组被试闻到与产品一致或不一致的气味，控制组被试没有闻到任何气味。结果发现，实验组中闻到气味的被试在品牌记忆测验中表现更好。为了证明注意的中介作用，研究人员通过记录被试编码产品信息所用时间来测量被试的注意程度,结果发现闻到气味的被试编码用时更长,对产品注意更多,在记忆测验中表现更好。另一项研究则证明与图片信息语义一致的嗅觉线索可以将消费者的注意引导至广告中相关联的部分,从而使被试的广告记忆效果更好、购买意愿更高[20]。研究发现,听觉信息对消费者注意具有引导作用,并会进一步影响产品选择[21],高频声音会将消费者注意引导至浅色物体,低频声音会将注意引导至深色物体,从而影响消费者的记忆效果和购买意愿[22]。

关于刺激的设计特征,研究者考察了刺激的新颖性、复杂性、感知流畅性对消费者注意的影响。研究表明,新颖的物体会吸引更多注意[23],创意广告也比非创意广告获得更多注意,广告创新性在一定程度上能够缓解重复的影响,但是在重复观看两次之后个体对广告的注意逐渐减少,新颖的网店页面风格也能吸引消费者更多注意。研究者将广告复杂性分为设计复杂性和特征复杂性,设计复杂是指对广告中的形状、物体和图案进行精心设计,而特征复杂是指颜色、亮度等基本视觉特征包含更多变化和细节。实验发现设计复杂会吸引更多注意,而特征复杂会减少个体对品牌的注意。研究指出,简单的刺激信息更容易理解,感知流畅性更高,因此更容易吸引个体注意。此外,研究者还发现相比于直述广告,视觉隐喻广告能够吸引消费者更多注意,记忆效果也更好。

综上,影响消费者注意的因素包括多种类型,不仅包括刺激的感官特征,还包括与刺激的设计相关的特征,目前研究者较多关注影响消费者注意的视觉特征,而对其他感官特征的影响关注较少。早期研究主要关注平面广告相关特征对注意的影响,随着互联网的应用和普及,开始有学者关注网页设计、网络广告对消费者注意的影响,但相关研究成果仍然较少。

6.2.2　个体因素

回顾以往研究可以发现,学者们主要考察了认知和情绪这两类影响消费者注意的个体因素。

消费者的认知相关特征会影响其注意情况,如已有经验、动机、熟悉度、目标、卷入度、认知风格等。关于经验对消费者注意的影响,Lynch 和 Srull 指出,当个体依据以往经验认为某些信息不具有参考价值时,他们会忽略这些信息,而对于与之前经验不一致的信息,消费者会表现出更高的注意水平[23]。Drèze 和 Hussherr 发现不同经验被试浏览网页广告时的注意情况存在差异,熟练者对整个网页和广告的注视时间更少,有将近一半的广告被忽视[24]。关于动机对注意的影响,研究发现当第一次看某个广告时,高动机的个体对广告注意更多,低动机的个体对广告注意更少。此外,最近一项研究表明个体为了保持自身身份认同的一致性,倾向于将注意力集中在和自己身份一致的信息上,而避开与自己身份不一致的信息,这个过程也体现出消费者动机对其注意的影响。熟悉度对消费者注意有双向影响:一方面,熟悉度越高吸引的注意越少;另一方面,熟悉度也可能增加对具体元素的注意,如 Pieters 和 Wedel 研究证明熟悉度会增加个体对广告文本信息的注意[25]。此外,研究者指出目标会影响消费者对广告的注意情况和在实际购物环境中的注意情况。一方面,学者发现广告记忆目标会增加个体对文字、图片和品牌的注意,而品牌学习目标会增加个体对文字内容的注意,同时也会抑制个体对图片的注意。当要求被试对将要购买的目标产品进行想象时,个体更关注广告中的文字内容,而当只对广告进行评价时被试更关注图片内容。另一方面,Chandon 等人指出目标会影响消费者在商店购物环境下的注意情况[26]。当消费者的目标是选择多个备选品牌时他们关注的品牌数量更多。关于消费者卷入度的研究表明,卷入度高的消费者在选择过程中会投入更多精力,因此对产品和相关信息注意更多。卷入度同样影响个体对不同切换速度广告的注意,具体而言当产品卷入度高时,网络广告切换速度小于 5 s 时获得的注意更多,而当产品卷入度低时不同切换速度对广告注意无影响。与场依存型被试相比,场独立型被试更容易从背景中识别出广告刺激,因而对广告注意更多。

消费者的情绪相关特征也会影响其注意情况。个体对含有高情感信息线索的广告存在注意偏好,与中性和积极情感信息相比,被试对负性情感信息如威胁性词语注视时间更长、注意更多。个体自身情绪状态也会影响其注意情况或消费行为。Teixeira 等人证明惊喜和愉快这两种情绪会提高被试对广告的注意程度[27]。另一项研究发现恐惧会缩小消费者的注意范围并强化消费者的态度体验从而减少拖延行为,而注意在这一过程中起中介作用。由此可见,消费者对情绪信息存在注意偏好,更容易被含有情绪信息的刺激吸引,同时,消费者自身的情绪状态也会影响其注意状况。

综上,研究者主要关注了认知和情绪两类影响消费者注意的个体特征,但对情绪因素关注得相对较少。已有研究针对不同情绪效价对注意的影响进行了初步探讨,但未涉及不同情绪唤起度对消费者注意的影响。

6.2.3 情境因素

已有研究考察了干扰、重复、时间压力和其他社会线索对消费者注意的影响。Haaland 和 Venkatesan 的研究表明干扰会对消费者注意产生负面影响,例如观看电视广告时分心会影响被试对品牌名称和产品类型的记忆[28]。有学者发现干扰因素会降低消费者对风险信息的注意程度和记忆效果。此外,研究者证实重复会增加广告熟悉度,导致注意减少。时间压力对被试注意的影响体现在,高时间压力下被试会加快信息采集速度,同时减少对无关信息的注意,将注意集中在认知负担较小的信息上,并导致最终记忆效果受到影响。其他社会线索也会对消费者注意产生影响。学者考察了消费者对不同产品评价中文字信息和图片信息的注意情况,结果发现奢侈品牌消费者对文字评价注意更多而对图片信息注意较少,而非奢侈品牌消费者对图片信息注意更多。另一项研究指出,在广告中使用个性化说服策略会增加个性化元素对消费者注意的吸引力,使消费者产生更多想法,从而影响消费者对广告信息的态度和购买意愿。总体而言,学者们对可能影响消费者注意的因素进行探索,但对不同因素的整合相对较少,而实际购物情境下,不同因素之间可能存在一定的交互作用,因此有必要进一步探讨各种因素之间的交互作用及其对消费者注意可能的影响。

6.3 注意对消费者行为的影响

6.3.1 注意对消费者认知的影响

一些研究主要关注消费者注意对态度和记忆的影响。研究证实消费者的注意情况不仅会影响其对广告或产品的态度和评价,而且会影响其对广告或产品的识别和记忆。首先,物体获得的注意越多,消费者对其态度和评价就越好,也越喜欢该物体。其次,消费者对产品或广告注意越多,记忆情况越就好。反之,当个体注意力不集中、饮酒或存在其他干扰因素时,注意水平降低从而导致记忆情况受到影响。

还有一些研究聚焦于注意与产品属性判断之间的关系。例如,学者发现产品包装形状会影响消费者对产品容量的感知,相对于常规形状的包装,非常规形状的包装会吸引消费者更多的注意,因此消费者认为非常规形状的包装容量更大。另一个关于消费者感知产品容量大小的研究发现,颜色饱和度也是影响产品容量感知的因素之一。产品颜色饱和度高时会吸引更多注意,消费者倾向于认为该产品容量更大;反之,当要求消费者选一个容量更大的产品时,他们倾向于选择颜色饱和度高的产品,并且愿意为此支付更高的价钱。此外,也有学者指出集中注意力的人对环境中的变化更敏感,而价格作为一个可变性较大的属性会吸引更多注意,从而使消费者将价格放在优先考虑的位置,并且在之后的决策判断中赋予价格更高权重。然而,现实生活中更多的是包含多个属性的产品,个体的注意情况不仅会影响其对单个属性的判断,同样也会影响其对包含多个属性产品的判断,因此不同产品属性获得的注意情况不同,其重要程度也不相同。有研究发现在对多属性产品进行联合判断和决策的过程中,对产品属性的注意情况会影响对其重要性的判断。包含层级越多的属性获得的注意越多,因此个体认为该属性越重要。除此之外,研究者还考察了注意情况对附加属性判断的影响,研究者将产品总价分割为不同属性单价的组合,结果发现当对产品总价进行分割的时候,被试对附加属性的注意增加,从而更愿意选择附加属性较为优惠的产品。虽然这些研究考察的因素并不完全相同,但是发现的整体规律同先前的研究相同,即某一产品属性获得的注意越多,人们认为该属性越重要。综上所述,消费者对产品或广告注意的多少,不仅会影响其对产品、广告的记忆和识别,而且会影响其对产品的知觉和判断,并且消费者的注意状态也会产生影响。现有研究主要关注了消费者注意对其记忆识别效果的影响,未来的研究需要进一步从注意影响产品知觉判断的角度出发进行探讨。

6.3.2 注意对购买决策过程的影响

消费者注意还会影响其行为反应,主要体现在选择/购买倾向和消费行为两个方面。一方面,消费者对产品注意的多少会影响其产品选择和购买倾向,产品获得的注意越多,消费者购买该产品的可能性就越大;另一方面,消费者的注意状态会对其消费行为产生重要影响,例如学者研究发现接受正念训练的学生,注意状态得到改善,从而不良饮食习惯发生的概率降低。另一项研究考察了消费者注意状态对食品消费数量的影响,结果发现经过正念练习的被试将更多注意放在自身生理线索上,并根据自己的生理状况做出反应,增加或减少未来食品的消费数量。总体而言,消费者注意不仅会影响消费者对产品的态度、记忆等认知反应,也会影响消费者的产品选择、消费等行为反应。已有研究对消费者注意的行为反应关注较少,因此未来应增加消费者注意对消费行为的影响研究,从而更好地理解和把握消费行为规律。

6.4 消费者注意的神经科学研究

6.4.1 注意的神经基础

1. 朝向反射

朝向反射(orientating reflex)是由情境的新异性所引起的一种复杂而又特殊的反射。它是注意最初级的生理机制。

20世纪初,在巴甫洛夫的实验室里曾经发生过这样一件事:巴甫洛夫的一位助手用狗做实验,使狗形成了对声音的食物性条件反射。事后,请巴甫洛夫去实验室参观。令人奇怪的是,每当巴甫洛夫在场的时候,实验就不成功,实验动物已经建立的条件反射明显地被抑制了。经过仔细分析,巴甫洛夫认为,由于他在场,狗对新异刺激物(陌生人)产生了一种特殊形式的反射,因而对已建立的条件反射产生了抑制作用。巴甫洛夫把这种特殊的反射叫朝向反射。这是人和动物共同具有的一种反射。

朝向反射是由新异刺激物引起的。刺激物一旦失去新异性(习惯化),朝向反射也就不会发生了。朝向反射又是一种非常复杂的反射。它包括身体的一系列的变化,如动物把感官朝向刺激物;正在进行的活动受到压抑;四肢血管收缩,头部血管舒张;心率变缓;出现缓慢的深呼吸;瞳孔扩散;脑电出现失同步现象等。在朝向反射时出现的一系列身体变化,有助于提高动物感官的感受性,并能动员全身的能量资源以应付个体面临的活动任务,如趋向活动的目标、逃离威胁个体生存的情境等。朝向反射的这种特殊作用,使它在人类和动物的生活中具有巨大的生物学意义。

2. 脑干网状结构

脑干网状结构(brain stem reticular structure)是指从脊髓上端到丘脑之间的一种弥散性的神经网络。网状结构(reticular formation)的神经细胞形状很复杂,大小也不等,它们的轴突较长,侧枝也较多。因此,一个神经元可以和周围的许多神经元形成突触;一处受到刺激就可以引起周围细胞的广泛的兴奋。

来自身体各部分的感觉信号,一部分沿感觉传导通路(特异通路)直接到达相应的皮层感觉区;另一部分通过感觉通路上的侧枝先进入网状结构,然后由网状结构释放一种冲击性脉冲,投射到大脑皮层的广大区域,从而使大脑产生一般性的兴奋水平和觉醒水平,使皮层功能普遍得到增强。

网状结构不传递环境中的特定信息,但它对维持大脑的一般性活动水平,保证大脑有效地加工特定的信号,具有重要的意义。

3. 边缘系统和大脑皮层的功能

网状结构的激活作用,使脑处于觉醒状态。没有由网状结构引起的大脑活动的普遍激活,就不可能有注意。但是,觉醒并不等于注意,用网状结构的激活作用不能充分解释注意的选择性。人选择一些信息,而离开另一些信息,是和脑的更高级的部分——边缘系统和大脑皮层的功能相联系的。

边缘系统(limbic system)是由边缘叶、附近皮层和有关的皮层下组织构成的一个统一的功能系统。它既是调节皮层紧张性的结构,又是对新旧刺激物进行选择的重要结构。一些研究表明,在边缘系统中存在着大量的神经元,它们不对特殊通道的刺激作反应,而对刺激的每一变化作反应。因此,当环境中出现新异刺激时,这些细胞就会活动起来,而对已经习惯了的刺激不再进行反应。这些神经元也叫"注意神经元"。它们是对信息进行选择的重要器官,是保证有机体实现精确选择的行为方式的重要器官。这些组织的失调,将引起整个行为选择的破坏。临床观察表明,这些部位的轻度损伤,将使患者出现高度分心的现象;这些部位严重损伤,将造成精神错乱和虚构现象,意识的组织性与选择性也会因此而消失。

产生注意的最高部位是大脑皮层。大脑皮层不仅对皮层下组织起调节、控制的作用,而且是主动调节行动、对信息进行选择的重要器官。对大脑额叶(frontal lobe)严重损伤的病人进行的临床观察表明,这种病人不能将注意集中在所接受的言语指令上,也不能抑制对任何附加刺激物的反应。这些病人在没有干扰的条件下能做某些事情,但只要环境中出现任何新的刺激或存在任何干扰作用,如有外人走进病房或病房中有人在说话,他们就会停止原来进行的工作,把视线转向外来者或说话人的方向。由于注意高度分散,使他们无法完成有目的的行为。

人脑额叶直接参与由言语指示所引起的激活状态。它通过与边缘系统和网状结构的下行联系,不仅能够维持网状结构的紧张度,而且能够对外周感受器产生抑制性的影响。额叶损伤的病人表现出对新异刺激和环境干扰的过分敏感,可能与额叶丧失了对皮下组织的抑制作用有关。

近些年来,事件相关电位技术、脑磁图技术、正电子发射断层扫描(PET)和功能性磁共振成像(fMRI)等新技术不断应用于神经心理学研究。应用这些技术,人们对注意的神经机制及注意对大脑活动的影响进行了大量的实验研究。一般说来,认知活动在大脑皮层都有相应的功能区或功能单元定位,如视觉活动通常定位在大脑枕叶(occipital lobe)部位,而听觉活动则定位在颞叶(temporal lobe)区域。研究发现,当注意指向一定的认知活动时,可以改变相应的大脑功能区或神经功能单元(通常是由很多神经元组成的神经环路)的激活水平,从而对当前的认知活动产生影响。注意的这种作用可以通过三种方式来实现:提高目标认知活动对应的神经功能单元的激活水平;抑制目标周围起干扰作用的神经功能单元的活动;上述两种方式的结合[29]。来自 PET 和 ERP 的研究一致显示,当注意集中在某一认知活动时,其相应的神经功能单元的活动水平增加。

基于已有的研究发现,拉贝奇提出对某一对象的注意需要三个脑区的协同活动,这三个脑区分别是:认知对象或认知活动的大脑功能区(功能柱);能提高脑的激活水平的丘脑神经元;大脑前额叶的控制区,可以选择某些脑区作为注意的对象,提高其激活水平,使激活维持一定的程度和时间。这三个脑区通过三角环路的形式结合起来,是产生注意现象的生理基础[29]。

6.4.2 注意的神经机制

1. 神经振荡的相干性

在十多年前,动物实验和理论研究就支持了 gamma(30~100 Hz)振荡与感觉处理的紧密联系,与注意相关的 alpha 和 gamma 电位被认为起到了注意调制作用[30]。之后,Clayton 等人提出了一个注意维持模型:维持下的注意依赖大脑额叶内侧 theta 振荡;区域间内部信息流依赖低频相位的同步活动;选择性兴奋和抑制认知活动通过 gamma & alpha 振荡[31]。注意力研究中,研究人员把 250 个电极埋在猴子的 V1(纹状)和 V4 皮层中,两个皮层有相对应的投射关系,并且在测试中敲定两者的感受野一致,但 V1 的感受野包含在 V4 中。随后猴子的注意力集中到哪个 V1 感受野中,其与 V4 就体现出一种 gamma 震荡的放电频率。更进一步,随后的研究者又发现了 V4 与更高级的区域 TEO(temporo-occipital area)的同步震荡,并且,更令人信服的证据是,二者的同步震荡是在皮质下腹外侧枕核的调节下发生;研究聚焦在 V4 和 IT 上,当用蝇蕈醇(muscimol)(GABA 受体激动剂)把 VLP 抑制掉,同步活动减弱或消失了。

与其他感觉系统的信息流不同之处在于,视觉信息出了视网膜神经节细胞后再无传回感受器细胞的投射调制,故视觉信息的早期筛选是来自皮质下但在视网膜之上的区域进行。信息出了视交叉之后大部分去到外侧膝状体(LGN),少部分去到上丘(SC)进而送至丘脑枕核(pulvinar),上丘除了眼动控制,也与皮质有相互传入和传出,与注意调制功能相关,损伤上丘导致 IOR(返回抑制)功能受损,提示它可能也参与了信息流的早期筛选;与此同时,枕核也能够直接与视皮质甚至纹外皮质(如 MT 区)进行联系,当下对于其具体作用机制还不是完全了解,但现有研究认为它与腹侧和背侧信息流都有联系,也能起到早期信息筛选的作用,并且与背侧注意控制系统相互作用,共同调制注意功能。

以上上丘和枕核的功能虽然看起来复杂,但事实上它们仅仅是视觉信息投射流的 10%,最重要的 90% 是由外侧膝状体(LGN)进行中继。那么,massive、LGN 与 TRN 这三者是如何进行信息筛选的? 这实际上主要是 TRN 即丘脑网状核发挥主要作用。TRN 起到中间神经元的作用,同神经系统中大多数抑制性中间神经元一致,其释放抑制性神经递质抑制 LGN 的活动从而完成信息筛选的功能。TRN 既直接抑制 LGN,也接受来自皮质的抑制性投射,从而起到一种去抑制(disinhibition)的作用,最终恢复 LGN 的兴奋性,从而达到自上而下对信息有选择的筛选的目的。例如,因为注意对某个事物的增强同时也会抑制其他不关心的背景物,这个时候在某个事物上的增强通过皮质抑制性的传出抑制(inhibit)丘脑网状核(TRN)进而去抑制(disinhibit)外侧膝状体(LGN),从而增强选择性信息的输入,而对不感兴趣的信息皮质则不加强兴奋,从而 TRN 仍然释放抑制性递质抑制 LGN,相关信息投射到皮质仍然是被抑制的,最终结果是背景信息处于抑制状态。

这里举例 IOR(inhibition of return)现象,即返回抑制:一个帮助人类包括动物生存下来的注意选择机制。在反射性(reflexive)注意中,一般是一个 cue 后 50~200 ms 后接着一个 target 刺激,若随后的 target 在 cue 邻近区域,则对 target 的反应速度增快。这时奇妙的是:如果增加 cue 与 target 直接的衔接时间间隔到 300 ms 以上,个体反而对 cue 附近的 target 的反应变慢,甚至比没 cue 还慢。返回抑制可能说明了一个现象——个体以极快的速度对信息进行筛选,甚至可以在 millisecond 的级别上,过程中包括对各种信息的在无意识层面的注意加工,在随后信息若与当前任务不相关,则立马抑制掉,这个抑制过程可能就是 IOR 在发挥作用。而根据时间窗口和信息流的空间顺序,这个过程很可能就是由皮质下的区域例如 SC 和 TRN 共同完成。

2. 受注意网络支配的(皮质)区域

这里通常指对信息内容进行处理和分类的区域,它们是注意力控制投射和信息流投射的靶效应区,一般分为纹状皮质和纹外皮质,以及更高级的知觉加工和物体识别区,这里简要描述时间窗口和功能解剖。V1 纹状皮质作为皮质信息流的起点,进而将信息流分为背侧(dorsal)和内侧(ventral),投射至 MT 及顶枕皮质的信息通向背侧;至 V4 的信息流通向内侧。

在主动注意中,电生理记录表明,从刺激出现到视皮质出现电活动,伴随着超过 35 ms 的潜伏期,随后出现 P1 波(60~70 ms)并在约 100 ms 时达到顶峰,再往后是负波(N1),在 180 ms 时出现,后续还有 P2,N2 等。若刺激出现在被试注意的区域,波形更大;在非注意的区域波形更小。反应(reflexive)注意的电生理波形在短的(cue-to-target interstimulus intervals)ISIs 中 P1 波被增强了,在长的 ISIs 中效应逆转,返回抑制。在 V1 中不同刺激选择性的细胞中,研究者发现空间注意影响了单个细胞的电活动,但没有影响到感受野的大小。

在跨皮质的研究中,通过单细胞记录,选择性注意被发现在有不同刺激偏好的皮质中出现,如 V4、IT、MT、MST 等。进一步,在对比感觉信息加工和知觉信息加工的研究的反应注意上,研究者发现后枕叶皮质优先加工小的尺度的感觉信息,而相对整体的信息在随后的纹外皮质中才得到加工。基于特征注意的事件相关电活动潜伏期较长,通常在刺激呈现后 70～100 ms 后才出现。

最后关于物体识别,研究表明个体对于整体的知觉影响到了整体中部分属性的加工判断。在无空间注意的物体选择的实验中,选择性对相关物体的注意比对该物体没有被注意的时候相应的皮质活动更强,如 FFA、PPA、MT/MTS。另外一个与FFA类似的与注意相关的早选择皮质,即 VWFA(visual word form area),其被证明与背侧注意调控环路有功能上的联系[32],并且在生命的早期就为后续语言中枢的发育提供字形信息选择上的支持[33]。

3. 背侧注意网络与腹侧注意网络

个体不仅仅需要把注意力集中在当前的任务上,还需要在一定情形下及时把注意力抽离出来,以应对环境中的挑战。在这里,通常认为背侧(dorsal)注意控制网络负责控制注意力的集中;同时腹侧网络对当下内外环境信息进行整合,在必要的时候把注意力进行转移(到新的任务态中)。

在注意力调控中,背侧网络负责检测空间关系,以及利用其与运动系统的联系增强信息处理和运动控制上的调控,增强过程中通常能检测到伴随着信息流引起的gamma震荡,比如 IFJ(Inferior Frontal Junction)通过调控同步活动影响 PPA 和FFA。FEF(Frontal Eye Field)区一般在双侧额叶皮质,用于调控眼动和凝视转换,信息调控中主要影响 V4 区域的活动。顶叶皮质中一个研究热点是 LIP(Lateral Intraparietal area),其与 FEF 有往返投射,其活动可以准确预测猴子的眼动任务表现,负责监控地点以及区域中的显著(salient)刺激。

腹侧网络则更多对环境中刺激本身的信息进行监控,当被试接收到错误的 cue 的时候,TPJ(Temporo Parietal Junction),MTG(Middle Temporal Gyrus)和VFC(Ventral Frontal Cortex)都显示出了一定程度的激活。与此同时,一些背侧注意网络也呈现出一定程度上的激活,毕竟人脑是一个整体的系统,当注意力转换的时候需要眼动等方式对新鲜任务的重新增强。所以,背侧和腹侧注意系统实际上是相互联系作用的。

6.5 未 来 展 望

1. 情绪对消费者注意的影响

已有研究者针对情绪对消费者注意的影响进行了初步研究,但现有研究内容相对较少、结论相对单薄,并没有充分认识二者之间的关系,以及不同情绪特征在注意过程中的作用。本研究证明,偶然的恐惧情绪会导致消费者注意范围缩小,从而减少行为拖延[34]。未来的研究可以进一步探究个体不同情绪状态、不同情绪唤醒度对其注意及行为的影响。此外,未来的研究还可以关注其他诱发消费者情绪的社会情境(如社会排斥、社会比较等)对消费者情绪与注意的影响。

2. 社会性注意对消费者行为的影响

Birmingham 指出,当其他人关注的焦点不在自己身上时,人们可以快速判断出他人注意的焦点,在这种情况下人们会对他人所注意的事物产生兴趣并将注意力集中在他人关注的焦点上,也就发生了社会性注意;注视朝向、头部朝向、身体姿势、指示手势、箭头等都可以作为引发社会性注意的注视线索[35]。近年来,国内外学者针对社会性注意进行了一些研究,但目前针对社会性注意与消费者行为之间关系的研究仍然较少。Hutton 和 Nolte 考察了视觉线索对被试对平面广告注意情况的影响,结果发现模特的目光注视作为一种视觉线索可以将被试的注意力引导至特定的位置[36]。因此,未来的研究可以考虑对引发社会性注意的其他因素进行考察,例如研究头部朝向线索及头部朝向和视觉朝向之间的交互作用如何影响消费者的注意及行为。

3. 不同情境状态下的消费者注意

现有研究较多关注吸引消费者注意的因素及消费者注意对其消费行为的影响,而对消费者注意的连续性关注较少,只考察了消费者不同情境状态对价格重要程度感知和食品消费数量的影响[37]。未来的研究应该关注消费者的不同情境状态如何影响其消费心理和消费行为,例如消费者在心不在焉的状态下如何做出购买决策及对购买决策的满意度如何等。

4. 刺激的其他感觉特征对消费者注意的影响

关于刺激因素对消费者注意影响的研究主要集中在刺激的视觉特征上,如大小、颜色、形状等。实际上,除了刺激的视觉特征对消费者注意的影响之外,触觉、听觉、嗅觉等其他感觉也可能影响注意。例如,有研究表明触觉会影响视觉注意,当个体进行目标刺激搜寻任务时,手拿形状相似的其他物体能够引导视觉注意,加快个体对目标刺激的搜寻过程[38]。因此,研究者可以考虑是否其他形式的感觉也能够引导消费者注意。此外,已有研究发现,多感觉通道共同作用能够激活更多注意资源,同时拥有比单感觉通道更多的容量[39]。研究者还可以针对多感官交互对消费者注意的影响进行研究,如不同感觉通道的线索如何影响消费者注意,多感官交互是否能够增强消费者对产品、品牌的记忆。

6.6 小 结

本章主要探讨了消费者注意与消费行为之间的相关性,并介绍了神经科学在这一领域的应用。具体而言,首先,我们从定义与特征两个方面对消费者注意这个基本概念进行了阐释。其次,基于上述的概念,我们进一步探讨了消费者注意的分类和功能,了解影响消费者注意的测量和注意规律的运用。再次,我们论述了影响消费者注意的主要因素。最后,神经科学的研究揭示了消费者注意的神经基础和影响消费者注意的神经机制。

总的来说,消费者注意是消费行为的重要组成部分,神经科学研究的蓬勃发展为我们提供了更深入地研究消费者注意的机会。通过应用神经科学的知识,我们可以更好地理解影响消费者注意的因素,更加科学的分配消费者注意和适当转移。

思考题

(1) 你认为注意的两个基本特征是什么?

(2) 影响消费者注意的主要因素是什么?

(3) 消费者注意的神经基础是什么?

参考文献

[1] Wedel, M., Pieters, R. Eye tracking for visual marketing[J]. Foundations and Trends in Marketing, 2008, 1(4): 231 - 320.

[2] Unnava, H. R., Burnkrant, R. E. . An imagery-processing view of the role of pictures in print advertisements[J]. Journal of Marketing Research, 1991, 28(2): 226 - 231.

[3] Shen, H., Sengupta, J. The crossmodal effect of attention on preferences: Facilitation versus impairment[J]. Journal of Consumer Research, 2014, 40(5): 885 - 903.

[4] Venkatraman, V., Dimoka, A., Pavlou, P. A., et al. Predicting advertising success beyond traditional measures: New insights from neurophysiological methods and market response modeling[J]. Journal of Marketing Research, 2015, 52(4): 436 - 452.

[5] 蒋玉石.口碑营销概念辨析[J].商场现代化,2007,(01X):136 - 137.

［ 6 ］Kelly，K. J.，Hoel，R. F. The impact of size，color，and copy quantity on yellow pages advertising effectiveness［J］. Journal of Small Business Management，1991，29(4)：64.

［ 7 ］Lohse，G. L. Consumer eye movement patterns on yellow pages advertising［J］. Journal of Advertising，1997，26(1)：61－73.

［ 8 ］Clement Addo，P.，Fang，J.，Asare，A. O.，et al. Customer engagement and purchase intention in live-streaming digital marketing platforms［J］. The Service Industries Journal，2021，41(11－12)：767－786.

［ 9 ］Wilson，R. T.，Casper，J. The role of location and visual saliency in capturing attention to outdoor advertising：How location attributes increase the likelihood for a driver to notice a billboard ad［J］. Journal of Advertising Research，2016，56(3)：259－273.

［10］Folkes，V.，Matta，S. The effect of package shape on consumers' judgments of product volume：Attention as a mental contaminant［J］. Journal of Consumer Research，2004，31(2)：390－401.

［11］Lohse，G. L. Consumer eye movement patterns on yellow pages advertising［J］. Journal of Advertising，1997，26(1)：61－73.

［12］Janiszewski，C. The influence of display characteristics on visual exploratory search behavior［J］. Journal of Consumer Research，1998，25(3)：290－301.

［13］刁雅静,何有世,盛永祥.社交网络情景下新产品扩散的两阶段模型：微信与微博的对比研究［J］.软科学,2017,31(10)：115－119.

［14］Sutcliffe，A.，Namoune，A. Investigating user attention and interest in websites. In Human-Computer Interaction-INTERACT 2007：11th IFIP TC 13 International Conference，Rio de Janeiro，Brazil，September 10－14，2007，Proceedings，Part I 11 (pp. 88－101). Springer Berlin Heidelberg.

［15］Graham，D. J.，Jeffery，R. W. Predictors of nutrition label viewing during food purchase decision making：An eye tracking investigation［J］. Public Health Nutrition，2012，15(2)：189－197.

［16］Sereno，S. C.，Rayner，K. Measuring word recognition in reading：eye movements and event-related potentials［J］. Trends in Cognitive Sciences，2013，7(11)：489－493.

［17］白学军,张钰,姚海娟,等.平面香水广告版面设计的眼动研究［J］.心理与行为研

究,2006,4(3):172.

[18] 廖以臣,文琪,杜文杰,等.IVB广告水平移动方向对受众认知水平及产品态度的影响研究[J].珞珈管理评论,2019,31(4):121.

[19] Morrin, M., Ratneshwar, S. Does it make sense to use scents to enhance brand memory? [J]. Journal of Marketing Research, 2003, 40(1):10-25.

[20] Lwin, M. O., Morrin, M., Chong, C. S. T., et al. Odor semantics and visual cues: What we smell impacts where we look, what we remember, and what we want to buy[J]. Journal of Behavioral Decision Making, 2016, 29(2-3):336-350.

[21] Shen, H., Sengupta, J. The crossmodal effect of attention on preferences: Facilitation versus impairment[J]. Journal of Consumer Research, 2014, 40(5):885-903.

[22] Hagtvedt, H., Brasel, S. A. Cross-modal communication: Sound frequency influences consumer responses to color lightness[J]. Journal of Marketing Research, 2016, 53(4):551-562.

[23] Lynch Jr, J. G., Srull, T. K. Memory and attentional factors in consumer choice: Concepts and research methods[J]. Journal of Consumer Research, 1982, 9(1):18-37.

[24] Drèze, X., Hussherr, F. X. Internet advertising: Is anybody watching? [J]. Journal of Interactive Marketing, 2003, 17(4):8-23.

[25] Pieters, R., Wedel, M. Attention capture and transfer in advertising: Brand, pictorial, and text-size effects[J]. Journal of Marketing, 2004, 68(2):36-50.

[26] Chandon, P., Hutchinson, J. W., Bradlow, E. T., et al. Does in-store marketing work? Effects of the number and position of shelf facings on brand attention and evaluation at the point of purchase [J]. Journal of Marketing, 2009, 73(6):1-17.

[27] Teixeira, T., Wedel, M., Pieters, R. Emotion-induced engagement in internet video advertisements[J]. Journal of Marketing Research, 2012, 49(2):144-159.

[28] Haaland, G. A., Venkatesan, M. Resistance to persuasive communications: An examination of the distraction hypotheses[J]. Journal of Personality and Social Psychology, 1968, 9(2p1):167.

［29］LaBerge，D. Attention，awareness，and the triangular circuit［J］. Consciousness and Cognition，1997，6(2 - 3)：149 - 181.

［30］Herrmann，C. S.，Knight，R. T. Mechanisms of human attention：Event-related potentials and oscillations［J］. Neuroscience & Biobehavioral Reviews，2001，25(6)：465 - 476.

［31］Clayton，M. S.，Yeung，N.，Kadosh，R. C. The roles of cortical oscillations in sustained attention［J］. Trends in Cognitive Sciences，2015，19(4)：188 - 195.

［32］Vogel，A. C.，Petersen，S. E.，Schlaggar，B. L. The VWFA：It's not just for words anymore［J］. Frontiers in Human Neuroscience，2014，8(03)：88.

［33］Li，L. H.，Yatskar，M.，Yin，D.，et al. Visualbert：A simple and performant baseline for vision and language［J］. 2019，arXiv：1908.03557.

［34］Coleman，N. V.，Williams，P.，Morales，A. C.，et al. Retracted：Attention，Attitudes，and Action：When and Why Incidental Fear Increases Consumer Choice［J］. Journal of Consumer Research，2017，44(2)：283 - 312.

［35］Birmingham，E.，Kingstone，A. Human social attention：A new look at past，present，and future investigations［J］. Annals of the New York Academy of Sciences，2009，1156(1)：118 - 140.

［36］Hutton，S. B.，Nolte，S. The effect of gaze cues on attention to print advertisements［J］. Applied Cognitive Psychology，2011，25(6)：887 - 892.

［37］Rahinel，R.，Ahluwalia，R. Attention modes and price importance：How experiencing and mind-wandering influence the prioritization of changeable stimuli［J］. Journal of Consumer Research，2015，42(2)：214 - 234.

［38］List，A.，Iordanescu，L.，Grabowecky，M.，et al. Haptic guidance of overt visual attention［J］. Attention，Perception，& Psychophysics，2014，76(8)：2221 - 2228.

［39］Talsma，D.，Doty，T. J.，Strowd，R.，et al. Attentional capacity for processing concurrent stimuli is larger across sensory modalities than within a modality［J］. Psychophysiology，2006，43(6)：541 - 549.

第7章
消费者的学习与记忆

7.1 学 习

我们来看看下面这些消费者及其行为：

你刚刚走出宿舍就碰到了你的同学小冰，他告诉你他刚买了一台索尼的 PS5 游戏机，驱动版的。什么是 PS5？驱动版又是什么？另外，小冰怎么知道些东西的？他从哪儿学到的？

你邻居家的儿子小杰正在上高中，他经常穿着肥肥大大的衬衫，宽松的裤子，反戴着棒球帽，身上带着珠子，头上戴着头饰，耳朵上扎着耳环。他的朋友也都像他那样打扮，他们自以为很洒脱。他们从哪里学到这种穿着方式的？

上述这些例子都是比较典型的，他们的行为所表现出来的就是学习。没有人天生就具备知识、态度及上述例子中的行为方式。作为消费者，这些都是他们后天学习到的。

7.1.1 学习的概念

学习（learning）是消费过程中不可或缺的一个重要环节，它是指消费者在一定情景下由于反复的经验而产生的行为或行为潜能的比较持久的变化。人们的态度、价值观、品味、行为偏好、象征意义和感受力等绝大部分是通过学习获得的。通过学校、家庭、社会组织、文化与阶层等，消费者可以获得学习体验，这些体验极大地影响着消费者所追求的生活方式和所消费的商品。理解学习的概念，需要明确其中的三个含义。

（1）行为或行为潜能改变。学习是消费者获得新的行为经验的过程。通过学习，消费者的行为将发生某些可观察的变化，他们甚至可以完成一些以前无法完成的事情。例如，消费者购买一台全新的咖啡机时，可能根本不会操作和使用，但他可以阅读咖啡机的操作指南、观看制作咖啡的教学视频，甚至可以参加制作咖啡的培训课程。不久,消费者就能得心应手地操作和制作咖啡了,即行为发生了变化,行为的改变有时是明显的、外在的,而有时是隐性的、潜在的,后者就是所谓"行为潜能"的改变。

(2) 学习引起的行为变化是相对持久的。不论是外显的行为变化还是行为潜能的变化,只有当行为改变的持续时间足够长,才能称之为学习。例如,消费者一旦学会了如何使用计算机,他们的使用行为通常会持续下去。消费者通过学习掌握了计算机的使用方法之后,这种行为变化往往会持续很长时间。对企业来说具有双重作用:一方面,学习使消费者形成了对特定商品的使用习惯,从而促进了商品的重复购买,因为消费者已经对该商品形成了依赖;另一方面,学习也可能影响商品的升级换代,因为消费者可能会对新产品产生不习惯甚至拒绝购买和使用。因此,学习对于消费者行为的持久性和对企业的影响具有重要意义。

(3) 学习是由练习或经验引起的。经验在这里有两个含义:一是指消费者通过与客观现实的直接互动来获取经验;二是指在这个过程中所获得的知识、技能和形成的个人观点等结果。学习是通过消费者与环境的相互作用来实现的,消费者必须通过练习或经验总结才能形成或改变行为。有些消费行为的形成需要较长的时间,需要系统而反复的练习或体验。例如,对于电子游戏产品来说,消费者可能会花费大量时间和精力才能学会如何通关和升级。因此,一些电子游戏企业在市场推广期间会提供玩家免费试用期,有些甚至可以试玩一个月的时间。这种做法就是为消费者提供充分的练习和体验机会,以便他们更好地掌握电子游戏的技巧和规则。

7.1.2 学习的相关理论

消费者学习理论中最具代表性的分别为行为主义学习理论与认知学习理论。

1. 行为主义学习理论

行为主义学习理论(behaviorist learning theory)又称为"刺激—反应理论"。如果消费者以一种可预测的方式对一个已知刺激(如产品信息)做出反应(如消费决策),那么他就是在学习。行为主义学习理论并不关心消费者的学习过程,而主要关心消费者如何从环境中选择刺激,以及如何对这些刺激做出可观察的反应。

行为主义学习理论是指建立在刺激(信息)和反应(行为或感觉)联系基础上的学习,其理论的代表人物主要有巴甫洛夫与斯金纳等。

(1) 古典条件反射学习理论。古典条件反射学习理论将人和动物视为消极被动的机器。根据这一理论,只要某种刺激被重复出现,相应的反应就会出现。具体而言,当一个能够引起某种反应的刺激与另一个刺激成对重复出现时,如果后者也能够引起与前一刺激相同的反应,那么就会发生条件反射学习。例如,巴甫洛夫(Pavlov)

以狗为研究对象,他发现当助手给狗食物时,狗会分泌大量的唾液。经过一段时间的刺激后,他发现狗只要看到食物,就开始分泌唾液。随后,只要听到助手的脚步声,狗似乎就知道即将得到食物,唾液的分泌也开始增加。基于这些观察,巴甫洛夫提出了"条件反射"的概念,后来被称为"经典条件反射作用"。这一理论描述了通过刺激和反应之间的既定关系,使个体学会对于不同刺激做出相同反应的过程和现象。

经典条件反射在消费领域中的应用通常发生在消费者处于低介入状态下,即在多次刺激—反应过程中对商品广告信息进行学习。例如,品牌"脑白金"通过不断重复的广告词"送礼就送脑白金",帮助消费者在脑白金产品和送礼之间建立了强烈的联系。这种学习过程并非消费者主动进行的,而是典型的低介入的刺激—反应式学习。此外,在广告中,经常会看到名人代言商品的情况。当名人与商品同时出现的画面多次重复后,消费者就会建立起刺激—反应的学习模式,即消费者看到代言人就会想起该商品,从而使商品的知名度和美誉度迅速提升。例如,肯德基借助《消失的她》火热之势邀请"何非"做代言人,大大提升了粉丝对该品牌的关注和喜爱程度。

市场营销研究表明,简单重复的刺激对于增强联系和降低遗忘的效果是逐渐递减的。也就是说,重复的次数超过一定阈值后,消费者的注意力会减退,产生广告损耗效应。为了避免广告损耗,最佳的方法是采用不同的形式表现同一个主题,或者使用不同的背景、广告人物等,即通过"变化"来防止广告损耗效应的产生。

(2) 操作性条件反射学习理论。操作性条件反射学习理论,也被称为工具性条件反射学习理论,是 20 世纪 30 年代后期由行为主义心理学家斯金纳提出的。根据这一理论,学习可以分为两种类型:一种是由刺激情境引发的反应,斯金纳称之为应答性反应;另一种是操作性条件反应,它不是由刺激情境引发的,而是个体的自发行为。在日常生活中,人们的绝大多数行为都是操作性行为。

影响行为巩固或再次出现的关键因素是行为后所得到的结果,即强化。斯金纳认为强化有两种类型:正强化和负强化。当环境中某种刺激增加时,导致行为反应出现的概率也增加,这种刺激就是正强化。而当环境中某种刺激减少时,导致行为反应出现的概率增加,这种刺激就是负强化。负强化通常是一种厌恶刺激,个体力图回避它。需要注意的是,无论是正强化还是负强化,它们的结果都是增加行为再次出现的概率,促使行为的发生。这一理论强调了行为与环境的相互作用,以及行为后所获得的结果对行为的影响。

通常,企业推出新产品或者开拓新市场时,会为消费者提供免费试用的样品。这样做的目的就是让消费者在试用过程中体会到该商品的好处,得到正强化。当消费者对商品产生好感后,就会试图寻找并购买它,由此消费者就完成了一次操作性刺激—反应式学习过程。例如,宝洁公司进入中国市场初期,就增大范围地进行样品派发,使消费者通过试用而对宝洁产品形成认知并产生好感。其实,企业也可以通过负强化来改变消费者的购买行为。人寿保险公司常运用"恐惧诉求"手法以展现广告内容,督促人们购买寿险,这便是一种负强化。像这种借助于负强化所做的广告宣传,其目的就在于通过鼓励消费者购买广告上的产品从而避开消极后果。

2. 认知学习理论

消费者的学习过程并不仅仅是简单的重复试误,事实上,它涉及消费者的问题解决和思维顿悟等心理活动。这种以消费者的心理活动为基础的学习理论被称为认知学习理论(cognitive learning theory)。认知学习理论认为,问题解决是人类最独特的学习活动,它使消费者能够获得对环境的控制和丰富的知识经验。与行为主义学习理论不同,认知学习理论不仅关注可观察到的行为反应,还关注刺激—反应之间的内在机制,即刺激引起反应和学习行为的心理过程。认知学习理论主要强调学习过程中信息的心理加工过程。下面介绍几种具有代表性的认知学习理论。

(1) 格式塔的学习理论—顿悟学习。格式塔理论格式塔学习理论强调知觉的整体性,认为知觉不是简单的个别感觉叠加的结果。同样地,学习也是一个完整的过程,通过学习者对情景的重新组织来实现。苛勒(Wolfgang Kohler)在 1913 年到 1917 年间对猩猩解决问题的行为进行了研究,其中最著名的是"取香燕"实验。他发现猩猩的学习过程不是简单的刺激—反应模式,而是通过突然发现事物之间的联系来解决问题。苛勒将这种学习称为顿悟学习。

同样地,消费者在学习商品知识的过程中也会采取顿悟的学习方式。在顿悟学习中,消费者学到的东西不是特定刺激和反应之间的联系,而是一种关于手段和目的之间的认知关系。消费者对商品的使用往往并不一定遵循企业最初设定的使用方法和标准,而是根据自己对商品的特殊理解开拓出新的用途。例如,可口可乐公司最初并没有意识到可口可乐可以在冬天加入姜片加热来饮用,这是中国消费者的构想,也可以说是某个人的突发奇想。这种冬天喝热的姜汁可乐的概念诞生后,直接提升了可口可乐在冬季的销量,可口可乐公司也因此开发出了姜汁可乐作为新产品。因此,如果企业能够理解并意识到消费者在使用商品过程中会产生顿悟学习,就能够发现更多的商机。

(2) 信息加工学习理论。信息加工学习理论是一种将消费者的学习过程与计算机的信息处理过程进行类比的理论。它认为消费者的学习过程不仅与其认知能力有关,还与所要处理的信息的复杂程度有关。例如,消费者通常会通过比较产品的质量、商标和品牌来加工产品信息。因此,消费者的认知能力越强,获得的产品信息就越多,对信息的整合加工能力也越强。

市场营销研究表明,消费者对产品广告信息的编码方式受到多种因素的影响,就像电视节目中的内容一样,有些内容需要消费者花费较多的认知资源来加工,而有些内容则需要较少的认知资源。不同的广告内容也需要不同的认知资源来加工。当消费者将过多的认知资源用于电视节目本身时,他们就会用较少的认知资源来编码和储存电视节目传递的产品广告信息。因此,将广告节目安排在轻松愉快的电视背景中会取得更好的效果。此外,男性消费者和女性消费者的编码方式也有很大的差异。女性消费者能够回忆起与社会关系主题有关的电视广告内容比男性消费者多。在有限的时间内,当消费者面对过多的产品广告信息时(信息超载),他们通常无法对所有信息进行必要的编码和储存,结果就是信息混淆,最终无法及时做出消费决策。

认知加工学习理论认为,消费者存储在记忆中的产品信息是以商标或品牌为基础的,并以与已经组织的信息相一致的方式解释新的产品信息。每年,消费者都会面对成千上万种新产品信息,他们对新信息的学习和掌握通常依赖于这些信息与他们大脑中已经组织的产品分类范畴的相似程度。

7.2　记　忆

我们的记忆(memory)是我们个人生活经历的积累,它反映了我们是谁。虽然我们的基本特征大部分是由基因决定的,但记忆让我们与众不同。我们学会走路、跳舞、开车、投球、玩视频游戏等各种技能,这些都是我们认为理所当然的习得技能;我们学会对危险情境感到恐惧,学会欣赏特定类型的音乐和艺术风格,这些都是我们个人喜好和个性构成的一部分;我们学会说话,学会理解和使用某种特定的语言;我们学习世界历史,了解我们的家族和个人经历。所有这些及更多内容构成了我们庞大而复杂的记忆,使每个人都成为独一无二的个体。因此,对记忆的分析是一种探索自我、揭示我们内在秘密的冒险之旅。

7.2.1　记忆的概念

记忆是过去经验在人脑中的反映。具体而言,它是人脑对感知事物、思考问题、练习动作及体验情感等的映像。人们感知过的事物、体验过的情感及练习过的动作都可以以映像的形式保存在大脑中,并在需要时再现出来,这个过程就是记忆。

记忆是人脑的重要功能之一,对于消费者的认知过程也起着至关重要的作用。在消费实践中,消费者所感知过的广告、使用过的商品、光顾过的商店、体验过的情感及进行过的动作等,并不会消失无踪迹,而是在大脑皮层留下了兴奋的痕迹。当引起兴奋的刺激物离开后,在一定的条件影响下,这些痕迹仍然能够重新激活,再次呈现已经消失的消费对象的形象。

记忆对于消费者的心理和行为具有极其重要的影响。通过记忆,消费者能够保存过去的经验,使当前的反应建立在以往的经验基础上,从而积累、扩大、完善或修正原有的经验。经验的逐渐积累推动了消费者心理的发展和行为的复杂化。通过记忆,消费者能够对所遇到的产品或服务做出合理的预期,形成某些联想。这些预期和联想会直接影响消费者对产品或服务效用的评价,影响消费者对产品、服务的有用性、有效性、耐用性和安全性等方面的理解,并使其能够有选择地接触所希望购买或感兴趣的产品。通过记忆,消费者的先后购买经验才能联系起来,指导其消费行为。相反,如果没有记忆的积累和形成经验,消费者将无法进行复杂的消费心理活动,甚至连最简单的消费行为也难以实现。

对于消费者来说,记忆不仅仅是能否记住的问题,更重要的是如何根据人的记忆规律,赋予消费对象鲜明的特征,将难以记忆的事物变为易于记忆的,将不便回想的事物变为便于回想的,将短时记忆转化为长久记忆,使消费者能够快速、充分且长时间地记住与产品和品牌相关的信息。

7.2.2　记忆的类型

从不同的角度,记忆可以被分为不同的类型。

1. 短时记忆

(1) 瞬时记忆。瞬时记忆也称感觉记忆,是在客观刺激停止作用后,感觉信息在一个极短的时间内保存下来而形成的记忆。它是记忆系统的开始阶段。感觉记忆的储存时间一般为 0.25～2 s。例如,你走进超市时,你可能会在特价区看到一款吸引人的商品。你可能只需要一瞥就能记住它的外观、价格和促销信息。然后,你继续逛超市的其他区域,但你的瞬时记忆会帮助你在购物过程中保持对那个特价商品的兴趣。瞬时记忆是短时记忆和长时记忆的基础。正因为瞬时记忆中输入了大量的消费信息,才使消费者有机会从中提炼出感兴趣的信息,进行进一步加工处理。

(2) 短时记忆。短时记忆是瞬时记忆和长时记忆的中间阶段,保持时间为 5 s 到 1 min。即输入的信息没有经过进一步的加工,它的容量相当有限,一般为 7±2 个单位,编码方式以语言视觉形式为主,也存在视觉和语义的编码。例如,当你在餐厅点餐时,你可以记住菜单上的不同选项,并在服务员询问你的选择时迅速回忆起来。这样,你可以根据自己的喜好和需求做出点餐决策,而不必一直依赖菜单。短时记忆也可以帮助消费者在比较商品时从记忆中提取必要的信息。

（3）工作记忆。工作记忆概念扩展了短时记忆,并详细描述了信息在被保存的几秒或几分钟内的心理过程。尽管在记忆文献中有时可以互换使用这两个术语,但在这里我们将短时记忆与工作记忆进行以下区分。工作记忆代表一种容量有限的,在短时间内保存信息(维持),并对这些信息进行心理处理(操作)的过程。工作记忆的内容可以源于感觉记忆的感觉输入,也可以从长时记忆中提取获得,并且后者是一个重要的观点。在每种情况下,工作记忆包含可被使用和加工的信息,而并不仅仅是通过复述来维持,虽然这种维持方式是工作记忆的一个方面。假设你正在购买家具,你可能会在不同的商店看到各种各样的沙发。在这个过程中,工作记忆帮助你在短时间内保存并处理关于不同沙发的信息。你可能会记住第一个商店里看到的沙发的外观、尺寸、颜色和价格。然后,当你继续前往下一个商店时,工作记忆会帮助你将这些信息与新看到的沙发进行比较。

2. 长时记忆

长时记忆是将经过充分加工的信息长期存储在大脑中的记忆形式。它可以持续保存很长时间,从几分钟到数年甚至终生,而且容量没有限制。这些记忆主要来源于对短时记忆内容的深入加工,并且也可能因为某些特别深刻的经历而一次性获得。当消费者完成购物后,他们可能会将与商品或购买过程相关的信息保留下来,并且这些信息会形成长时记忆。例如,如果你购买了一件心仪已久的电子产品,你可能会记住它的功能特点、价格、品牌等细节,并且这些记忆会在很长一段时间内保持清晰。

（1）外显记忆与内隐记忆。近年来,记忆研究取得了重要的进展,那就是将外显记忆和内隐记忆进行了区分。外显记忆是指我们有意识地回忆起过去经历的事件,使用传统的记忆方法进行记忆和重现。而内隐记忆则是一种下意识的回忆,包括对熟悉感、情绪感受或无法准确描述的刺激的回忆。内隐记忆并不需要我们有意识地去记住,它是一种直觉性的信念。消费者对于商品品牌的印象往往以内隐记忆的形式储存在大脑中。例如,消费者可能会觉得奥迪和沃尔沃是高端汽车品牌,但他们可能无法准确描述高端的具体特点。这种"高端"的概念是以内隐记忆的方式存在于消费者的脑海中。这些内隐记忆对消费者的评估、选择和购买决策产生重要影响。

（2）情景记忆与语义记忆。图尔文将长时记忆分为两类：情景记忆和语义记忆。情景记忆是指人们根据时间和空间的关系对某个事件进行记忆。这种记忆与个人的亲身经历密切相关，比如参加过的会议或游览过的名胜。由于情景记忆受到时间和空间的限制，储存的信息容易受到各种干扰因素的影响，因此记忆不够稳定且可能不够准确。服务型企业通常希望消费者形成良好的情景记忆，因为深刻记忆美好的服务情景能够促使消费者再次购买。例如，当消费者在某家餐厅用餐时，他们会形成与该场景相关的情景记忆。这种记忆可能包括餐厅的装饰风格、服务员的态度、食物的味道和品质等方面。如果消费者在这个餐厅有一个愉快的用餐体验，他们很可能会形成积极的情景记忆。当他们再次经过这家餐厅时，这些记忆可能会被唤起，激发他们再次光顾的欲望。

语义记忆是指人们对一般知识和规律的记忆，与特定的地点和时间无关。它表现在单词、符号、公式、规则和概念等形式中，比如记住化学公式、乘法规则和一年有四季等。语义记忆受到一般规则、知识、概念和词汇的限制，很少受到外界因素的干扰，因此相对稳定。利用语义记忆来传递消费信息可以加强消费者对语义的理解和记忆。例如，山西杏花村的汾酒在广告中加入了"借向酒家何处有，牧童遥指杏花村"的千古佳句；红豆服饰借用"红豆生南国，春来发几枝；愿君多采撷，此物最相思"的诗句孕育红豆品牌文化。这些诗句所蕴含的语义包含了中国传统文化的精髓，能够引起消费者的心理共鸣和深刻记忆。

记忆的类型如图 7-1 所示。

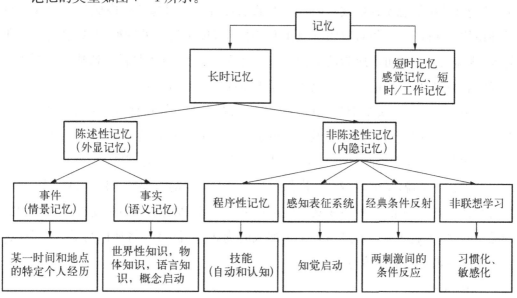

图 7-1 记忆的类型

7.3 学习、记忆与营销策略

在当今数字化、信息化的世界中,我们每天都被各种广告、产品推广和营销活动所包围。但你是否曾好奇,为什么有些广告能够让你记忆犹新,而另一些则像过眼云烟般被忽略了呢？这其中的奥秘就隐藏在消费者的学习与记忆之中。想象一下,你正在电视上看到一则广告,里面有一个滑稽的形象和一个引人入胜的故事。不知不觉间,你对这个品牌或产品的印象已经深深地植入在了你的大脑中。这种奇妙的现象并非偶然,而是消费者学习与记忆的结果。消费者的大脑就像是一个巨大的记忆宝库,不断地记录着各种信息和经历。在我们的日常生活中,我们不仅学习到了如何选择和购买产品,还会不知不觉地被各种广告和宣传活动所影响。因此,了解消费者的学习与记忆的奥秘,不仅有助于我们更好地理解消费行为,还能够为营销策略的制定提供宝贵的启示。

7.3.1 消费者学习方法

无论基于何种学习理论,消费者都是通过一定的学习方式来获得消费知识。学习消费知识的方式有很多,主要包括模仿法、试错法、反应法和认知法等。

1. 模仿法

在消费者学习消费知识的过程中,模仿是一种非常重要的学习方式。通常情况下,消费群体中的意见领袖或时尚领导者的消费行为会引起群体内成员自觉或不自觉地模仿。实际上,模仿对象的范围并不仅限于群体中的意见领袖,明星、广告、亲朋好友、普通大众等都可以成为消费者模仿的对象。例如,当消费者看到某人穿着非常时尚的衣服时,他们可能会有意识地去寻找和购买类似的服装。

模仿行为在消费决策中起着重要作用。消费者通过模仿他人的消费行为,可以获得一种参考和指导,帮助他们做出更好的购买决策。模仿也可以帮助消费者建立与他人的共鸣和联系,加强他们对特定品牌或产品的认知和忠诚度。

对于企业来说,了解消费者的模仿行为是至关重要的。他们可以通过广告、明星代言和社交媒体等渠道,塑造积极的模仿对象形象,以吸引消费者模仿并购买他们的产品。同时,企业还可以通过与意见领袖或时尚领导者合作,将他们与品牌相关联,进一步激发消费者的模仿行为。

2. 试错法

试错式学习是一种通过实践和错误来获得经验和知识的学习方式。消费者在使用商品时,往往需要通过试错来掌握正确的使用方法和技巧。这种学习方式可以帮助消费者更好地理解和掌握商品的特点和功能,提高使用效果和满意度。例如,消费者在选择适合自己的化妆品时,往往需要尝试不同的品牌、不同的产品和不同的配方。她们可能会购买一款新的化妆品,使用一段时间后评估其效果和适应性。如果发现该产品不符合自己的需求或皮肤类型,消费者会尝试其他品牌或产品,直到找到最适合自己的化妆品。

然而,试错式学习也存在一些风险和负面作用。试错可能导致消费活动的失败,例如,购买了不适合自己需求的产品或使用方法不正确而导致损坏。这些失败可能会引起消费者的不满和失望,甚至损害品牌形象和信任度。

为了减少试错带来的负面影响,企业可以采取一些措施来帮助消费者更好地使用商品。例如,提供清晰明了的使用说明,提供在线或客户服务支持,以及推出教程和培训活动等。这些措施可以帮助消费者更快地掌握正确的使用方法,减少试错的风险,提高消费者的满意度和忠诚度。

3. 反应法

反应法是指消费者通过接触外界信息或事物的刺激,产生相应的心理反应,并通过感官和体验逐步接受这些刺激。随着对新事物的重复刺激,消费者不断学习并形成新的消费知识,为新的购买行为奠定基础。

例如,当有新款手机发布时,消费者会通过接触各种渠道的信息刺激,如广告、媒体报道、社交媒体和朋友的推荐,了解到新手机的特点和功能。这些刺激引起了消费者的兴趣和好奇心,他们开始对新手机产生心理反应,想要了解更多相关信息。消费者可能会主动搜索产品评测、观看相关视频,甚至亲自去线下体验店试用新手机。通过这些感官和体验的过程,消费者逐渐接受了新手机,并形成了对其性能、外观、功能等方面的认知。随着时间的推移,消费者不断学习和积累关于新手机的知识,为最终的购买决策提供了基础。

这种反应法的过程在许多消费决策中都存在。消费者通过感知、体验和学习,逐渐接受和了解新事物,从而形成购买的决策依据。这种学习和积累的过程为消费者在不断变化的市场环境中做出明智的选择提供了帮助。

4. 认知法

认知式学习是指消费者在前人消费经验和知识的基础上,通过复杂的思维过程训练,培养分析和解决问题的能力。借助相关的知识和技能,消费者能够对接收到的消费信息进行分析、评判、选择和比较,从而制订出最佳的购买决策方案。在当今网络发达的时代,消费者可以更加方便快捷地获取大量的消费知识信息。

例如,当消费者决定购买新电视机时,他们会进行一系列的认知过程来评估各种选择,并最终做出决策。首先,消费者会收集关于不同品牌和型号的电视机的信息。他们可能会通过搜索互联网、阅读产品评论和比较不同品牌的特点和功能来获取这些信息。这些信息可以帮助消费者了解市场上可用的选项,并开始形成对不同电视机的认知。接下来,消费者会对收集到的信息进行分析和评估。他们会比较不同品牌的电视机的价格、屏幕尺寸、分辨率、功能和用户评价等因素。通过这个过程,消费者可以逐渐筛选出符合自己需求和预算的电视机选项,并形成对各种电视机的认知。在此基础上,消费者可能会进一步深入研究选定的几款电视机。他们可能会阅读更多的产品评论、观看视频评测,或者亲自去实体店体验电视机的画质和操作性能。通过这些实际体验,消费者可以更好地了解电视机的性能和使用体验,进一步加强他们对电视机的认知。最终,消费者会根据他们对不同电视机的认知,结合自己的需求和偏好,做出购买决策。他们会选择最符合自己要求的电视机,并考虑价格、品牌信誉、售后服务等因素。这个决策是基于消费者通过认知法所获得的知识和理解,并与个人的偏好和价值观相匹配。

5. 发现法

发现法是一种消费者主动积极地获取知识的方式。当消费者对某个商品感兴趣时,他们会主动寻找相关信息,并通过观察、比较和判断来获取更多的了解。消费者可能会咨询售货员,向他们提问并获取专业建议。此外,消费者也会通过观察市场上其他类似商品的表现和用户评价来做出判断。通过这个过程,消费者可以逐渐积累知识,并最终做出符合自己需求和偏好的决策。

对于较高价值的商品,消费者通常更加谨慎,他们会更加注重使用发现法进行学习。这意味着他们会花更多的时间和精力来收集信息、比较选项,并进行深入的思考和分析。而对于小商品或日常用品,消费者可能会更倾向于使用试错法,即通过试用和实践来学习。他们可能会购买一些小样或者尝试不同品牌的产品,通过实际使用来获得经验和知识。

6. 对比法

对比法是一种常用的认识事物的方法。通过简单的对比,人们可以更直观地了解事物的不同之处。在消费活动中,消费者也常常使用对比法来做出选择。这种对比可以包括消费的对象、方式、时间、地点等方面,也可以涉及消费观念等方面的对比。每一次具体的对比选择过程中,决定比较结果的因素可能看似孤立,但通过适当的消费需求调查和分析,仍然可以找到一定的统计规律。对比消费对象在消费者的消费行为中具有重要的意义,因为对比的结果直接决定着消费者的消费选择和购买决策。

因此,在竞争激烈的市场环境中,如何使自己的产品或服务在消费者的对比中脱颖而出,成为企业经营中的一个重点。企业需要通过了解消费者的需求和偏好,与竞争对手进行比较,找到自身的优势和差异化点。这可以包括产品的特点、质量、价格、品牌声誉、售后服务等方面的对比。通过与竞争对手的对比,企业可以更好地了解市场需求,优化产品或服务,提高竞争力。此外,企业还可以通过市场营销和品牌推广等手段,使自己的产品或服务在消费者的对比中更加突出,吸引消费者的注意并获得购买决策。

7.3.2　消费者学习效果

由于消费者通过学习之后可以改变自身的某些行为方式,而这些行为方式的改变对于企业经营及商品销售具有直接意义,所以研究学习之后的效果是相当重要的一个问题。一般来说,学习之后对于原来的改变有以下四种效果。

(1) 加强型学习。通过一段时间的学习之后,加强了原来的行为,加强了行为的频率等,都属于加强型的学习效果。

(2) 稳定型学习。由于学习消费某种商品或某一类型的商品之后,逐渐形成了一定的消费需要或消费习惯,并且这种行为方式逐渐地被稳定下来。比如,习惯抽烟的消费者购买香烟的直接动机不是因为兴趣、炫耀或新奇,而是出于习惯的需要。

(3) 无效型学习。即不管怎样学习,都未改变消费者原先对待这种商品的行为方式,学习之后没有相应的效果。出现这种情况的原因可能是消费者长期没有这一方面的需要。

(4) 削弱型学习。由于接收了商品的信息,了解到企业的某些特点,从而削弱了原来的行为方式,或将原来的行为方式转变为另一种行为方式。

7.3.3　消费者品牌记忆

想象一个怀念家乡的广告,它通过触发消费者的美好回忆,让他们回想起过去的美好时光。这些回忆可能与他们在学校的老师有关,或者是一次温馨的旅行。无论是什么,广告的目的是激发消费者记住这些美好时刻。与这些美好时刻相关联的积极情绪可能会转移到广告宣传的产品上。在某些情况下,品牌的广告宣传可以重点强调激发消费者对过去消费的美好体验的记忆。通过这种方式,公司希望消费者记住过去的消费经历,从而为未来的购买打下基础。

广告是塑造品牌形象的重要手段。在品牌认知效果研究中,与广告有关的认知指标包括广告认知度(消费者对广告内容的认知)和广告美誉度(对广告是否满意的情绪反应)。品牌塑造经常使用形象代言人,形象代言人的社会声誉和行为品德对品牌认知有一定的影响,品牌认知也包括消费者对形象代言人的认知

认知心理学提出了不同的模型来解释人类记忆的问题,其中扩散激活说对于解释消费者的品牌记忆具有参考意义。这种理论认为,人类记忆的知识是由节点和节点之间的连线构成的网络系统。每个节点代表一个概念或事物,连线代表节点之间的关系。两个节点之间的连线越多,它们之间的联系就越紧密。节点可以被激活,激活程度和速度取决于输入概念刺激与节点之间的心理距离。心理距离越近,激活程度越大、速度越快;反之则较慢。

7.3.4　营销中的记忆策略

营销中的记忆策略是为了提升品牌知名度而采取的一系列方法。以下是其中四种常见的策略:

(1) 重复策略。通过不断重复展示品牌信息,如整齐摆放的商品包装、频繁出现的广告、不断弹出的网络广告及电视节目中间播放的广告,增强消费者对品牌的记忆。例如,假设有一家汽车品牌正在推出一款新车型。他们会在电视上播放一系列的广告,展示这款新车的特点和优势。这些广告可能会在不同的时间段、不同的频道及重要的节目中播放,比如晚间新闻、体育赛事等。通过不断重复播放这些广告,消费者在日常生活中会频繁地接触到这个品牌的信息,从而增加对该品牌的记忆和认知。

(2) 联想策略。通过联想的心理活动,将一个事物与另一个事物联系在一起,从而加深消费者对品牌的记忆。例如,戴比尔斯钻石的广告语"钻石恒久远,一颗永流传"将钻石的属性与消费者对美好时光的愿望联系在一起,使消费者对品牌名称产生深刻的记忆。

(3) 情感策略。积极的情绪能够促使消费者形成良好的记忆印象,并且这种记忆保持的时间较长。例如,消费者在商店享受了热情的服务,售货员微笑的场景会留在记忆中,加强对品牌的记忆效果。相反,消费者遭遇消极的情绪,如气愤或屈辱,会加强对负面印象的记忆,甚至长期避免与相关经营单位打交道。

(4) 防止记忆极限。在营销中,应尽量控制传播信息在记忆的极限范围内。在广告和网页设计中,应遵循记忆心理的极限范围。如果超过了极限范围,关键信息之间会相互干扰,传播效果会降低。尤其是在观看时间较短的电视广告、电影广告、广播广告中,必须将关键信息控制在7~8个单位以内,以便消费者在短时间内形成瞬

时记忆。

这些记忆策略在营销中被广泛应用，旨在提升品牌知名度，并使消费者对品牌产生深刻的记忆印象。

7.4　记忆的神经科学机制

童年时期，H.M.患上了一种难以治愈的癫痫症，并在他青年时期开始逐渐恶化。然而，他却能够顺利完成高中课程，此后他在一家工厂给电动机绕线。为了控制他的病情，多年来 H.M.的医生们采用各种药物尽力降低他的癫痫抽搐发作。尽管这些药物对某些人群有效，但很遗憾，它们大多对 H.M.不起作用。

在那时，神经病学家认为许多癫痫性抽搐源于大脑的内侧颞叶并从那里扩散至其他脑区，导致剧烈的抽搐甚至通常会失去意识。同时，人们越来越明确，可以采用手术切除导致抽搐产生的脑区（"抽搐中心"）来治疗病症病人。针对 H.M.的情况，医生决定将其双侧内侧颞叶切除。

当 H.M.从主要的神经外科手术中复原后，他的癫痫症确实有所改善。事实上，这种改善让他减少了服用癫痫病症药物的量。如果从如此高风险的大脑手术后的成功存活率及对其癫痫症状的改善两方面来看，手术是成功的。但是，医生、家人和朋友很快意识到 H.M.面临着新的问题。例如，H.M.无法记起与某人见过面，即使在几分钟之前他才和他们交谈过而他们仅仅是其后离开房间很短的时间就回来。H.M.产生了严重的遗忘症，即一种严重的记忆障碍综合征。然而，H.M.所患的并不是电视或电影里常表现的那种失忆症，即完全丧失对个人往事的记忆事实上，H.M 知道他自己是谁，并且记得直至手术不久前所发生的各种事情。研究他的医生和科学家们很快发现问题所在：H.M 无法形成新的长时记忆。

记忆对于我们的学习、决策、个人身份和社交关系至关重要。它是我们思考、理解和与世界互动的基础。

7.4.1　工作记忆神经机制

工作记忆是一种短暂的信息存储系统，用于处理与当前任务相关的信息。它通常表现为对感觉输入（例如视觉或听觉刺激）的持续激活，以供当前的认知加工使用。例如，你需要计算一个较复杂的数学问题，其中包含多个步骤和中间结果。在这个过程中，你需要将问题的各个部分记在脑海中，并不断地更新和操作这些信息，直到最终得出答案。这个过程中,你需要使用工作记忆来保持问题的各个方面在意识中,并在计算过程中进行必要的操作和转换。工作记忆的神经机制是一个纷繁复杂的领域,其研究涉及大脑中多个关键区域的相互协作。在深入探讨这一认知过程的神经基础时,我们不得不着眼于前额叶皮层、顶叶皮层以及杏仁核等重要脑区的作用。

前额叶皮层被视为工作记忆执行的中枢,它承担着存储和处理信息的任务。前额叶皮层的活跃与工作记忆表现息息相关,特别是在注意力控制、任务规划和执行方面有着显著影响。早期的电生理研究首次揭示了工作记忆的神经机制,研究人员发现猴脑中的中央沟与人类的前额叶相对应。当猴的中央沟受到损伤时,它们完成工作记忆任务的能力将受到明显影响[1]。同时,顶叶皮层在空间加工、感知运动信息和视觉空间导向等方面发挥着重要作用。顶叶皮层与前额叶皮层之间的神经网络对工作记忆的执行起到了关键调节作用,有助于信息的持续维持和高效处理。不可忽视的是,杏仁核作为情绪加工的核心结构之一,也参与调节情绪对工作记忆的影响。情绪状态的变化会影响个体对信息的注意力分配和加工深度,从而影响工作记忆任务的表现。最近的研究利用脑电技术对消费者在叙事视频中的反应进行了分析[2],发现决策行为通常与额叶脑系统的激活有关,脑电技术可以对这些系统进行监测。更具体地说,他们使用了两种脑电技术:全局场功率(GFP)分析和低分辨率脑电磁断层扫描(LORETA)分析。GFP 分析允许研究人员通过测量额叶 α 和 θ 的变化来实时研究认知过程的动态变化。更具体地说,GFP 是一种允许在视频放映期间跟踪注意力,工作记忆和情绪测量的实时变化的方法。LORETA 分析可以识别大脑区域的激活[3]。LORETA 分析可以根据 β 脑电图变化确定在视频放映过程中的特定时间点大脑的特定 Brodmann 区域[4]。这些研究结果共同揭示了工作记忆神经机制的多样性和复杂性,为我们理解认知过程提供了深刻的启示。

7.4.2 外显记忆与内隐记忆神经机制

当我们谈论记忆时,可以将其分为两种主要类型:外显记忆和内隐记忆。这两种记忆类型在神经机制上有着截然不同的特点,对我们理解记忆形成和存储的方式具有重要启示。

近年来的研究发现进一步支持了外显记忆发展的过程和神经基础。通过使用神经影像学技术如功能性磁共振成像(fMRI)和脑电图(EEG),研究人员能够更加深入地了解外显记忆在大脑中的具体机制和发展轨迹。一些研究关注了海马体和相关皮层区域的活动模式。通过 fMRI 研究发现,当个体进行记忆任务时,海马体和额叶皮层的活跃度明显增加,这表明它们在记忆编码和检索中扮演着重要角色。此外,一些长期追踪研究发现,在婴儿接近 1 岁的时候,他们的外显记忆系统中的结构开始发展得更加精细化。特别是颞下皮层和顶叶皮层与海马之间的连接变得更加强大。这种发展使得婴儿在面对高负荷的记忆任务时能够表现得更加准确,并且能够更长时间地维持记忆。此外,随着婴儿逐渐成长,前额叶皮层也开始逐步发育。这使得他们能够记住事件发生的顺序,并在童年时期发展出一系列的记忆策略。最终,他们会形成类似成人的记忆系统,这种记忆系统通常在儿童到青春期之前初步形成。

另一方面,内隐记忆是一种无需意识参与和难以表达的记忆形式,例如习得技能或条件反射。内隐记忆是一种具有进化特征的"早期"记忆系统,主导着婴儿 2 岁之前的记忆能力。与外显记忆不同,内隐记忆的发展时间进程相对较少被研究。在过去的研究中,已经发现内隐记忆在特定情境下可能比外显记忆更为稳固和持久。例如,通过条件反射实验,研究人员发现,即使在忘记外显记忆内容的情况下,内隐记忆仍然可以保持并影响个体的行为反应。这表明内隐记忆对于个体的行为和动作习得至关重要。此外,神经影像学研究揭示了内隐记忆在大脑中的神经机制。通过功能性磁共振成像(fMRI),研究人员发现,内隐记忆任务会激活大脑的特定区域,如基底核和小脑,这些区域与运动控制和条件反射相关联。这些发现支持了内隐记忆在大脑中的独特定位和作用。另外,内隐记忆也在情绪调节和情感加工中发挥着重要作用。研究发现,通过潜意识的内隐记忆触发,可以改变个体对于特定情感的认知和情绪体验。这对于情绪疾病的研究和治疗具有一定的启示意义值得注意的是,大多数内隐记忆任务都需要被试理解语言指导,并能够对刺激进行动作反应,因此对行为反应指标如正确率和反应时等有一定要求。近期的研究采用了事件相关电位技术,模拟了酒店在线预订的情境,并设计了实验任务来引发被试的积极和消极的消费情绪[6],从内隐记忆和外显记忆的角度探索旅游消费情绪与个体记忆之间的关系。这些研究不仅丰富了我们对内隐记忆的认识,也为内隐记忆在现实生活中的应用提供了有益的启示。

7.4.3　情景记忆与语义记忆神经机制

情景记忆与语义记忆的神经机制一直是认知神经科学研究的热门话题,众多以往的研究对这一领域做出了重要贡献。早期功能磁共振成像(fMRI)等技术揭示了大脑在情景记忆和语义记忆处理过程中的活动模式。例如,研究人员发现,情景记忆相关的大脑区域为颞叶中部和颞极区,以及前额叶背皮质[7][8]这些区域与个人事件的回忆、环境场景的记忆以及情境信息的整合有关。

另外,有研究认为海马体和内侧颞叶的激活与情景记忆和语义记忆都有关。玛科维奇(Markowitsch)认为,对过去个人事件的回忆依赖于由腹外侧前额叶和颞极皮层组成的右侧网络,而后部区域存储多模态表征,即视觉图像、声音、气味和其他与生活经历相关的感官成分[9]。这些情景记忆和语义记忆存储系统不是孤立运行的,而是在某些信息处理任务中相互作用。对情景记忆和语义记忆的现有研究已经假设情景记忆经验有助于语义记忆的内容和组织。这种情况已经通过实验室记忆测试,使用记忆/知识范式来访问现实生活中的记忆。被试对名人做出 R/K 判断,其中 R(反应)对应与特定情景记忆相关的名人,K(知识)对应被试对名人只有语义信息而没有任何个人意义。结果证明,情景记忆影响了长期语义记忆对知识的表征和获取方式[10]。因此,情景记忆可能被预测为语义记忆的先决条件。

对记忆的研究一直是心理学和消费者行为的一个持续关注的话题,尽管不同记忆系统的区别和行为含义在消费者研究中没有得到充分的体现。拉特纳亚克(Ratnayake)等学者确定了在消费者研究中区分情景记忆和语义记忆的重要性,提供了品牌如何在情景记忆/语义记忆中表示的概念化,并调查了品牌相关情景记忆和品牌相关语义记忆的神经相关性[11]。总的来说,这些以往研究为我们提供了深入探讨情景记忆与语义记忆神经机制的视角,丰富了我们对认知功能和大脑记忆系统运作的认识。然而,仍然需要进一步的研究来揭示这些记忆类型之间的复杂关系,以及它们在认知加工和行为表现中的细微差异。

7.5 未来展望

随着神经科学的发展,我们可以更深入地了解消费者学习和记忆的神经基础,从而改进市场营销和消费者体验。

首先,神经科学的研究可以帮助我们了解消费者学习的过程。通过研究大脑中的神经回路和突触连接,我们可以了解不同类型的学习(如条件反射和认知学习)是如何在大脑中进行的。这将有助于我们更好地理解消费者对品牌、产品和广告的学习过程,以及他们如何形成购买偏好和决策模式。

其次,神经科学的研究还可以帮助我们了解消费者记忆的形成和激活机制。通过研究记忆的神经基础,我们可以了解不同类型的记忆是如何在大脑中存储和检索的。这将有助于我们更好地理解消费者对品牌、产品和广告的记忆,以及如何通过刺激记忆来影响消费者的购买行为。

此外,神经科学的进展还可以为个性化营销和消费者行为预测提供更多机会。

通过分析大脑活动和生理指标,我们可以更准确地了解消费者的学习和记忆过程。这将帮助企业更好地了解消费者的需求和偏好,并提供更具个性化的产品和服务。

总的来说,通过深入研究大脑活动和神经回路,为与消费者学习与记忆相关的市场营销提供了新的研究和应用方向。通过将神经科学的研究成果应用于消费者行为和市场营销的实践中,可以提高市场营销的效果,满足消费者的需求,实现双赢的局面。

7.6　小　结

本章主要探讨了消费者学习与记忆的相关性,并介绍了神经科学在这一领域的应用。首先,我们分别从学习与记忆两个方面对其基本概念进行了阐释。接着,基于上述的概念,我们进一步探讨了消费者的学习与记忆,了解消费者学习方法、学习效果,以及消费者品牌记忆。最后,神经科学的研究揭示了消费者学习与记忆的神经基础。通过研究大脑中的神经回路、突触连接和神经递质等,我们可以更好地理解学习和记忆的机制。神经科学的应用可以提供更深入的消费者洞察和个性化营销机会。通过分析大脑活动和生理指标,我们可以了解消费者的学习和记忆过程,从而更好地满足其需求和偏好。

总的来说,消费者学习与记忆是消费行为的重要组成部分,而神经科学的研究为我们提供了更深入地了解这一过程的机会。通过应用神经科学的知识,我们可以更好地理解消费者的学习和记忆机制,并提供更个性化的营销和消费者体验。

思考题

(1) 在数字化时代,消费者学习和记忆的方式是否发生了变化?

(2) 消费者在购买决策中如何利用他们的记忆?

(3) 大脑中的哪些区域和神经回路与消费者的记忆相关?

(4) 如何利用神经科学的研究成果来设计更有效的广告和宣传策略,以促进消费者的学习和记忆?

参考文献

[1] Bauer R H, Fuster J M. Delayed-matching and delayed-response deficit from cooling dorsolateral prefrontal cortex in monkeys [J]. Journal of Comparative and

Physiological Psychology，1976，90(3)：293.

［2］Gordon R，Ciorciari J，van Laer T. Using EEG to examine the role of attention，working memory，emotion，and imagination in narrative transportation［J］. European Journal of Marketing，2018，52(1/2)：92－117.

［3］Pascual-Marqui R D. Standardized low-resolution brain electromagnetic tomography (sLORETA)：technical details［J］. Methods & Findings in Experimental and Clinical Psychology，2002，24(4)：5－12.

［4］Cook I A，Warren C，Pajot S K，et al. Regional brain activation with advertising images［J］. Journal of Neuroscience，Psychology，and Economics，2011，4(3)：147－160.

［5］Berends H I，Wolkorte R，Ijzerman M J，et al. Differential cortical activation during observation and observation-and-imagination［J］. Experimental Brain Research，2013，229(3)：337－345.

［6］李丹.旅游消费情绪对记忆影响的 ERP 研究［D］.泉州：华侨大学，2020.

［7］Maguire E A，Vargha-Khadem F，Mishkin M. The effects of bilateral hippocampal damage on fMRI regional activations and interactions during memory retrieval［J］. Brain，2001，124(6)：1156－1170.

［8］Steinvorth S，Corkin S，Halgren E. Ecphory of autobiographical memories：An fMRI study of recent and remote memory retrieval［J］. Neuroimage，2006，30(1)：285－298.

［9］Markowitsch H J. Differential contribution of the right and left amygdale to affective information processing［J］. Behavioural Neurology，1998，11：1－11.

［10］Westmacott R，Moscovitch M. The contribution of autobiographical significance to semantic memory［J］. Memory & Cognition，2003，31(5)：761－774.

［11］Ratnayake N，Broderick A J，Mitchell R L C. A neurocognitive approach to brand memory［J］. Journal of Marketing Management，2010，26(13－14)：1295－1318.

［12］Fink G R，Markowitsch H J，Reinkemeier M，et al. Cerebral representation of one's own past：Neural networks involved in autobiographical memory［J］. Journal of Neuroscience，1996，16(13)：4275－4282.

第 8 章
群体与社会影响

8.1　消费群体概述

一般来说,去餐馆吃饭,我们经常会选择顾客很多的餐厅,即使需要等待很久,我们还是愿意在那里吃饭,因为大家都会认为门店外排队长的肯定好吃。在淘宝上买东西时,你可能会习惯性的按销量排行,会产生一种"这家销量多、好评也多,这么多人的选择应该信得过"这样的心理。在某位带货主播的直播间,你看到别人购买了产品,你也忍不住下单购买,等等。我们生活在群体中,行为往往会受到他人影响,甚至会根据周围人的反应做出相应的反应。

举个例子,一加手机是由前OPPO副总经理创立的一个手机品牌,相对来说比较小众,大多数人可能都没听说过它。在国内,一加手机的品牌知名度和销量可以说是相当低的,甚至在所有手机品牌中的排名中,前30名都没有一加的地位。然而,尽管如此,一加手机在文案的设计上却巧妙地运用了从众心理,获得了消费者的青睐。首先,一加手机的营销人员巧妙地回避了品牌知名度和销量低的问题,在广告文案中特意强调了手机拥有超高的好评率。他们选择在广告中强调用户对产品的好评,绝不提及低销量或者知名度不高的问题。这种策略旨在引起消费者的共鸣,并建立对产品质量的信任。其次,一加手机在商品详情页的文案中避开国内市场,而是着重强调手机在全球各地的销售情况。他们将注意力集中在全球各地粉丝如何在抢购活动中排队等候的场景,并展示了他们在全球各大城市抢购的现场图片。通过这种方式,一加手机试图通过群体认同的力量来影响消费者的购买决策,让消费者产生对产品的渴望和认同感。总而言之,消费者倾向于向多数人看齐。换句话说,当消费者看到与自己所属群体一致并得到认可的文案时,他们更容易产生共鸣并建立信任。本章将重点探讨群体对消费决策的影响,并从认知神经科学的角度解释群体影响的神经机制。通过了解群体对消费行为的影响,消费者可以更加明智地做出购买决策,同时企业也能够更好地运用群体影响力来提升产品的销量和推广效果。

8.1.1　消费群体特征

人们总是生活在一定的社会群体中。两千多年前,古希腊哲学家亚里士多德曾说,人类是天生社会性动物,人类天然生活在社会关系中,人与人之间需要相互沟通、相互协作,人不能作为个体单独存在。那么,人与人之间是如何建立关系,而这些社会关系又是如何影响我们?

群体是指由两个以上的人所组成的相互依存、相互作用的有机组合体。群体是社会协作的产物,它是一种极为普遍的社会现象。社会群体的内涵有广义和狭义之分。广义的社会群体,泛指一切通过持续的社会互动或社会关系结合起来进行共同活动,并有着共同利益的人类集合体;狭义的社会群体,指由持续的直接的交往而联系起来的具有共同利益的人群。群体中的个体可以通过共同的价值观、兴趣爱好、职业等相互联系和互动,形成一种相对稳定的社会结构。群体既可以是小范围的,如家庭、朋友圈等;也可以是大范围的,如社区、民族、国家等。群体的形成和发展对个体的行为和思维产生影响,同时也受到个体行为和思维的影响。

从消费行为的角度分析,研究群体影响是非常重要的。消费者群体的概念是从社会群体的概念中延伸出来的。消费者群体是指在市场经济中具有一定共同特征和需求的消费者集合。消费者群体可以根据不同的分类标准进行划分,例如年龄、性别、收入水平、地理位置、购物兴趣、工作性质等。

消费者群体的形成通常是消费者内在因素与外部因素共同作用的结果。一方面,消费者因其自身生理、心理特点的不同,形成不同的消费者群体。例如,由于性别的差异,形成男性消费者群和女性消费者群;由于个性特征及价值观念的差异,形成开放型、保守型、享受型、节俭型等消费者群。各个群体之间在消费需求、消费心理、购买行为等方面具有不同程度的差异,而在本群体内部对某种产品或服务具有相似的需求和偏好。另一方面,不同消费者群体的形成,还受到一系列外部因素的影响,例如生产力发展水平、文化背景、民族、宗教信仰、地理气候条件等,它们对于不同消费者群体的形成具有重要作用。

在不同的时间和情境下,人们的消费行为常常呈现出群体性的特点。这可以从多个角度进行分析和解读。首先,不同时间背景下的特殊事件会激发人们的群体消费行为。世界杯是一个典型的例子,其中球迷会因为对某个国家队的支持而表现出强烈的集体行为。当阿根廷队踢球时,阿根廷球迷会加入相关俱乐部,并购买印有球星头像的球衣、旗帜等周边产品,以展示自己对球队的支持和热爱。这种群体性消费行为不仅满足了球迷们对球队的认同感和归属感的需求,同时也刺激了相关周边商品的销售量和销售额的增长。其次,特定阶段性的生活事件也会导致人们产生群体性的消费行为。例如,大学毕业对于毕业生们来说意味着一个新的阶段的开始,因此很多同学会计划着一起毕业旅行,这种集体性的活动不仅能够强化同学之间的情感纽带,还为旅游行业提供了巨大的商机。此外,好朋友之间对某个品牌有相似的着装偏好也是一种群体性消费行为的体现。朋友们在形成深厚友谊的同时,也形成了一种共同的品味和风格,他们会希望通过相似的着装来展示自己的友谊和团队精神。

消费者群体的划分对企业的市场定位和营销策略非常重要,不同的消费者群体对产品和服务的需求和购买行为可能存在差异,企业需要根据不同群体的特点来制订针对性的营销策略,以提高他们的市场竞争力。

8.1.2　消费群体分类

消费者群体的划分标准可以根据不同的特征和行为习惯进行。目前,一些常见的划分标准包括性别、年龄、心理等因素。

1. 性别

根据性别的不同,可以将消费者划分为男性和女性群体。他们在消费习惯、购买决策和品牌偏好等方面可能存在差异。在我们的意识里,很多消费品领域一直都是女性的专属,而如今随着消费的不断升级,人们生活品质的不断提高,男性在很多意想不到的领域越来越活跃,比如护肤和服装领域。另外,相较于感性冲动的女性消费,男性消费者也表现出更加注重品质、对品牌也具有较高的忠诚度的特点。虽然男性消费频次低,但消费项目单价较高。以奢侈品为例,根据美国《福布斯》杂志最新评出的全球最值钱的 50 大品牌排行榜里,"男性专属"品牌就占了将近 10 个名额,而其他以男性为主要消费群体的品牌更有 32 个之多。

2. 年龄

根据年龄的不同,不同年龄层的消费群体"画像"是迥然各异。我们经常见到很多品牌把自己的目标消费人群定位到 18～25 岁。18～25 岁主流人群,这个群体的特征是高学历、高敏感度(指信息的整合能力和对新事物的接受能力强)、高消费潜力(指今后的消费潜力高)。他们不仅是众多产品和服务所瞄准的目标消费群体,还是诸多新产品、新服务的早期消费者,在消费的传播链条中具有相当的影响力。

此外,许多企业同时采用性别和年龄相结合的方式,对消费者群体进行细分。

针对男性消费者群体,我们可以按照年龄对其进行分类:

（1）青年男性消费者群体：通常指年龄在 18～30 岁之间的年轻男性，他们注重时尚和个性，喜欢追求新潮的产品和技术。消费偏好为电子产品、服装、运动器材等。

（2）中年男性消费者群体：年龄在 30～50 岁之间的中年男性，他们注重家庭和事业，消费偏好主要集中在房产、汽车、家庭装修等耐用品和高质量的生活品牌。

（3）老年男性消费者群体：年龄在 50 岁以上的老年男性，他们对舒适和健康的需求较强。消费偏好主要在健康保健产品、养老服务、旅行等。

针对女性消费者群体，也可以按照上述的年龄划分进行分类：

（4）青年女性消费者群体：年龄在 18～30 岁之间的年轻女性，她们热衷于追求时尚和美丽，消费偏好主要包括时尚服装、化妆品、美容美发等。

（5）中年女性消费者群体：年龄在 30～50 岁之间的中年女性，她们注重事业和家庭，消费偏好集中在家具、家居用品、家庭电器等。

（6）老年女性消费者群体：年龄在 50 岁以上的老年女性，她们对保健和养生的需求较高。消费偏好涵盖保健品、健身器材、旅游等。

不同年龄段和性别的消费者群体在消费偏好、购买力、消费习惯等方面都有差异，因此，掌握不同消费群体的特点对企业的市场营销策略有着重要的指导意义。

3. 心理因素

消费者的购买行为是一个复杂且多方面的主观决策过程，其中心理因素起着重要的作用。心理因素包括了消费者所处的社会阶层、生活方式及个性特征。在现实生活中，尽管许多消费者在年龄、性别、职业、收入等方面具有相似的条件，但他们所表现出来的购买行为却千差万别。这种差异往往是由于心理因素的差异造成的。作为划分消费者群体的依据，心理因素主要包括方式、个性、购买动机、价值取向，以及对商品供求局势和销售方式的感应程度等变量。

首先，消费者的方式对于购买行为起着重要影响。消费者的方式可以是理性方式，也可以是感性方式。理性方式的消费者注重理性思考和分析，他们会仔细比较产品的性能、价值和价格等，并在做出决策前进行充分的研究和考虑。而感性方式的消费者更加注重情感和直觉，他们会受到广告、口碑和品牌形象等外部因素的影响，更加注重产品的形象和情感价值。其次，个性也是划分消费者群体的重要变量之一。每个人都有不同的个性特征，比如有些人偏好冒险和刺激，而另一些人则更喜欢稳定和安全。消费者的个性会影响他们在购买决策中所偏好的产品类型、品牌和功能等。

其次，购买动机也是划分消费者群体的重要因素。不同消费者的购买动机不同，有些人购买商品是为了满足基本生活需求，而另一些人则是为了追求社交地位或满足自我表达的需要。消费者的购买动机可以帮助企业根据不同群体的需求来定位和推出适合的产品。另外,价值取向也是划分消费者群体的一个重要维度。消费者对于价值的看重程度不同,有些人更注重品质和服务,而另一些人则更注重价格和性价比。了解消费者的价值取向可以帮助企业定位和推出符合其期望的产品和服务,满足消费者的需求。

最后,消费者对商品供求局势和销售方式的感应程度也可以作为划分消费者群体的依据。有些消费者对市场变化和销售活动比较敏感,他们会根据商品的供求情况和销售方式做出购买决策。而另一些消费者则比较保守,更加注重商品本身的品质和功能。

总之,心理因素在消费者的购买行为中起着重要的作用。了解消费者所处的社会阶层、生活方式,以及个性特征对企业制订市场营销策略至关重要。通过划分消费者群体并了解其方式、个性、购买动机、价值取向及对商品供求局势和销售方式的感应程度等变量,企业可以更加准确地识别目标消费者群体,满足其需求,提供更加个性化的产品和服务,从而获得竞争优势。

值得注意的是,消费群体的形成是一个动态的过程,受到多种因素的影响。经济状况、社会和文化因素、技术进步,以及市场竞争和营销策略都会对消费群体的形成产生影响。这些因素对于企业制订市场策略和满足消费者需求非常重要。

8.1.3　消费者的个体与群体身份

在阿迪达斯产品的一则广告中,几个穿着奇装异服的人说着"太粉了、太粗放、太放肆、太浮夸、太假、太快、太呆……"等一系列排比的词语,最后陈奕迅讲道:"太不巧,这就是我。"这则"我就是我"的广告,倡导年轻人追求自我的个性特征,也塑造了阿迪达斯追求自我的品牌定位,其目标人群则是追求自我的年轻人。

尽管这些营销传播倡导的是消费者的个性、自我,但是不难发现,这些"个性"的自我构成了特定的小众群体。具有这种个性特征的消费者通过消费与该个性特征相关的产品来建构自己的群体身份。同时,个体的价值观、消费决策也会受到群体的作用。因此,消费者既具有个体的身份,又有作为群体成员的特征。

消费者的个体身份和群体身份都在购买决策中发挥着重要的作用。个体身份指的是消费者在购买商品或服务时所展现出来的个人特征和需求。每个人都有自己独特的喜好、价值观和消费习惯,这些因素会影响他们的购买决策。例如,一个人可能更注重产品的品质和功能,而另一个人可能更注重产品的价格和促销活动。个体身份在一定程度上反映了消费者的个人偏好和需求。群体身份则是指消费者所属的社会群体或群体身份对其购买行为的影响。群体身份通常与特定的价值观、文化背景和社会认同相关联。例如,某些消费者可能会因为身份认同而选择购买特定品牌的产品,或者因为与特定群体的关系而选择特定类型的消费行为。

一个消费者可能同时属于多个不同的群体并具有多重的群体身份。然而,哪个群体或群体身份对消费者的自我评价和决策产生影响呢?根据 Goodman(1974)的理论,群体对于个体自我评价和决策的影响可以从可获得性和相关性两个维度进行衡量[1]。首先,可获得性是指个体能否充分接触、了解群体中其他成员的相关信息。如果一个消费者身处北京,他与许多北京人接触并了解他们的消费习惯和偏好,那么作为一个北京人这个群体对他的影响就会相对较大。相反,如果一个北京人生活在纽约,他与北京人的接触和了解可能会相对较少,因此北京人这个群体对他的影响就会相对较小。其次,相关性衡量的是参照对象与个体之间的可比较程度,包括价值观、生活方式的可比较程度,以及社会结构和人口特征的可比较程度。如果一个消费者在价值观、生活方式和兴趣爱好上与某个群体的其他成员存在较高的相似性,那么该群体对他的影响会更加显著。例如,如果一个消费者在追求环保和可持续发展方面与某个环保主义者群体具有较高的相关性,那么该群体对他的购买决策和品牌好感度会产生较大的影响。

然而,消费者的群体影响不仅仅局限于可获得性和相关性。其他因素,如个体的自我认同和群体认同程度,也会对群体影响产生影响。个体的自我评价和决策会受到自身对某个群体的认同程度的影响。如果一个消费者对某个特定群体具有强烈的认同感,他很可能会以该群体的价值观和行为规范为指导,并在购买决策中考虑该群体的喜好和意见。因此,在市场营销策略的制订过程中,考虑到消费者的群体身份和群体影响对于成功达成消费者的自我评价和决策至关重要。

个体身份和群体身份在消费行为中相互作用。个体身份会受到群体身份的影响,而群体身份也会受到个体身份的塑造。消费者在购买决策中既考虑个人需求,也会考虑社会认同和所属群体的影响。因此,了解消费者的个体身份和群体身份对于企业制订市场策略和推广活动都非常重要。

8.2　群体与消费行为

8.2.1　参照群体对消费行为的影响

近年来,随着电商平台的不断发展,我们的生活和购物方式发生了很大的变化,越来越多的人选择网上购物。然而,由于网络中产品纷繁复杂,我们无法真实地看到、触摸到产品,我们习惯了查看销量和他人评价:销量高、好评多的产品应该更好。近年来,随着直播带货的快速发展,人们的消费行为经常会受到网红、关键意见领袖的影响。"oh my god,买它买它"作为李佳琦的代名词,直播卖货击败马云,申请了吉尼斯纪录。可见,我们的购物决策经常会参照群体的建议和消费行为。

1. 参照群体的概念

参照群体是指与个体看法、愿望和行为有着重要关联的真实或想象的他人或群体。这个群体可以是个体所属的社会群体,也可以是个体所崇拜或认同的个人。参照群体对个体的决策过程和行为有着重要的影响。主要表现为信息、功能和价值表达三个方面。

个体在做出决策时会考虑参照群体的意见、期望和行为。这是因为参照群体代表了个体所希望获得认同和接受的社会标准。个体会通过观察参照群体的行为和态度来判断自己的决策是否符合社会期望,并在一定程度上受到其影响。

参照群体可以是家人、朋友、同事、偶像或其他社会群体。个体可能会在购买决策、价值观选择、社交行为等方面参考这些群体的意见和行为。例如,一个人可能会在购买时参考朋友的推荐或家人的意见,或者受到某位名人的影响而改变自己的行为。

了解个体的参照群体对于市场营销和广告策略非常重要。通过了解目标消费者所关注的参照群体,企业可以更好地定位自己的产品或服务,并设计相关的营销活动来吸引目标消费者的注意力。

2. 参照群体的相关理论

诉求群体的典型形式可以划分为三种:从众、依从和服从。

(1) 从众:是指个人的观念和行为由于群体直接或隐含的引导或压力向与多数人相一致的方向变化的现象。从众行为的本质是个体受到某种社会影响力的作用之后,所产生的一种适应性行为反应。

消费者在日常生活中经常会遇到如下的场景,当某个时尚潮流出现时,大量的消费者跟风购买相关的服装或配饰。这种情况下,一些消费者往往会因为其他人都在追求某种时尚而产生"我也要跟上潮流"的心理,最终导致他们做出与自身需求可能不完全相符的购买决策。例如,当一种特定品牌或款式的手提袋成为热门时,无论其价格是否合适、是否符合消费者实际需求,许多人仍然会纷纷购买,以求与他人保持同步或展示自己的社交地位。上述这种消费者从众行为在市场经济中很常见,消费者追随主流趋势进行消费选择的行为可能基于认同需求、社交心理或对品牌形象等因素。

（2）依从：是指个人因为他人的期望压力而接受他人的请求，行为符合他人期望的现象。这个概念是指在购买商品或接受服务时，消费者对商家的建议、规定或要求进行遵守和配合的行为。消费者依从可以体现在多个方面，比如遵守产品使用说明、遵守服务协议、遵守价格规定等。消费者依从有助于维护交易的公平性和商家的权益，也是消费者获得满意购物体验的基础。

（3）服从：是指个体或群体在权威命令之下，迫于直接的或规范的压力而做出命令指定行为的现象。这一概念是指消费者主动接受和遵循某种规则、价值观或道德准则的行为。消费者服从通常是基于消费者对产品或品牌的信任和认同。例如，消费者可能会因为对环境保护的认同而选择购买环保产品，或因对某个品牌的赞赏而成为忠实顾客。消费者服从能够激发消费者的消费欲望，建立消费者和品牌之间的情感联系。

消费者从众、依从和服从是互相关联的概念，它们在消费行为中都具有一定的影响。

消费者从众常常会导致消费者依从。当消费者发现他人在购买某种商品，他们可能更容易被他人的选择所影响，从而选择从众。此时，他们会倾向于依从商家的推荐或配合商家的规定，因为他们认为从众可以减小风险、获得社交认同或更加符合主流趋势。同时，消费者服从也与消费者从众和依从密切相关。消费者对某个品牌的信任和认同可能导致从众行为，也会促使他们更容易依从该品牌的建议和规定。消费者服从的情感联系可以增强消费者从众和依从行为的发生。

消费者从众、依从和服从在一定程度上存在联系和重叠，但也有一些区别。在这三个概念中，它们的核心区别在于压力源和行为动机不同。具体而言，从众和依从的影响机制相似，都是由于外在的影响导致个体自身选择某种行为。然而，从众行为和依从行为在影响源上存在一定差异。依从行为的影响源是有意地对行为者施加直接或隐含的影响。这种影响可能来自权威人士、专家的意见，或者是商家的推荐和规定。例如，当消费者购买某个产品时，他们可能会受到商家的推荐，从而选择依从商家的意见。商家可能通过各种营销手段，如广告宣传、促销活动等来影响消费者的购买决策。相对而言，从众行为的影响源通常不针对特定的个体，而是个体感受到群体压力后的一种自我跟从行为。从众行为更多地是由于个体希望获得社交认同或者避免孤立感的需要。当看到他人购买某种商品或拥有某种物品时，个体往往会被他人的行为所影响，从而选择跟随此行为。例如，在时尚领域，当一位名人或社交媒体上的网红推荐某个品牌的产品时，消费者可能会受到他们的影响，选择从众购买同样的产品，以求得与他人相似，获得社交认同。此外，在行为动机上，依从行为更多地是受到外在利益和规则的驱动,例如为了遵守商家的要求、满足产品使用说明、符合价格规定等。而从众行为更多地是为了追求内心满足感或追随潮流趋势。消费者会因为品牌的知名度、社会形象及个人价值观等方面的认同而选择从众。服从的社会影响机制与从众和依从不同,这种行为的引发具有强制性,命令者与服从者之间通常有着规定性的或压迫性的社会角色联系,人们服从的理由是外在的,而在从众和依从行为中,影响源与行为者之间并没有规定性的社会角色关系或强迫性的关系束缚。

总而言之,消费者从众、依从和服从是相互关联的概念。消费者从众可以导致消费者依从,而消费者服从又可以与从众和依从相关。消费者从众和依从可以受到多种因素的影响,包括广告、社交媒体、他人影响等。消费者服从则更多地依赖于消费者对产品或品牌的信任和认同。深入理解这些概念的关系,有助于消费者在购买决策中做出更明智的选择。

3. 典型的参照群体

(1) 亲密群体。我们都知道,人是社会性动物,会遵从特定的社会规范,这些社会规范包括较大的文化、亚文化、社会阶层和亲密群体等。亲密群体是指由个体之间建立起密切、亲密关系的小型社会群体。这些群体通常由亲属、朋友、伴侣、家庭成员等组成,成员之间有着紧密的情感联系和相互依赖。亲密群体在个体的生活中扮演着重要的角色。它们提供了情感支持、安全感和归属感。在亲密群体中,个体可以分享和交流自己的感受、需求和经历,得到理解和支持。这种情感互动和支持有助于个体的心理健康和幸福感。

此外,亲密群体还提供了社会支持和资源共享的机会。成员之间可以相互帮助、分享资源和解决问题。亲密群体也是个体学习社会规范、价值观和行为模式的重要环境。在亲密群体中,个体可以获得教育、社交技能和文化传承等方面的指导和塑造。

企业在营销沟通中利用亲密群体的参照群体效应进行营销推广,例如,将原本"娘娘腔"的牛奶饮料印象塑造为活跃的社交情境下的饮料消费等。

(2) 意见领袖。又称"舆论领袖",意见领袖指的是在人际传播网络中经常为他人提供信息,是团队中构成信息和影响的重要来源,同时对他人施加影响且能左右多数人态度倾向的"活跃分子",他们在大众传播效果的形成过程中起着重要的中介或过滤的作用,由他们将信息扩散给受众,形成信息传递的两级传播。在消费行为学中,意见领袖特指为他人过滤、解释或提供信息的人,这种人因为对某种产品或服务持续关注,因此有更多知识和经验,能够帮助群体中的其他人。

他们消息灵通,能够提供给团队成员丰富的信息并获得大家的认可和信赖。意见领袖是一个相对性概念,并非固定不变,在某一群体中担当意见领袖的人,在另一群体中可能就变为追随者。每一个群体都存在着自己的意见领袖,家庭成员、朋友或媒体、虚拟社区消息灵通的权威人士等都可以充当意见领袖。意见领袖会随着时空条件的变换、人际关系的变化、社会地位的升降、社会参与频率的增减、人员背景的改变等发生变化。

根据意见领袖本身具有的影响力,一般可以分为"单一型意见领袖"与"综合型意见领袖",单一型意见领袖在某一个领域中可能处于指导地位,比如,某行业的专家;综合型意见领袖可能在多个领域都具有较高的影响力,如某地的知名人士等。

(3) 购物伙伴。在消费者的日常的生活中,消费者经常会选择结伴购物。所谓购物伙伴,是指与消费者一同参与购物的人,他们可以是朋友、家人或伴侣等。购物伙伴在购物过程中扮演了重要的角色,他们能够陪同和提供意见,并帮助消费者做出决策。实际上,购物伙伴在消费决策的最后阶段扮演着参照群体的角色,对消费者的判断产生重要影响。

购物伙伴的存在不仅让购物变得更加有趣,同时也可以共享购物的快乐与经验。无论是实体店还是网上购物,购物伙伴都起到了积极的作用。在实体店中,购物伙伴可以陪伴消费者逛街,一起体验购物的乐趣。他们可以在试衣间给予意见和评价,帮助消费者做出更好的决策。而在网上购物中,虽然没有面对面的陪伴,但购物伙伴同样存在。例如,在现今的团购活动中,消费者可以与朋友或者团队一同参与购买,共同分享优惠和折扣。购物伙伴的存在增加了消费者的购买力和快乐程度。

另外,购物伙伴的存在对消费者的说服和影响是非常重要的。根据心理学研究,人们倾向于受到周围人的认同和意见的影响。购物伙伴们的审美观、品味和意见可以对消费者的选择产生一定程度的影响。如果消费者的购物伙伴对某一商品表示赞赏,那么消费者也更容易被说服去购买该商品,因为他们倾向于与购物伙伴保持一致,获得他们的认同。因此,在购物过程中,购物伙伴的选择和意见对于消费者的决策起到了重要的引导作用。

因此,了解购物伙伴对消费决策的影响,对企业来说非常有意义,这可以帮助消费者更加明智地进行购买,并让购物过程更加愉快和满意。

4. 参照群体对消费行为的影响

参照群体在消费决策领域有着重要的影响,主要有规范性影响、信息性影响和价值性影响。

(1) 规范性影响。参照群体的规范性影响是指个体在决策和行为中受到所属群体的规范和期望的影响。这种影响可以促使个体与群体保持一致,遵循群体的价值观、行为准则和社会规范。个体在追求社会认同和避免社会排斥的动机下,调整自己的行为以符合群体的期望和规范。个体可能会担心被群体视为不合群或被排斥,因此会改变自己的行为以符合群体的规范。这种规范性影响是基于个体对社会认同和归属感的需求。参照群体的规范性影响可以在各个方面的行为中观察到,包括消费行为、服装选择、价值观和态度等。例如,为了得到配偶或邻居的赞同,你或许会专门购买某个牌子的葡萄酒,或者因为害怕朋友的嘲笑而不敢穿浮夸的服饰。

(2)信息性影响。参照群体的信息性影响是指个体在决策和行为中受到所属群体的行为和观点的影响,主要是基于个体对群体成员的知识和经验的认同。这种影响主要发生在消费者购物决策不确定的情况下。

当个体面临不确定或缺乏知识的情况时,他们可能会参考群体成员的行为和意见来确定正确的行为方式。这种信息性影响是基于个体对群体成员的信任和对他们的专业知识或经验的认同。个体可能会观察和模仿群体成员的行为,特别是在新的或不熟悉的情境下。他们可能会认为群体成员的行为是正确和合适的,因为他们相信群体成员具有相关的知识和经验。这种信息性影响可以帮助个体更好地适应环境,减少不确定性,并做出更明智的决策。

信息性影响还可以通过群体成员的观点和意见来实现。个体可能会寻求群体成员的意见,以便获得更多的信息和观点来指导自己的决策。他们可能会认为群体成员的观点更可靠和准确,因为他们相信群体成员具有相关的知识和经验。这种信息性影响可以帮助个体更全面地考虑问题,并做出更明智的选择。

信息性影响往往更加直接,如一位想要购买手机的消费者很可能向了解这方面信息的朋友寻求建议。

(3)价值性影响。参照群体的价值表达对消费者有着重要影响,体现在两个方面。首先,消费者个体通过模仿参照群体的行为和价值观,希望让自我概念更加接近参照群体的形象和价值观。例如,假设有一位同学加入了一个名为"社会心理研究兴趣小组"的群体。为了与"社会心理研究者"的形象保持一致,该同学会主动关注社会心理学领域的期刊和相关信息。这样做是为了让自己更好地融入参照群体,并与他们保持一致。其次,参照群体的价值表达能够满足个体属于某个群体的需求,并表达对该群体的喜爱和认同。当这位同学提到自己是"社会心理研究兴趣小组"的一员时,他可能会感到自豪和骄傲。这是因为这个群体的认同可以满足他对参照群体的喜爱,并让他感到他属于这个群体。

在现实生活中,消费者经常通过品牌来建立自我与群体的联结。如果一个消费者认为自己是睿智的人,并且把那些被他定义为睿智的群体偏好驾驶沃尔沃汽车,那么这个消费者可能会选择购买沃尔沃汽车,以展示自己的睿智特质。换句话说,消费者会根据参照群体与特定品牌的关联性来建立自我与该品牌的关联。同样,消费者也会避免购买与外群体有关联的品牌。

这种对参照群体的价值表达的重视对于消费者的自我评价和决策具有重要的影响。通过理解消费者对参照群体的认同需求,企业可以更好地塑造自己的品牌形象,以吸引并满足特定群体的消费者。此外,消费者对参照群体的价值表达也可以提供市场营销活动的有力依据,以促使消费者建立与某品牌的联结从而增加其品牌忠诚度。更重要的是,理解消费者对参照群体的认同和表达需求,有助于企业为他们提供符合其价值观和需要的产品和服务,从而提升市场竞争力和满足消费者的期望与需求。

8.2.2　消费流行对消费行为的影响

1. 消费流行的定义

消费流行是在一定时期和范围内,大部分消费者呈现出相似或相同行为表现的一种消费现象。具体表现为多数消费者对某种商品或时尚同时产生兴趣,而使该商品或时尚在短时间内成为众多消费者狂热追求的对象。此时,这种商品即成为流行商品,这种消费趋势也就成为消费流行。例如,近年来绿色产品正逐渐成为新的消费流行,越来越多的消费者开始关注环保和可持续发展,他们更倾向于购买环保产品和支持环保品牌。

2. 消费流行的特征

消费流行通常受到社交影响的驱动。人们倾向于通过与他人分享和展示他们的消费选择来获得社交认同和接受。当某个产品或品牌被社会上的知名人物、偶像或其他关键意见领袖推荐、使用或代言时,人们常常会受到影响而产生购买的欲望。这种社交影响可以通过社交媒体、网络平台、广告等渠道传播。在寻求认同感、跟随潮流或展示自我身份等方面,社交影响对消费行为起着重要作用。

近年来,越来越多的消费者会跟风购买"网红"产品。"网红"产品凭借新奇概念、独特设计,契合年轻消费者的个性化需求,在一些社交平台形成传播热度,吸引了消费者的目光。消费者通常会追求新奇和独特的产品或服务,以展示自己的个性和与众不同。这种追求独特性的欲望推动了消费流行中的不断变化和创新。

品牌也是消费流行的另一特征。消费流行常常与特定的品牌和标识相关联。某些品牌或标识具有象征性和认同感,使消费者愿意购买并展示这些产品,以显示他们与特定群体或价值观的关联。

消费流行通常会反映社会的价值观和趋势。例如,对环保和可持续性的关注在消费流行中越来越重要,推动了可持续产品和服务的兴起。然而,消费流行往往是瞬息万变的,随着时间的推移不断演变和更新。快速变化和时尚性使得消费者需要不断跟进和更新他们的消费选择。

最后,消费流行会受到大众媒体和影响者的引导。大众媒体和影响者在塑造消费流行方面发挥着重要的角色。他们通过广告、宣传和推广等方式影响消费者的购买决策和消费行为。

3. 消费流行的周期

消费流行的形成大都有一个呈周期性发展的完整过程。通常包括酝酿期、发展期、高潮期、衰退期等四个阶段。酝酿期的时间一般较长,要进行一系列意识、观念及舆论上的准备;当消费者中的一些权威人物或创新者开始做出流行的行为示范后,消费流行进入发展期;当大部分消费者在模仿、从众心理的作用下,自觉或不自觉地卷入到流行当中时,又把消费流行推向高潮期;高潮期过去之后,人们的消费兴趣发生转移,消费流行则进入衰退期。

4. 消费流行对消费者认知态度的影响

消费流行对消费者的认知态度具有一定影响。首先,消费流行形成了某种社会价值观念和文化氛围,或许将个人的幸福感与物质消费联系在一起。当某种产品或消费方式成为流行时,消费者可能会被引导去关注及追求这种流行,形成一种"跟风"的心理状态。

消费者会享受消费流行带来社会认同感。当消费者购买和使用流行的产品或参与流行的活动时,他们可能会感到与社会群体的联系和认同,从而提升自我价值感和满足感。消费流行也能够给消费者带来新鲜感和刺激感。随着流行不断变迁和发展,人们往往对新鲜事物比较感兴趣,而此时某些产品或消费方式的出现正好可以满足他们的需求。消费流行为消费者提供了一种表达自我和展示个性的方式。通过选择流行的产品、服饰、风格等,消费者可以塑造自己的形象,表达自己的价值观和个性特点。

然而值得注意的是,消费流行也可能引发过度消费的问题。面对不断推陈出新的消费潮流,一些消费者可能会出于追求个人认同、社交认同、焦虑情绪等原因,过度购买和使用某种产品。这种过度消费可能会导致资源浪费和环境负担的加重。

总的来说,消费流行可以塑造消费者的认知态度,对购买决策产生影响。鉴于这种影响力,消费者在面对流行时应保持理性思考、审慎选择,并依据自己的实际需求和价值观进行消费。

5. 消费流行对消费者偏好的影响

消费流行可以对消费者的消费习惯产生影响。当某种产品或服务成为流行趋势时,消费者可能会受到社会压力和群体影响,倾向于购买这些流行物品,并形成相应的消费习惯。另外,消费流行可以影响消费者的购买决策。消费者可能会受到广告、社交媒体、名人代言等渠道的影响,倾向于购买与流行趋势相关的产品,以追求时尚和与众不同。

8.3 群体消费与消费者神经科学

社会影响在人类社会中无处不在。它有多种形式,包括服从、从众、说服、社会惰化、社会促进、去个性化、观察者效应、旁观者效应和同伴压力。社会心理学是对社会影响进行研究的一个分支,其研究历史可以追溯到1898年,当时Triplett进行了一项关于社会促进效应的实验,这被认为是社会心理学领域的第一个实验。自那时起,社会影响引起了各个领域学者的广泛关注。在营销领域,目前的研究表明社会影响会影响消费决策。具体表现为消费者购买决策会受到参照群体的影响[2-4]。

近年来,随着神经科学的发展,一些新兴领域如神经科学、神经经济学和神经营销等开始使用脑科学研究方法来探索这些复杂社会现象的神经基础。这些方法包括功能性磁共振成像、脑电图和经颅磁刺激等。通过使用这些神经科学技术,研究人员可以了解到社会影响对人的行为和决策产生的脑部过程。

例如,一些研究使用功能性磁共振成像技术来研究社会影响对购买决策的影响。通过观察购买者在面对不同社会影响因素时的脑活动,研究人员可以了解到这些因素如何影响购买决策的神经机制。此外,神经经济学也可以为我们提供更深入的理解。神经经济学将经济学和神经科学相结合,研究经济决策的神经机制。通过将社会影响因素引入到经济模型中,神经经济学为我们提供了一种更精确地解释社会影响对决策的影响的方法。在神经营销领域,研究人员使用神经科学的方法来研究广告和市场营销策略对消费者的社会影响。通过研究消费者在观看广告时的脑部反应,研究人员可以了解到包含社会性信息的广告对消费者行为和决策的影响。

8.3.1 社会奖励加工

1. 社会奖励加工的神经基础

在社会科学研究中,有学者指出,其他人的存在就会增加个人亲社会行为的倾向,这种现象被称为"观察者效应"(observer effect)。例如,当人们知道自己的决定被其他人观察时,他们会捐出更多的钱。在实验经济学中,如果参与者相信其他人能够知道自己的决定时,他们通常更愿意在经济博弈(如独裁者博弈、公共物品博弈)中分享一些利益(如金钱)。人们在他人面前表现出亲社会行为是因为他们想要从他人那里获得好名声(或避免坏名声)。因此,观察者效应涉及对人类重要的社会奖励的加工,良好的声誉或他人的社会认可,这是人类各种社会行为的强大激励。

当群体对消费决策产生影响时,社会奖励加工也会在大脑中发挥作用。社会奖励所指的是从他人那里得到的肯定和认可,而大脑的奖赏系统会对此做出反应。近年来,社会神经科学家们对人们如何根据社会奖励做出决策的神经基础进行了研究。他们发现,腹侧纹状体,即大脑奖赏系统的一部分,通常会受到具体的金钱奖励和更抽象的社会奖励(如良好的声誉)的激活。此外,其他功能性磁共振成像研究同样显示,正面声誉所带来的社会奖励或他人的认可能够激活与奖赏相关的大脑域,包括纹状体和腹内侧前额叶皮层(VMPFC)。这些研究结果表明,对于人类而言,一个重要的社会奖励,如良好的声誉,对大脑来说和有形的奖励一样重要,会激活相同的大脑区域。更深入的研究表明,社会奖励加工不仅仅是在决策时被激活,而且会对消费行为产生长期影响。一项研究发现,通过给予参与者正面的社会反馈和认可,他们在购买贵重物品时更有倾向性。这表明,社会奖励的加工不仅仅是在大脑中产生短期的反应,而且可以影响人们的购买决策和消费行为。

此外,群体对消费决策的影响也涉及群体中个体之间的互动和彼此之间的社会奖励。研究发现,当一个人看到他人获得社会奖励时,他们的大脑奖赏系统也会被激活,进而影响他们的决策。在一项实验中,参与者被告知其他人通过购买某个产品而获得了社会奖励,结果发现这些参与者更倾向于购买同样的产品。这表明,他们通过观察他人得到社会奖励而加深了对该产品的喜好。特别地,社交媒体的普及也进一步加强了社会奖励的影响。人们经常通过社交媒体平台获取他人的肯定和认可,这使得社会奖励在消费决策中发挥着更重要的作用。例如,当一个人在社交媒体上发布一张照片,获得了大量点赞和评论时,这种社会奖励和认可会增强他们对该照片和相关产品的喜爱程度,进而影响他们的消费决策。

总的来说,社会奖励加工在群体影响消费决策时发挥着重要作用。这种奖赏系统的激活不仅仅是在决策时短暂存在,而且对消费行为产生长期的影响。群体中个体之间的互动和社交媒体的普及加强了社会奖励的作用,使其在现代消费社会中变得更加显著。

2. 社会奖励加工相关的神经科学研究

在一项功能性磁共振成像研究中,Izuma 等人检验了纹状体在他人存在的真实社会决策情境中是否会编码社会奖励的价值。在扫描过程中,被试被要求向慈善组织捐款。在实验过程中，一组参与者的选择会被他人观察，另一组参与者在没有人观看的情况下执行相同的任务。如果纹状体在捐赠决策过程中编码了社会和金钱奖励的价值，那么它的活动应该受到他们的决定（为自己保留5美元或捐赠给慈善机构）和他人是否存在的影响。研究结论表明，如果参与者的决定被其他人观察到，他们实际上会做出更多的捐赠（即观察者效应），这一发现与前人的研究一致。研究进一步表明，决策过程中的纹状体活动会受到参与者的决策和他人是否存在的显著调节。具体而言，当参与者在观察者面前捐款时（期望获得高社会奖励），以及当参与者在无人观看的情况下将钱留给自己时（金钱奖励），纹状体活动更明显。研究结果表明，在亲社会决策过程中，社会奖励和金钱奖励的决策效用在纹状体内的相同区域表现出来。

8.3.2 从众行为

1. 从众行为的神经基础

人们倾向于将自己的态度、信仰和行为与他人保持一致，这种现象被称为"从众"。尽管社会心理学领域对从众行为的研究已有很长时间，但直到最近，研究人员才开始利用认知神经科学的方法来探索人们态度受到他人观点影响的神经机制。关于从众的神经科学研究已经达成了基本一致的发现，认为内侧额叶皮层（pMFC）和与奖励加工相关的大脑区域，如纹状体和腹内侧前额叶皮层（VMPFC）在此过程中起到关键作用。研究表明，从众行为导致内侧额叶皮层（pMFC）活跃，这一区域在认知加工和决策制订中起着关键作用。当我们与他人意见不一致时，pMFC会被激活，促使我们重新考虑自己的立场。这种信号加强了我们对他人观点的敏感性，进而影响我们的态度和行为。此外，与奖励加工相关的大脑区域也在从众行为中发挥重要作用。纹状体和腹内侧前额叶皮层（VMPFC）被认为是决策和奖励处理的关键区域。研究发现，当我们与他人保持一致时，这些大脑区域会被激活，产生奖励信号。这种奖励信号增加了我们的满足感和幸福感，进一步强化了从众行为。通过深入研究这些神经机制，我们可以更好地理解人们在决策时是如何受到他人观点的影响，为我们的社会行为和决策提供新的视角。

2. 从众行为的神经科学研究

过去大多数关于消费者从众行为的神经科学研究使用的任务是——让参与者报告他们对各种产品的个人偏好（如面孔、音乐和T恤）。Klucharev等人在研究中要求参与者对所看到的面孔吸引力进行评分，同时用功能磁共振成像扫描被试的大脑。在他们给出自己的评分后，研究人员给出了其他群体成员对这张脸的吸引力评分。

扫描结束后,一组的参与者被告知自己的评分与其他成员的评分相匹配,另一组的参与者被告知自己的评分与其他成员的评分不相匹配。接着,参与者被要求再次对同一张脸打分。结果表明,参与者表现出典型的社会从众效应;当同一张脸的群体评分高于他们的第一次评分时,他们的第二次评分就会上升,而当群体评分低于他们的第二次评分时,他们的第二次评分就会下降。他们的功能性磁共振成像研究结果显示,当他们的评分与群体评分相冲突时,pMFC 和岛显著激活,而当他们的评分与组评分相匹配时,腹侧纹状体被激活。纹状体活动对与个体倾向于与群体或专家评级保持一致的反应也在另外两项 fMRI 研究中得到了证实[5-6]。

此外,Izuma 和 Adolphs 提供的证据表明,在社会整合任务中激活的 pMFC 和纹状体区域分别与消极和积极的货币结果激活的区域重叠[7]。除了社会从众任务(与 Klucharev 等人之前的研究相似的任务)外,参与者还执行了货币激励延迟任务(MIDT)和多源干扰任务(MSIT)。MIDT 是一项简单的快速反应任务,参与者必须在屏幕中央出现一个白色方块时按下一个键,以获得金钱奖励。这项任务旨在定位大脑对积极和消极结果做出反应的区域。如果他们在白色方块消失之前按下键,他们将获得金钱奖励(积极结果),而如果他们太慢,他们将得不到奖励(消极结果)。Izuma 和 Adolphs 的研究证实了先前的发现,当参与者(大学生)对 T 恤的评价与群体(同学)的评价存在冲突时,pMFC 脑区被激活,而当参与者的意见与其他学生的意见一致时,腹侧纹状体被激活。此外,研究进一步证明,在 MIDT 中,被群体意见的社会冲突激活的 pMFC 区域与被消极结果激活的区域重叠,而被群体一致激活的腹侧纹状体脑区与积极成果激活的领域重叠。

最近的脑电研究还证实了 pMFC 在社会顺从和基于奖励的学习之间的功能类似。脑电图研究发现,当我们接收到负性行为的反馈时会产生一种被称为反馈相关负性信号(Feedback-Relevant Negative,FRN)的电位信号。这种信号一般在接收到反馈后大约 250 ms 左右产生,通常在头皮中央到额中央区域观察到,被认为是由 pMFC(前扣带皮层)所产生。有三个独立研究小组的研究显示,当个人的意见与群体的意见明显不匹配时,在接收到反馈后的大约 200～400 ms 之间会产生一个类似 FRN 的信号。这些研究结果进一步表明,虽然脑电研究用于研究从众行为的神经机制仍相对较少,但 pMFC 在从众行为中仍发挥着关键的作用。通过这些脑电研究,我们开始了解到 pMFC 在从众行为和奖励加工中的重要角色。这为我们提供了更深入的理解,即为什么当个人的意见与群体意见不一致时,我们会产生类似 FRN 的信号。这种信号可能需要我们重新考虑自己的立场,并在社会互动中适应他人的观点。这些认知神经科学的发现为我们提供了更全面的了解,关于为什么人们倾向于从众,以及个体与群体之间的关系如何影响我们的思维和行为。尽管脑电研究在探究从众行为的神经机制方面仍处于初级阶段,但它已经促使我们开始理解 pMFC 在社会顺从和奖励加工中的作用。随着技术和方法的进一步发展,我们可以期待更多深入的研究,揭示从众行为的神经基础,以及我们如何在社交互动中相互影响和调整自己的观点。

值得注意的是,有三项研究表明消费者的从众行为受到催产素的调节,催产素介导了多种社会和附属行为[8-10]。催产素在社会从众中的作用表明,社会从众的神经基础至少部分不同于强化学习的神经基础,而且可能比强化学习的神经基础更复杂。

8.3.3　社会风险感知

1. 社会风险感知的神经基础

传统观点认为,消费者在购买决策中主要依据个人偏好。然而,神经科学的研究逐渐揭示了与个人偏好相关的神经回路。一个重要的例子是,多巴胺(DA)网络被认为对调节个人偏好起到关键作用[11]。然而,与传统观点相反,研究表明,消费者在购买决策中也会受到社会风险(即群体中其他人不赞同)的影响。事实上,消费者购买决策的过程受到主观和社会规范的影响。他们会考虑到他人对他们的消费决策的看法和认可程度[12]。更具体地说,消费者由于担心家人、朋友或其他群体成员的批评,可能会在购买首选方案时犹豫不决。这种影响尤其在涉及一些可能被认为有争议的产品时更为显著,比如使用鳄鱼皮制成的产品。

这些研究结果表明,在购买决策中消费者不仅仅依赖于个人偏好,还考虑到其他人的反应和社会规范。这种心理过程可能是由大脑中的特定神经回路和信号所调节的。因此,我们对个人偏好和购买决策的理解需要更深入地考虑社会因素的影响。随着神经科学研究的不断发展,我们有望进一步了解这些神经回路是如何调节消费者的购买决策,并且能够提供对于消费者行为更准确的预测。这将有助于企业和广告商设计更有效的营销策略,在满足消费者个人偏好的同时,也能够考虑到社会因素对购买决策的影响。

神经成像研究已经确定了确保遵守社会和主观规范所涉及的各种大脑结构。这些神经基质主要位于大脑的两个区域。第一部分包括心智理论(ToM)相关区域,如内侧前额叶皮层(mPFC)和颞顶叶交界处(TPJ)[13-14]。第二部分包括与情绪相关的区域,如前脑岛,杏仁核和外侧眶额皮质(OFC)[15-18]。当消费者感知到社会风险时,购买意愿被削弱,并且前脑岛编码这种社会风险。此外,另一项关于偏好的分析表明,个人偏好是在位于多巴胺(DA)网络的中脑中处理的。Ryoichi Yokoyama 等人将研究结果与之前腹侧纹状体的研究结果结合起来，他们提出：① 中脑编码个人偏好，前脑岛对感知社会风险做出反应[19]；② 腹侧纹状体整合预期的个人偏好和社会风险来决定消费者的购买意愿。

2. 社会风险的神经科学研究

研究者们为了帮助人们在风险决策中更好地占据优势，从而避免或减缓潜在的负面后果，尝试运用不同的测量方法探索风险决策行为。这些方法包括自陈量表和一系列风险决策任务，且从群体层面和个体差异层面进行分析[20]。由于自陈量表存在社会赞许性偏差，无法反映其真实的风险倾向。研究者们设计了一系列风险决策行为研究范式，例如，爱荷华赌博任务（Iowa Gambling Task，IGT）[21]、剑桥赌博任务（Cambridge Gamble Task，CGT）[22]。但这些范式与自陈量表的研究结果生态性都不高，与真实世界的风险决策行为仍存在较大的差异。为了弥补上述研究范式及自陈量表存在的缺陷，并实现在实验室环境下对现实世界风险行为的真实模拟，Lejuez 等人设计了仿真气球冒险任务（The Balloon Analog Risk Task，BART）[23]。BART 任务作为目前主流的风险决策实验范式之一，不仅用于评估个体的风险决策行为，还根据不同的情境发展出多种变体。Pei 等人探索了同伴在场如何影响青少年在消费情境中对风险的认知加工机制。他们发现，前扣带皮质（ACC）活动较强的青少年在购买过程中更易受同伴影响。此外，腹侧纹状体与 ACC 和脑岛之间的连接强度可以减轻同伴在场时的风险决策影响[24]。

与传统经济学观点相反，消费者在经济决策中会有意识的抑制个人偏好[25]。由于消费者在购买决策过程中会受到主观或社会规范的影响，例如，因担心家人或朋友的批评，消费者可能会停止购买首选产品[26]，甚至是被视为有争议的产品[27]。这些先前的研究表明，消费者对购买过程中社会风险的感知被定义为预期的他人不赞成，这种对社会风险的感知独立于个人偏好影响购买决策。例如，Ryoichi Yokoyama 在研究中发现前部脑岛的活动与购买意愿任务中社会风险的主观评分呈正相关，这与以往的研究结果一致[19]。前脑岛的活动与涉及违反社会规范的社会互动有关[28]。当人们意识到自己的行为可能违反社会规范时，前脑岛的活动变得更加活跃。此外，Schmälzle 研究了观看关于 H1N1 流感的电视报道时，不同观众之间的神经活动的相似性。研究采用了被试间相关性（Inter-Subject Correlation，ISC）分析方法，发现前额叶皮层在处理与风险相关的信息时活跃，这支持了消费者在风险情境下的大脑反应可能会因社会影响而变化的观点[29]。

这些神经科学的研究结果不仅增强了我们对消费者在风险感知方面的理解，也提示了营销策略可能需要考虑的社会心理因素。了解这些神经基础可以帮助企业在设计产品和营销策略时更好地考虑和利用消费者的社会风险感知,从而优化市场表现和消费者满意度。

8.4　未来展望

尽管社会心理学对社会影响的研究已有悠久历史,但对社会影响的神经基础的研究仍处于起步阶段。现有的研究证据表明,奖励相关脑区如纹状体和VMPFC,以及心理理论相关脑区如MPFC在基于社会奖励的亲社会行为(即观察者效应)中发挥关键作用。此外,pMFC和纹状体被认为是影响消费者从众行为的重要脑区。虽然已有一些研究对这两种社会影响形式的神经机制提出了假设,即关于社会奖励决策与非社会奖励决策之间的相似性和差异性(观察者效应),以及社会从众行为与强化学习之间的相似性和差异性,但这些假设仍需要进一步的研究加以验证。

除了观察者效应和社会从众行为,研究人员也开始探索其他形式社会影响的神经基础,例如服从和依从,并研究这些社会影响如何对基于价值的决策产生影响。揭示各种形式社会影响的神经机制对于全面理解人类社会行为至关重要。

然而,我们仍需要更深入的研究来探索这些神经回路的具体功能和相互关系。例如,我们需要了解这些脑区在不同社会影响形式中的活动模式是否存在差异。此外,我们需要更进一步的研究来探索社会因素与个人偏好之间的相互作用,以及它们如何共同影响消费决策。

随着神经科学研究的不断进展,我们有望获得更深入的理解,认识到社会因素对个人偏好和购买决策的重要性。这将有助于企业和广告商开发出更有效的营销策略,既能满足消费者个人偏好,又能够吸引和影响群体的消费者。此外,这些研究还可能为了解和应对社会行为中的问题提供有价值的线索,如群体决策、社会规范和行为的群体动力学。因此,深入了解社会影响的神经机制对于推动社会科学的发展至关重要。

8.5　小　结

消费者群体的概念源自社会群体的概念,并在市场经济中得到广泛应用。消费者群体是指在市场经济中具有一定共同特征和需求的消费者集合。消费者群体的划分可以根据不同的分类标准进行,包括年龄、性别、收入水平、地理位置、购物兴趣、工作性质等。消费者群体的形成是消费者内在因素和外部因素共同作用的结果。

消费者群体的形成受到多种因素的影响。一方面,消费者因其自身生理和心理特点的差异而形成不同的群体。例如,年轻人和老年人的消费需求和行为往往存在差异。另一方面,外部因素也对不同消费者群体的形成起着重要作用。例如,生产力发展水平、文化背景、民族、宗教信仰、地理气候条件等都会对消费者群体的形成产生影响。这些因素会塑造消费者的需求、偏好和消费行为。

具有相同特征的消费者倾向于表现出相似的消费心理和行为,因为同一群体成员之间通常具有较频繁的接触和互动,从而相互影响。参照群体是指与个体的看法、愿望和行为有着重要关联的他人或群体,可以是个体所属的社会群体,也可以是个体所崇拜或认同的个人。参照群体对个体的决策过程和行为有着重要的影响,主要表现在信息、功能和价值表达三个方面。

消费者群体和参照群体的研究对于企业制订有效的市场策略和推广活动至关重要。了解不同消费者群体的需求和偏好,可以帮助企业开发符合其需求的产品和服务,并制订有针对性的营销策略。此外,了解参照群体对个体决策和行为的影响,可以帮助企业寻找合适的品牌代言人和营销手段,以增强消费者对产品的认同感和购买意愿。在未来的研究中,我们需要进一步探索消费者群体和参照群体之间的关系,以及这种关系对消费者行为的具体影响。我们还需要深入了解不同消费者群体的形成机制,以及外部因素如何塑造消费者群体和参照群体。这些研究将有助于进一步理解消费者行为的复杂性,为企业提供更科学、精准的市场营销策略。

思考题

(1) 简述消费者群体形成的原因。

(2) 请找出日常消费活动中模仿和从众行为的事例。

(3) 请从神经营销的角度简要谈谈社会影响是如何影响消费决策的。

参考文献

[1] Goodman P S. An examination of referents used in the evaluation of pay[J]. Organizational Behavior and Human Performance,1974,12(2):170 - 195.

[2] Bearden W O, Rose R L. Attention to social comparison information: An individual difference factor affecting consumer conformity[J]. Journal of Consumer Research,1990,16(4):461 - 471.

[3] Childers T L, Rao A R. The influence of familial and peer-based reference

groups on consumer decisions[J]. Journal of Consumer Research, 1992, 19(2): 198 - 211.

[4] Escalas J E, Bettman J R. Self-construal, reference groups, and brand meaning [J]. Journal of Consumer Research, 2005, 32(3): 378 - 389.

[5] Nook E C, Zaki J. Social norms shift behavioral and neural responses to foods [J]. Journal of Cognitive Neuroscience, 2015, 27(7): 1412 - 1426.

[6] Campbell-Meiklejohn D K, Bach D R, Roepstorff A, et al. How the opinion of others affects our valuation of objects[J]. Current Biology, 2010, 20(13): 1165 - 1170.

[7] Izuma K, Adolphs R. Social manipulation of preference in the human brain[J]. Neuron, 2013, 78(3): 563 - 573.

[8] Hu W, Huang Y, Wei L, et al. Deep convolutional neural networks for hyperspectral image classification[J]. Journal of Sensors, 2015, 2015: 1 - 12.

[9] Stallen M, De Dreu C K W, Shalvi S, et al. The herding hormone: oxytocin stimulates in-group conformity [J]. Psychological Science, 2012, 23(11): 1288 - 1292.

[10] Churpek M M, Zadravecz F J, Winslow C, et al. Incidence and prognostic value of the systemic inflammatory response syndrome and organ dysfunctions in ward patients[J]. American Journal of Respiratory and Critical Care Medicine, 2015, 192(8): 958 - 964.

[11] Knutson B, Rick S, Wimmer G E, et al. Neural predictors of purchases[J]. Neuron, 2007, 53(1): 147 - 156.

[12] Berns G S, Capra C M, Moore S, et al. Neural mechanisms of the influence of popularity on adolescent ratings of music[J]. Neuroimage, 2010, 49(3): 2687 - 2696.

[13] Lieberman M D. Social cognitive neuroscience: A review of core processes[J]. Annu. Rev. Psychol., 2007, 58: 259 - 289.

[14] Saxe R, Carey S, Kanwisher N. Understanding other minds: Linking developmental psychology and functional neuroimaging[J]. Annu. Rev. Psychol., 2004, 55: 87 - 124.

[15] Craig A D. How do you feel now? The anterior insula and human awareness[J]. Nature Reviews Neuroscience, 2009, 10(1): 59 - 70.

［16］Harenski C L，Hamann S. Neural correlates of regulating negative emotions related to moral violations［J］. Neuroimage，2006，30(1)：313－324.

［17］Buckholtz J W，Marois R. The roots of modern justice：cognitive and neural foundations of social norms and their enforcement［J］. Nature Neuroscience，2012，15(5)：655－661.

［18］Spitzer M，Fischbacher U，Herrnberger B，et al. The neural signature of social norm compliance［J］. Neuron，2007，56(1)：185－196.

［19］Takeuchi H，Taki Y，Nouchi R，et al. Association between resting-state functional connectivity and empathizing/systemizing［J］. Neuroimage，2014，99：312－322.

［20］Slovic P. Assessment of risk taking behavior［J］. Psychological Bulletin，1964，61(3)：220.

［21］Bechara A，Damasio A R，Damasio H，et al. Insensitivity to future consequences following damage to human prefrontal cortex［J］. Cognition，1994，50(1－3)：7－15.

［22］Rogers R D，Everitt B J，Baldacchino A，et al. Dissociable deficits in the decision-making cognition of chronic amphetamine abusers，opiate abusers，patients with focal damage to prefrontal cortex，and tryptophan-depleted normal volunteers：Evidence for monoaminergic mechanisms［J］. Neuropsychopharmacology，1999，20(4)：322－339.

［23］Lejuez C W，Read J P，Kahler C W，et al. Evaluation of a behavioral measure of risk taking：the Balloon Analogue Risk Task（BART）［J］. Journal of Experimental Psychology：Applied，2002，8(2)：75.

［24］Pei R，Lauharatanahirun N，Cascio C N，et al. Neural processes during adolescent risky decision making are associated with conformity to peer influence［J］. Developmental Cognitive Neuroscience，2020，44：100794.

［25］Henrich J，Boyd R，Bowles S，et al. In search of homo economicus：behavioral experiments in 15 small-scale societies［J］. American Economic Review，2001，91(2)：73－78.

［26］Rook D W，Fisher R J. Normative influences on impulsive buying behavior［J］. Journal of Consumer Research，1995，22(3)：305－313.

［27］Xu Y，Summers T A，Belleau B D. Who buys American alligator?：Predicting purchase intention of a controversial product［J］. Journal of Business Research，2004，

57(10)：1189－1198.

[28] Sanfey A G，Rilling J K，Aronson J A，et al. The neural basis of economic decision-making in the ultimatum game[J]. Science, 2003, 300(5626)：1755－1758.

[29] Schmälzle R，Häcker F，Renner B，et al. Neural correlates of risk perception during real-life risk communication [J]. Journal of Neuroscience, 2013, 33(25)：10340－10347.

第**9**章
品牌影响

9.1　品牌的概念与要素

当我们身处一家商店时,我们会看到货架上摆满了各种相似的商品,它们在外观上几乎没有什么差别,只是品牌不同而已。消费者面对众多选择时将如何做出最终的购买决策呢?难道仅仅基于理性的因素,如质量和性价比,就足以指导他们的决策吗?或许还有其他更深层次的因素在悄然发挥作用。

在 1975 年的一次口味测试实验中,百事可乐进行了一项大胆的尝试。他们去掉了百事可乐和可口可乐的商标,用字母 M 和 Q 作为代号,然后让消费者品尝并选择他们更喜欢的饮料。结果令人惊讶,百事可乐竟然比可口可乐更受欢迎!这个结果引起了广泛的关注,并被广告公司 BBDO 大肆宣扬。在广告中,他们展示了可口可乐的忠实消费者选择了标有字母 M 的百事可乐,而标有字母 Q 的可口可乐却乏人问津。这个实验揭示了一个令人费解的现象,即使可口可乐和百事可乐在化学成分上几乎没有区别,消费者却对它们有着强烈的主观偏好。这种现象使得百事可乐在市场份额上远远落后于可口可乐,这就是著名的"百事悖论"[1]。

那么,是什么原因导致可口可乐拥有如此多的品牌忠诚者呢?消费者的购买决策往往受到许多非理性因素的影响,其中品牌因素会在无意识的深层意识中发挥作用。消费者可能会根据品牌所传递的情感价值来做出购买决策。品牌对于消费者而言不只是一个商标或名称,它代表了一种特定的形象、声誉和信任。消费者会通过与品牌的互动和认同来表达自己身份和个性。这也解释了为什么即使在同一货架上有许多相似的商品,消费者仍然会有不同的偏好和选择。他们会对不同品牌产生情感上的共鸣,并将自己的需求与该品牌联系起来。品牌营销在塑造消费者购买决策中扮演着重要的角色,通过建立品牌形象和价值观,品牌可以赢得消费者的信任和忠诚。

因此,要真正了解消费者行为,我们不能仅仅关注理性因素,如质量和性价比,还需要深入研究品牌对于消费者的影响。品牌不仅是产品的标识,更是一种情感连接,它能引发消费者情感共鸣,借此影响他们的购买行为。当消费者与品牌产生深层次的情感纽带时,他们更有可能成为该品牌的忠实支持者,并且愿意与之建立长期的关系。因此,在商店货架上,品牌力量的存在将继续为消费者的购买决策带来显著影响。

9.1.1 品牌的概念

品牌是指一个特定公司、组织或个人为其产品、服务或企业所创造的独特标识,包括名称、标志、符号、设计、声音、口号等元素的组合。然而,品牌不仅仅是一个产品或服务的名称,它代表着一种特定的价值主张和承诺,是消费者对该品牌的认知和印象的总和[2]。

品牌的定义可以从两个角度来看。首先,品牌是企业向外界传达其产品或服务的独特性和差异化的方式。通过品牌,企业能够与竞争对手区分开来,并建立起独特的市场地位和竞争优势。品牌的作用在于帮助企业赢得消费者的信任和忠诚度,提高产品或服务的认知度和销售额。其次,品牌也是消费者心中对产品或服务的认知和印象。品牌通过其名称、标志、形象等元素,向消费者传达关于产品或服务的特点、质量、价值和个性等信息。消费者依据自己对品牌的认知和印象,做出购买决策,并对品牌形成偏好和忠诚度。

一个成功的品牌应该具备以下几个特点:

(1) 独特性。品牌需要与竞争对手区分开来,具备独特的标识和形象。正如Apple是一个具有鲜明独特性的品牌。通过其简洁、时尚的设计,以及创新的产品,如iPhone和MacBook,Apple成功地与其他竞争对手区分开来。消费者容易辨认出Apple的产品,并将其视为高品质和领先技术的代表。国产品牌华为是中国最著名且成功的技术品牌之一,通过其领先的科技创新、高质量的产品和可靠的服务,华为在全球范围内建立起了自己独特的市场地位。其品牌标志着高科技、可靠性和创新。

(2) 一致性。品牌在不同的渠道和媒体上应该保持一致的形象和信息传递,以建立品牌的稳定性和可靠性。我们可以联想到Coca-Cola在不同渠道和媒体上皆保持一致形象。无论是在电视广告、印刷媒体还是社交媒体上,Coca-Cola始终以快乐、友好和正能量为主题。这种一致性传达了Coca-Cola作为畅销饮料的可靠性,使消费者更容易将品牌与其愉悦的体验关联起来。阿里巴巴是中国互联网领域的巨头,在不同渠道和媒体上保持一致的品牌形象。无论是电商平台淘宝、天猫,还是支付宝等服务,阿里巴巴都强调便捷、安全和用户体验,从而赢得了广大消费者的信任和忠诚度。

(3)价值观。品牌应该有明确的核心价值观,能够与目标消费者的需求和价值观相契合。Patagonia 是一个以环保和可持续发展为核心价值观的品牌。该公司致力于生产高质量、耐用且环境友好的户外产品,并积极推动环境保护活动。通过与目标消费者共享共同的价值观,Patagonia 建立了强大的品牌忠诚度,并吸引了越来越多关注环境问题的消费者。国产品牌茅台是中国著名的白酒品牌,以其悠久的历史、卓越的品质和独特的文化价值而闻名。茅台注重传统工艺和绿色环保生产,秉承"传承中国美酒文化"的核心价值观,与追求高品质白酒的消费者产生共鸣。

(4)情感连接。品牌应该能够与消费者建立情感连接,让消费者对品牌产生认同感和忠诚度。服装品牌 Nike 就是通过建立情感连接获得了广泛认可和品牌忠诚,通过其标志性的"Just Do It"口号和激励人心的广告,Nike 成功地与消费者建立起强大的情感共鸣。这种情感连接促使消费者将 Nike 视为追求个人成长和突破极限的象征,并选择购买其运动鞋和运动装备。同样的,小米是一家以智能手机和智能家居产品著称的国内品牌,通过与年轻消费者建立情感连接,小米成功描绘了"为发烧而生"的品牌形象。其产品不仅具有高性价比,还赋予用户参与和分享的社区感,进一步拉近了品牌与消费者之间的关系。

(5)品质和信誉。品牌应该提供高品质的产品或服务,并建立良好的信誉。Mercedes-Benz 是一个以高品质和优良信誉闻名的汽车品牌。凭借出色的工艺和卓越的设计,Mercedes-Benz 生产出一流的豪华汽车,树立起了与品质和奢华相对应的声誉。消费者对该品牌有着高度的信任和认可,愿意为其产品支付更高的价格。作为中国最大的家用制冷产品制造商之一,格力以其卓越的品质和技术而闻名。格力提供空调和其他制冷产品,以及智能家居解决方案。由于其品质可靠且具有高效节能的特点,格力获得了客户的广泛认可和好评。

9.1.2 品牌的要素

1. 品牌标识

品牌标识是品牌的核心元素,包括品牌名称、标志、字体、颜色等,它们共同构成了品牌的独特形象。品牌标识是一个公司或组织的重要标识,它通常由一个独特的标志、标志性的字体和配色方案组成。品牌标识是传达品牌价值观和个性的重要方式之一,它能够帮助消费者识别和记住该品牌,并与其他竞争对手区分开来。

品牌标识是一项重要的营销工具,对于消费者行为有着深远的影响。首先,品牌标识在认知过程中起着关键作用。独特且易识别的品牌标识能够提高品牌的认知度和记忆度。消费者在面对众多品牌时,会更容易将那些具有独特标识的品牌与其他竞争对手区分开来。其次,品牌标识与消费者的情感有着密切的联系。一个吸引人且能够与消费者产生情感共鸣的品牌标识,可以激发消费者的积极情绪。这种情感连接有助于建立消费者与品牌之间的情感纽带,从而增强消费者对品牌的好感和忠诚度。此外,品牌标识的差异化是品牌竞争中的关键因素。研究发现,一个与众不同的品牌标识能够增加品牌的独特性和竞争优势。在市场上,消费者往往会被那些与众不同、独具特色的品牌标识所吸引。最后,品牌标识对于消费者的认同感也起着重要的作用。一个符合消费者价值观和身份认同的品牌标识能够增强消费者对品牌的认同感。消费者往往会选择那些与自己价值观相符合的品牌,以表达自己的身份认同。

综上,品牌标识在消费者行为中扮演着重要的角色。一个好的品牌标识能够提升品牌的认知度、情感共鸣和竞争优势,从而影响消费者的购买决策和品牌忠诚度。因此,在品牌标识的设计中,需要综合考虑消费者的认知、情感、差异化和认同感等方面的因素,以创造出具有吸引力和影响力的品牌标识。

2. 品牌形象

品牌形象是消费者对于一个品牌的总体印象和感知,它是通过品牌的各种元素和沟通方式塑造而成的。品牌形象包括消费者对品牌的认知、情感、评价和态度等方面的综合体验,是消费者与品牌之间建立的情感连接和认知框架。消费者行为学的研究对品牌形象进行了广泛的探讨。首先,消费者对于品牌的认知是品牌形象的重要组成部分。消费者对品牌的认知包括品牌的知名度、品牌的特点和品牌的声誉等方面。研究发现,消费者对品牌的知识和认知水平会影响他们对品牌形象的形成和评价。其次,品牌形象与消费者的情感体验密切相关。研究表明,消费者对品牌的情感反应会影响他们对品牌的偏好和忠诚度。一个积极的品牌形象能够增强消费者与品牌之间的情感共鸣。此外,品牌形象对于消费者的品牌评价有着重要的影响。研究发现,消费者对品牌形象的评价会影响他们对品牌的态度和购买意愿。一个积极的品牌形象能够提高消费者对品牌的好感度和信任度,从而增加他们对品牌的忠诚度和购买意愿。最后,品牌形象对于消费者的品牌忠诚度也有着重要的影响。消费者对品牌形象的认同和情感连接是他们选择并坚持购买某个品牌的重要因素。研究表明,一个积极的品牌形象能够增强消费者对品牌的忠诚度和重复购买行为。

综上,品牌形象是消费者对品牌的总体印象和感知,与品牌标识相比,品牌形象更加综合和全面，包括更多方面的消费者感知和体验。

3. 品牌承诺

品牌承诺是品牌对消费者的承诺和价值主张。它表达了品牌提供的产品或服务的特点、优势和承诺品牌承诺是品牌向消费者所做出的一种承诺或保证，表达了品牌在产品质量、服务水平、价值观念等方面的承诺。它是品牌与消费者之间建立信任和忠诚关系的基础。

品牌承诺通常包括以下几个方面：

（1）产品质量承诺。品牌通过承诺提供高品质的产品，保证产品的性能、可靠性和耐用性等方面能够满足消费者的期望。这种承诺能够建立消费者对品牌产品质量的信任，使消费者更愿意选择该品牌的产品。

（2）服务承诺。品牌通过承诺提供优质的售前、售中和售后服务，包括及时响应、解决问题和提供个性化的服务等。这种承诺能够增加消费者对品牌的满意度和忠诚度，提升品牌形象和口碑。

（3）价值观承诺。品牌通过承诺传递特定的价值观念和理念，与消费者的价值观相契合。这种承诺能够与消费者建立情感共鸣，使消费者认同品牌的价值观，并因此选择支持该品牌。

品牌承诺的重要性在于它能够帮助品牌建立差异化和竞争优势。通过明确和履行品牌承诺，品牌能够赢得消费者的信任和忠诚，从而提升品牌形象、增加市场份额和实现长期可持续发展。然而，品牌承诺的实现需要品牌在实际行动中保持一致性和诚信性。品牌承诺不能仅仅停留在口号和宣传中，而应通过实际行动和体验来得到验证。只有品牌能够履行其承诺，才能够真正赢得消费者的信任和支持。

消费者行为学中有一些研究探讨了品牌承诺对消费者行为的影响。如品牌承诺与消费者的忠诚度之间存在正向关系。当消费者感知到品牌履行了其承诺，并且在产品质量、服务等方面表现出色时，他们更有可能对该品牌产生忠诚度，持续购买该品牌的产品或服务。品牌承诺对消费者的口碑传播也有积极影响。当品牌能够履行其承诺，并且提供出色的产品和服务时，消费者更有可能积极地向他人推荐该品牌，增加品牌的口碑和影响力。此外，品牌承诺与消费者的满意度之间存在正向关系。当消费者感知到品牌履行了其承诺，并且提供了符合其期望的产品和服务时，他们更有可能对该品牌产生满意度，并且愿意再次购买该品牌的产品或服务。最后，品牌承诺对消费者的购买意愿有积极影响。当消费者感知到品牌履行了其承诺，并且提供了与其期望相符的产品和服务时，他们更有可能选择购买该品牌的产品或服务，而不是转向其他竞争品牌。

综上,品牌承诺对消费者行为具有重要的影响。消费者更倾向于选择履行品牌承诺的品牌,并且对这些品牌产生忠诚度、口碑传播、满意度和购买意愿。因此,企业在品牌建设过程中,应注重履行品牌承诺,提供出色的产品质量和服务,以赢得消费者的信任和支持。同时,企业还应持续关注消费者的反馈和期望,不断优化品牌承诺的内容和实施,以保持与消费者的良好关系并实现长期可持续发展。

4. 品牌定位

品牌定位是指企业在市场中通过特定的品牌策略和定位策略,将自身的品牌与竞争对手区分开来,塑造独特的品牌形象和价值主张,以满足目标消费者的需求并建立与他们的情感连接。在进行品牌定位时,首先需要明确目标市场,也就是企业希望吸引和服务的特定消费者群体。这些消费者可能具有独特的需求、偏好和行为特征。通过了解目标市场的特点和需求,企业可以针对性地制订品牌策略,并将其传达给消费者。同时,品牌定位需要确定企业相对于竞争对手的独特优势和差异化点。无论是产品特性、品牌形象、服务质量还是创新能力,企业都需要找到在市场上的独特之处,从而赢得消费者的好感与信任。一个强大的品牌定位应该能够突出企业在特定领域的专业知识和经验,以及所提供的独特价值。

品牌定位不仅要满足消费者的实际需求,还要与他们的情感连接起来。通过建立与消费者之间的情感联系,品牌可以获得更高的忠诚度和认可度。因此,企业在品牌定位中需要关注消费者对品牌的情感认知和体验,以创造积极、深入的情感连接。成功的品牌定位策略不仅仅是定义目标市场和独特优势,还需要将这些信息传达给消费者。品牌定位应该在营销和宣传活动中得到充分展示,使消费者能够从广告、包装设计、口碑传播等渠道中感受到品牌的独特性和价值主张。一个明确而差异化的品牌定位有助于企业在市场中树立良好的声誉,增加市场份额并提升盈利能力。通过塑造独特的品牌形象和价值主张,企业可以吸引目标消费者,并与他们建立长期的忠诚客户群。此外,品牌定位还可以帮助企业抵御竞争对手的挑战,建立持久的竞争优势。

总之,品牌定位是企业在市场中取得成功的关键策略之一。通过明确目标市场、确定独特优势和差异化点,以及与消费者建立情感连接,企业可以在激烈的竞争环境中脱颖而出。只有建立清晰而有效的品牌定位,企业才能够赢得消费者的青睐并取得持续的商业成功。

5. 品牌体验

品牌体验是指消费者在与品牌互动和接触的过程中所产生的综合感受和情感体验。它涵盖了消费者对产品、服务、环境、沟通等方面的感知和评价,并与品牌相关的情感、态度和行为反应紧密相连。这种定义强调了消费者与品牌之间的互动和接触过程,而这些互动和接触可以是购买和使用产品、享受服务、参与品牌活动或与品牌进行沟通等多样化形式。

品牌体验综合了消费者的感知和情感体验。消费者对品牌的感知、情感、态度和满意度等方面的体验将综合影响他们对品牌的整体评价和印象。一个积极、有意义且独特的品牌体验能够在消费者心中留下深刻的印象,并建立起与品牌的情感连接。然而,品牌体验不仅仅是一种消费者的感受,它还直接影响着消费者的情感、态度和行为反应。消费者的情感体验会影响他们对品牌的喜好程度、忠诚度及对品牌的口碑传播。在激烈的竞争市场中,品牌体验成为企业取得竞争优势的关键要素之一。通过创造积极、有意义和独特的品牌体验,企业能够塑造良好的品牌形象,增加品牌的认知度和美誉度,进而吸引更多消费者选择并信任该品牌。为了创造出色的品牌体验,企业需要全方位关注消费者的需求和期望。首先,深入了解目标消费者的喜好、价值观和行为特征,从而提供与他们需求相匹配的产品和服务;其次,注重品牌在各类接触点上的一致性,确保消费者在不同渠道下的互动体验是连贯、愉悦且独特的;最后,通过创新的沟通方式和活动设计,企业可以与消费者建立更深层次的情感联系,并塑造令人难忘的品牌体验。

6. 品牌延伸

品牌延伸是指一个已经建立起品牌价值和知名度的品牌,将其品牌名称、形象、声誉等方面的资产应用到新的产品、服务或市场领域中的策略。简而言之,品牌延伸是指品牌在其原有领域之外扩展到新的领域,以利用已有的品牌资产和品牌价值。品牌延伸的目的是通过利用已有的品牌知名度和品牌认知度,为新产品或服务建立起信任和认可度,从而减少市场推广的成本和风险,可以帮助企业快速进入新市场,并与现有的品牌形象和品牌价值保持一致。

品牌延伸可以采取多种形式,包括产品延伸、市场延伸和品牌形象延伸。产品延伸是指将品牌应用到新的产品或产品类别中,以满足消费者不同的需求。市场延伸是指将品牌扩展到新的市场领域,以吸引新的目标消费者群体。品牌形象延伸是指将品牌的核心价值和形象延伸到新的业务领域,以拓展品牌的影响力和覆盖范围。

消费者对品牌延伸的接受度受到多种因素的影响。其中,品牌相关性是一个重要的因素。当品牌延伸与原有品牌在产品类别、品质、核心价值等方面具有相关性时,消费者更容易接受品牌延伸。此外,消费者对品牌的知名度和信任度也会影响他们对品牌延伸的接受度。当消费者对原有品牌有较高的认知和信任时,他们更愿意接受品牌延伸。

消费者对新产品的态度和购买意愿也是品牌延伸研究的重要内容之一。一项研究发现,消费者对品牌延伸的态度会直接影响他们对新产品的态度和购买意愿。当消费者对品牌延伸持积极态度时,他们更倾向于购买新产品。此外,消费者对原有品牌的满意度和忠诚度也会影响他们对新产品的态度和购买意愿。当消费者对原有品牌感到满意并具有忠诚度时,他们更愿意尝试品牌延伸的新产品。

品牌延伸对原有品牌形象的影响也是消费者行为学研究的重要内容。一项研究发现,品牌延伸可以对原有品牌形象产生积极的影响。当品牌延伸成功时,它可以增加原有品牌的认知度、美誉度和忠诚度。然而,品牌延伸也存在一定的风险,如果品牌延伸失败或不合理,可能会损害原有品牌的声誉和信任度。因此,企业在进行品牌延伸时需要进行充分的市场调研和分析,确保新的产品或服务与原有品牌的核心价值和品牌形象相符合。

9.2　品牌的认知神经研究

关于品牌消费相关的认知神经研究已经成为神经营销和消费者神经科学领域中一个发展迅速且日益重要的话题,神经科学技术和知识对营销世界提供了广阔前景。Kenning 等人在研究中聚焦于使用功能性磁共振成像探索市场营销领域中有关品牌定位、广告和定价策略等的应用,因为它们主要依赖于消费者情绪,而情绪是功能性磁共振成像能够有效揭示的心理过程[3]。Lee 等人认为消费者神经科学从"传统的"品牌和消费者行为应用起步,并有助于打造全新的市场营销学[4]。例如,Plassmann 等人发现价格操纵会影响对葡萄酒的口感感知,并与评估过程的大脑基础相结合,这几乎是不可能通过常规调查或焦点小组来实现的[5]。Marques dos Santos 等人发现,尽管国内品牌和自有品牌之间的价格每隔一段时间就会变化,但被试能够无意识地察觉到这一点,并在两个品牌类别之间进行筛选,几乎只"购买"典型的优惠商品,这些都为采用认知神经科学的手段探究消费者的品牌消费提供了支持[6]。

本节内容基于消费者认知神经科学视角,围绕消费者在品牌消费过程中不同阶段的心理认知机制探讨品牌对消费者的影响,并结合已有的消费者神经科学研究成果(包括 fMRI、ERP、ERO)深入了解消费者认知神经机制,为打开消费者在品牌消费过程中的心理"黑箱"提供参考。

9.2.1　品牌注意吸引

消费者对商品的知觉可概括为视觉、听觉、嗅觉、触觉、味觉和第六感层面。品牌采取不同方式吸引消费者的注意,是为了让消费者在纷繁同质的商品信息中选择可用性最高、最有利于品牌传递的信息。而消费者认知神经科学可以通过监测消费者视觉选择和眼动轨迹的方式,评估消费者接收信息的质量,进而预测其后续的品牌决策过程[7]。

根据以往的 fMRI、ERP 及 ERO 的研究发现,在品牌注意吸引阶段,消费者会通过视觉、嗅觉、味觉等神经知觉通路对品牌信息进行整合处理,形成目标关注。这其中包括了两个层面的神经机制,首先是基于品牌辨识层面,具体表现为视觉信息通过初级视觉皮层到达大脑的背外侧前额叶皮层(dlPFC)和腹外侧前额叶皮层(vlPFC),之后便是品牌的认知加工层面,消费者通过基本感官识别品牌后,将会进一步加工处理,如伏隔核(NAcc)及前脑岛(AIns)的激活程度可以反映消费者对于品牌商品的注意情况,下面将对两个层面的内容进行详细讲解。

1. 品牌辨识

品牌辨识过程是消费者在大脑中对品牌信息进行识别的过程,包括对品牌标志、名称、声音等特征的加工和辨别。在此过程中,大脑的视觉和听觉区域起着重要作用。品牌辨识过程是消费者识别品牌信息的过程,包括对品牌标志、名称、声音等特征的处理和辨别。在这个过程中,大脑的视觉和听觉区域起着关键作用。视觉是人类获取外界信息的主要方式,也是影响消费决策最重要的感知方式之一。产品的视觉美感通常对消费者的购买决策和后续行为有着至关重要的影响。消费者在接触产品的极短时间内就会形成对产品的第一印象或整体感觉。良好的初步视觉印象会引发消费者的惊奇、满足、愉悦和期望等一系列反应[7]。

在决策过程中,视觉信息的处理依赖于大脑中的两条神经路径:一条是背侧视觉路径;另一条是腹侧视觉路径。背侧视觉路径从初级视觉皮层起源,通过顶叶传达到背外侧前额叶皮层(dlPFC),dlPFC 主要负责注意力的分配,是调节注意力、思维和行动的关键区域[8]。研究表明,人们倾向于关注更高的视野和右侧的视野,这对消费者行为可能有重要的启示,即注意力分配会通过刺激的视觉分布显著影响消费者的决策[9]。因此,商家可以将推广的商品放置在最能吸引消费者注意力的位置,以增加被消费者注意到的可能性。另外,产品在设计上注重外观因素,如产品配色、产品形状、包装体量等,实际上就是在争取消费者更多的注意力。腹侧视觉路径通过下额叶皮层延伸到腹外侧前额叶皮层(vlPFC),vlPFC 主要负责目标识别。腹外侧前额叶皮层负责消费者快速识别和区分品牌和商品。研究表明,消费者只需 313 ms 就能迅速识别出两个不同的食品品牌,并决定自己更喜欢哪一个[10]。

总之,通过 fMRI 测量 dlPFC 和 vlPFC 的活跃程度,以及 NAcc 和 AIns 的激活程度;通过 ERP 测量 N1 和 P2,可以反映消费产品和品牌标志的视觉刺激强度,视觉刺激强度越高,后续发生产品消费的可能性就越大。更重要的是,这些神经指标可以预测市场结果,提高了这些神经认知结果的可靠性和外部有效性,为营销实践提供了重要的启示。

2. 品牌认知加工

消费者对品牌信息进行加工和理解的过程。这涉及大脑中的注意、工作记忆和语义加工等认知过程。研究表明,品牌认知加工在大脑的前额叶和颞叶区域发生。

一项利用 fMRI 技术的研究发现,当人们浏览在线内容时,他们的大脑活动可以揭示他们在注意力分配上的倾向。具体而言,在观看在线内容时,早期的伏隔核(NAcc)激活与大脑奖赏反馈和奖励加工相关,表明用户对所观看内容的偏爱和积极预期情绪反应。此外,晚期的前额叶皮质(mPFC)激活与用户参与度有关,可能反映了他们对在线内容的投入程度。另一方面,早期的前脑岛(AIns)激活则与消费者回避或避开某些在线内容有关。前脑岛是涉及社会情绪感知和调节的区域,因此其激活可能代表着用户对某些内容的厌恶或消极预期情绪反应[11]。通过观察这两个脑区的神经激活情况,研究人员认为这些反应可能更深层次地反映了人们注意力资源的分配方向。伏隔核的激活可解释为用户对基于奖励加工和积极唤醒的认知加工过程更感兴趣,而前脑岛的激活则可能代表着用户对基于厌恶情绪和消极唤醒的认知加工过程更为敏感。这项研究对于了解消费者在品牌推广活动中的注意力行为非常重要。通过观察伏隔核和前脑岛的激活情况,研究人员可以更好地理解消费者在观看在线内容时如何分配注意力和资源,并且对不同类型的在线媒体做出何种反应。伏隔核的活跃度可以指示注意向什么方向倾斜,而前脑岛的活跃度则可能显示出消费者避免哪些内容。这对于制订更有效的品牌营销策略以吸引消费者的兴趣非常有帮助。

一些近期的研究使用了事件相关电位和事件相关震荡方法来探索视觉和听觉刺激对消费者注意吸引的影响。在视觉刺激方面,N1 和 P2 成分是比较常被研究。N1 成分源自外侧初级视觉皮层,在刺激后大约 100 ms 产生,可以揭示物理刺激材料在视觉处理中的作用。一项研究发现,产品设计的优劣会引起相应的消费者感知并反映在神经活动上。具体来说,那些看起来不那么美的智能手机会在额叶和中央区域诱发更大的 N100 成分,并在前额叶、额叶和中央区域诱发更大的 N200 成分[7]。而 P2 成分则主要分布在大脑的前额区域,产生于刺激后大约 200 ms,反映了早期注意资源的分配,研究发现,网页的整体布局也会对消费者的决策产生影响。相对于整齐有序的布局,杂乱的布局会引起更大的 P2 成分,这可能促使消费者做出冲动性消费[12]。此外,令人满意的产品会引起更大的 P2 成分,这意味着这些产品在消费者的早期注意力吸引方面效果更强[13]。

在事件相关震荡研究中,8～13 Hz 的 αERD 被认为反映了注意力资源的分配,αERD 与注意力和记忆处理密切相关,并且其大小与认知加工正相关[14]。一项研究发现,品牌决策涉及复杂的认知加工过程,积极评价可能会触发更多购买决策过程中的心理活动,在线商品评论中的积极评论会引起更大的 αERD,这反映了积极评论引发了与注意吸引相关的强烈脑活动[15]。换句话说,注意力资源更多地分配给受到积极评价的产品,而对消极评价的产品则分配较少的认知资源。除视觉之外,听觉感知也对消费者的注意吸引有重要影响。听觉刺激可以引发电位中的 N1 和 P2 成分,并且与想象力相关的听觉刺激还可以诱发 P2 和 P3 成分[16]。研究表明,αERD 与听觉 P3b 的振幅和潜伏期有关,因此,听觉的 P2、P3 成分和 αERD 对于消费产品的听觉注意吸引具有重要的研究价值。而其他感官方式如嗅觉、触觉和超感知知觉等也会影响消费者对产品的注意吸引和更高级别的认知。这些基础感官线索留下的"感官印记"可以改变消费者的认知和行为[17]。

9.2.2　决策形成:品牌价值与奖赏机制

1. 品牌预期价值

品牌商品的预期价值代表了消费者对未来消费该品牌时所得到的体验价值的期望与信念。换言之,预期价值涉及消费者对自己从某品牌商品消费中即将获得的快乐程度的评估。通过神经科学研究,我们可以了解消费者的预期价值与大脑活动之间的关系,从而为企业制订精准的品牌营销策略提供参考。

一项早期的研究由 Zaltman 等人进行,他们使用脑波记录技术发现,消费者对品牌广告的情感反应在大脑中产生了特定的电信号[18]。其中,P300 的信号与消费者对品牌广告的积极情感反应相关。这表明消费者的大脑在对品牌广告做出情感反应时会显示出特定的电信号,这可以用来评估消费者对品牌的初始喜好或态度。进一步的研究由 Plassmann 等人进行,他们使用功能性磁共振成像技术研究了消费者对葡萄酒的评估和购买决策[5]。研究结果显示,在消费者对葡萄酒的评分提高时,与奖励加工相关的纹状体区域显示出更强烈的活动。这意味着当消费者对产品的评价提高时,大脑中的奖励加工机制被激活,从而促使他们做出购买决策。因此,预期价值的提升可以通过增加产品的奖励价值来推动消费者的购买行为。Knutson 等人的研究进一步证明了预期价值与大脑活动之间的关联[19]。他们使用 MRI 扫描技术研究了消费者对美食的感知和评估过程。参与者在实验前浏览了一些美食图片,并报告了对这些美食的预期价值。研究结果显示,被认为具有较高预期价值的美食引发了与奖励加工相关的脑区(包括纹状体和背外侧前额皮层)更强的激活。这表明消费者对于被认为具有高预期价值的美食产生了积极的情绪反应,这种情绪反应进一步推动了其对商品的购买行为。除了产品本身的特点,折扣活动也是影响消费者预期价值的重要因素。Karmarkar 和 Yoon 的研究发现,与较高原价相比,较低原价引起了消费者纹状体更强烈的活动。这表明消费者对于折扣活动具有较高的预期价值,从而促进了购买行为[20]。Goto 等人使用功能性磁共振成像技术研究了消费者对汽车品牌的情感评估[21]。他们发现,受欢迎的汽车品牌引起了腹内侧前额皮层(vmPFC)更强烈的激活,这表明消费者对受欢迎的汽车品牌具有更高的预期价值,他们认为选择这些品牌将获得更好的体验。

通过梳理消费者认知神经科学领域有关预期价值的研究,发现与预期价值形成密切相关的三个脑区是纹状体、腹内侧前额皮层和背外侧前额皮层。许多实证研究已经证实了这些区域在预期价值编码中的作用。消费者偏爱的品牌引起了纹状体更强烈的活动,这可能是因为消费者对偏爱品牌的信赖度高、预期价值大,从而引发了纹状体的激活响应。其次,背外侧前额皮层参与情绪刺激的加工处理和认知冲突的监测,与品牌的推荐相关研究表明,专家推荐会增进消费者对品牌的信任程度,增加消费者对商品的预期价值,并导致背外侧前额皮层的神经活动增强。最后,腹内侧前额皮层通常涉及与奖励相关的情绪调节功能。消费者面对具有高社会价值的品牌时,vmPFC 的激活也许可以反映消费者对于该品牌的积极情绪调节过程。

通过这些研究结果,我们可以得出结论:预期价值对消费者的购买决策产生重要影响,而大脑中的纹状体、背外侧前额皮层和腹内侧前额皮层是与预期价值形成紧密相关的关键区域。因此,在品牌营销中,企业应该注意提升消费者对品牌商品的预期价值。通过塑造品牌形象、借助专家推荐和突出产品的社会价值,可以有效地提高消费者对品牌的预期价值,并促使他们更愿意购买该品牌的产品。考虑到这些研究结果,企业可以利用神经科学的知识来制订创新的品牌营销策略。例如,在广告宣传中强调产品的独特性和优势,以增加消费者对于产品的预期价值;利用专家的推荐和认可,提升消费者对品牌的信赖度和预期价值;注重品牌形象的塑造,突出与社会价值相关的因素,以加强消费者对品牌的积极情感反应。

此外,还有研究表明人们对于社会价值的感知可能类似于对金钱奖励的价值感知。Izuma 等人使用功能性核磁共振成像技术来探究金钱奖励和社会声誉对大脑的影响[22]。他们发现,获得正面声誉和获得金钱奖励都会激活同一脑区——左侧纹状体,这表明金钱奖励和社会奖励以类似的形式刺激着大脑。Lin 等人探究了货币和社会价值在概率选择任务中的交互作用,并通过功能性核磁共振成像技术研究了大脑活动[23]。研究结果显示,被试对货币和社会奖励的主观价值与 vmPFC(前扣带回皮层)和 OFC(眶额叶皮层)的激活密切相关。这表明对社会属性的预期价值感知可能与金钱奖励的预期价值感知相类似。因而对消费者而言,对社会属性的预期价值感知可能与金钱奖励的预期价值感知相类似,社会属性奖励(如消费一块劳力士带来的社交优越)与金钱奖励(如消费过后的现金回馈)虽然形式不同,却以同样的原理机制刺激着大脑进而促进了消费决策。

总之,理解消费者对品牌商品的预期价值与大脑活动之间的关系对于企业的品牌营销至关重要。通过深入研究消费者的预期价值评估机制,企业可以制订精准的品牌营销策略,提高消费者的购买意愿和品牌忠诚度。将神经科学与市场营销结合起来,为企业带来更大的商机和竞争优势。

2. 奖赏机制

消费者在做出购买决策时,会综合考虑预期收益、付出的价格及感知的风险进行收益评估。品牌可以引发消费者大脑中的奖赏系统的激活,并且与情感、自我相关性及社会认同等因素密切相关。研究人员会采用多种认知神经方法,深入理解品牌对消费者奖赏机制的作用。

(1)功能性核磁共振成像(fMRI)实验。用于测量大脑在面对品牌时的活动。在实验中,受试者被要求观看不同品牌的标志、广告或产品图像,同时通过 fMRI 扫描记录大脑活动。通过比较不同品牌条件下的脑活动模式,研究人员可以了解品牌对特定脑区的激活效应。

(2)情绪感知任务实验。在这种实验中,受试者需要观看不同品牌标志、广告或产品的图像,并在图像呈现过程中进行情绪评估。例如,受试者可能被要求根据他们对图像情绪的主观评价给予积极或消极的反应。通过分析受试者在情绪感知任务中的表现和脑电活动,研究人员可以评估品牌对消费者情感奖赏的影响。

(3)自我认同任务实验。这类实验通常利用脑电图(EEG)记录来衡量大脑对品牌相关信息的处理。在实验中,受试者可能需要根据与个人身份相关的品牌进行任务表现或决策。通过分析脑电活动,在品牌条件下的特定时间段,例如 P300 或 N400时段,可以揭示品牌对自我认同程度的影响。

(4)社会互动实验。这种类型的实验旨在探索品牌对社交认同的作用。研究人员可能会使用功能性磁共振成像(fMRI)或脑电图(EEG)技术来记录被试在观看带有品牌标志的图片或视频时的大脑活动。同时,他们还会评估被试对于与品牌相关的社交认同感的主观评价。通过分析大脑活动和主观评价之间的关联,研究人员可以揭示品牌对社会互动奖赏机制的影响。

最近的研究表明,伏隔核(NAcc)可能在预期收益和收益评估方面起着调控作用,该脑区是大脑奖赏反馈的中心。神经预测相关的研究发现,NAcc 的神经活动可以预测个体对资助众筹项目等决策的倾向,特别是与预期收益相关的伏隔核活动可以预测个体消费者在短期、长期消费或亲社会行为等决策方面的趋向[24]。社交认同也是品牌对消费者奖赏机制的重要组成部分。研究表明,品牌可以作为传递符号化社会信息的媒介,与社交活动和社会认同密切相关。当消费者选择特定品牌来表达自己的身份时,大脑中与奖赏路径相关的区域如伏隔核、背前额叶皮层和杏仁核等会显示出激活。这揭示了品牌在社交互动中承载个人信息,并与他人产生共鸣的重要作用。消费者渴望通过使用特定品牌来参与社交,并寻求他人对他们品牌选择的认可和支持。

在一项研究中,通过功能性核磁共振成像技术对 12 名受试者进行扫描,以深入研究观看品牌标志对大脑的影响。实验分为两个阶段,第一项研究是一项旨在了解品牌感知心理过程的探索性研究[25]。该研究使用了功能性核磁共振成像技术扫描了 12 名受试者的大脑。受试者被要求观看不同品牌的标志,并分为两个阶段进行实验。在第一阶段,受试者被动地观看品牌标志,以捕捉品牌感知的隐含过程。第二阶段,受试者被要求通过感性评估来评价品牌。通过分析大脑活动,研究者发现情感、自我相关性和社会相关性在品牌感知过程中扮演着重要角色。这说明,无论是仅仅看到品牌标志还是对品牌进行感性评估,社交大脑都参与其中。研究结果与现有的品牌研究一致,认为品牌具有消费者用于社交导航的象征维度。

第二项研究进一步分析了受试者对品牌的偏好程度[26]。通过将品牌分为偏好、不偏好和漠不关心三类,研究者发现社会相关性和情感感受在偏好和漠不关心的品牌中都起到了作用。这意味着品牌承载了消费者用于社交目的的信息。研究结果支持以往行为研究的结论,即消费者通过使用特定产品和风格展示自己的身份,并希望他人能正确解读这些符号。品牌作为一种符号具有意义,消费者在社交领域吸收并使用这些意义来塑造自己的身份。消费者之所以倾向于某个产品,可能是因为它具有对社会有用的意义。因此,每当消费者看到一个品牌时,他们的大脑会自动尝试提取其中蕴含的意义。

总而言之,消费者在购买决策中考虑预期收益和价格,并进行风险评估。神经科学研究揭示了伏隔核在其中的调控作用,以及品牌对消费者奖赏机制的重要激活作用。品牌作为符号化社会信息的媒介,能够满足消费者的社交需求,并参与个体的身份建构。这些研究结果不仅有助于深入理解消费者决策的神经基础,也为品牌营销提供了重要的指导意义。

9.2.3 品牌消费体验

品牌消费体验在品牌营销中扮演着至关重要的角色,消费者在此阶段会获得体验价值,该价值将直接影响他们对品牌和商品的看法,并对后续消费行为产生深远影响。

什么是体验价值?体验价值指的是消费者从购买特定品牌商品中所获得的情感愉悦价值。它与消费者感受到的快乐程度息息相关。从决策理论的角度来看,体验价值被认为是对决策影响最大的真正价值,包括消费体验的"效价"和"唤醒度"两个层面[9]。效价,是指消费情感体验的正负性质:增进情感愉悦的消费体验是正性效价的,而增加情感痛苦的体验是负性效价的。因此,消费者通常会以体验价值的高低作为评估消费质量的重要依据,并根据这种评估来改善或调整他们的消费体验。相反,如果消费者在体验过程中遇到痛苦或不愉快的情况,体验价值则会减低。一项研究通过对消费者进行 MRI 扫描发现,当消费者获得奖励时,特别是愉悦体验时,神经系统中的某些区域会受到激活。具体而言,内侧眶额叶皮层(mOFC)的活动与愉悦体验密切相关。当消费者在消费体验中获得愉悦时,mOFC 的激活程度会显著增加,无论这种愉悦是通过哪种感官刺激获得的。另一方面,在痛苦或不愉快的体验中,脑中的脑岛和扣带前回就会发生激活[27]。因此,神经科学的研究结果验证了体验价值对消费决策的重要性和影响。

如何提高消费者的体验价值?研究发现品牌丰富的包装元素可以显著增强消费者的体验价值。精心设计的外包装和标识可以刺激消费者的感官体验,从而增加感官愉悦,提升体验价值[28]。此外,商品的服务更新也可以提高体验价值。例如,提供更快速、便捷或个性化的服务,符合消费者的期望和需求,能够改善他们的体验,并增加他们的满意度。另外,内容营销也被证明对提高消费者的体验价值具有重要的影响。优秀而有趣的内容能够吸引和吸引消费者,并为他们带来乐趣和满足感[29]。

唤醒度,是指消费体验唤醒正性或负性情感的强烈程度。一项关于体验唤醒度的研究发现,随着与品牌建立关系的时间增加,消费者对品牌商品的情感唤醒度会下降,但他们对品牌的内化程度则会增强。尽管有些研究发现负责人际关系的脑区和负责品牌关系的脑区并不完全重叠,但仍然有理由相信该类比可以提供一种更深入的理解消费者与品牌之间情感交互的方式。fMRI 研究发现,杏仁核作为一个重要的神经结构,在情感唤醒程度增强时(无论是正性还是负性情感),其活动水平显著增加。这可能说明了情感唤醒度对消费体验的重要性。

最近的 ERP 研究在品牌营销领域发现,积极的口碑评价会引发更强烈的后续电位(LPP)成分。不同于以往研究经常将价格视为消费决策的核心因素,即当面临同类产品时,消费者通常会选择价格较低的产品,这项研究实验结果表明,与负面口碑和低价产品相比,积极口碑和高价产品会引发更大的 LPP 成分,也就是说,在线评论对通过价格引起的情绪唤醒具有调节作用,并揭示了口碑评价在消费者心理和决策中的重要作用,其影响程度甚至超出了价格因素[15]。

具体来说,消费者对产品价格的知觉并不像以前认为的那样是唯一的决策驱动因素。相反,积极的口碑评价对消费者的情感唤醒产生了显著影响。LPP 成分是一种测量情绪加工的神经指标,它被认为与情感评估和情绪反应强度相关。研究结果表明,当消费者遇到带有积极口碑评价的高价产品时,他们的 LPP 成分会明显增加。这意味着积极的口碑评价能够在消费者心理中引发更强烈的情感唤醒和积极情绪反应,这是因为积极口碑评价激发了消费者情感上的正面反应,使他们相信高价产品能够提供更好的体验和价值。这项研究结果对品牌营销具有重要的实践意义。过去,许多企业将重点放在价格策略上,期望通过降低价格来吸引消费者。然而,该研究揭示了消费者对口碑评价的高度敏感性。积极的口碑评价可以在消费者心中激发积极的情绪,并对其购买决策产生积极影响。因此,在品牌建设和市场传播中,企业应该积极推动良好的口碑评价,通过满足消费者需求和提供卓越的产品质量和服务来赢得消费者的肯定和推荐。

综上,消费体验阶段在品牌营销中起着重要作用,它对后续消费行为产生强烈影响。消费体验中的体验价值由消费者在购买特定品牌商品中获得的情感愉悦价值构成,丰富的包装元素、服务更新和出色的内容营销都能显著提升消费者的体验价值。采用认知神经科学的方法,发现内侧眶额叶皮层(mOFC)是正性体验价值在大脑中的反应中心,脑岛和扣带前回(ACC)是负性体验价值在大脑中的反应中心。事件相关电位中的 P2 和 LPP 成分分别敏感于体验价值的效价和唤醒度。事件相关震荡中的 θERS 可以反映情绪效价,γERS、δERS 都能反映商品所带来的情绪唤醒度,而 αERS 则意味着更流畅,更优越的消费体验价值。进一步的研究将有助于我们更好地理解消费者决策背后的神经机制,并为品牌营销提供更具针对性的指导。

9.2.4 品牌忠诚

品牌忠诚是消费者对于特定品牌或品牌系列产品或服务在未来的一贯重复购买偏好,以及由此产生的重复购买行为。它是基于消费者对之前购买经历的总结和评估形成的,构建了稳定的品牌态度和行为表现。品牌忠诚的形成是一个复杂而有序的神经心理过程,在注意吸引阶段、决策形成阶段及情绪体验阶段等多个阶段的综合评价上建立。

在探索品牌忠诚与大脑激活之间的关系时,研究者使用 fMRI 技术对受试者进行扫描,并让他们参与涉及品牌选择和评估的任务。通过比较不同忠诚程度的消费者,研究发现品牌忠诚者展示出更活跃的纹状体、腹内侧前额叶皮层(vmPFC)和扣带前回(ACC)脑区活动[30]。这些脑区被认为在品牌决策中起着重要作用,反映了消费者对品牌的认知和价值判断。纹状体被认为与奖励和满足感有关,因此其活动水平可能反映了消费者享受特定品牌的程度。vmPFC 和 ACC 参与了情感调节、决策制订和认知控制等过程,其活动可能反映了消费者对品牌的情感连接和决策所涉及的心理成本。另外,在品牌忠诚相关话题中还探讨了专家效应对消费者行为的影响。研究表明,专家推荐可以增加消费者对产品的忠诚度,并且经验性脑区显示出与此相关的活动变化。例如,一些实验发现,专家推荐会导致海马体和海马灰质的增强活动[31]。海马体在记忆编码和检索中起重要作用,因此这一结果表明专家推荐提高了消费者对产品的记忆效果。此外,研究还观察到,专家推荐引发了尾状核主导的信任效应、奖励相关过程和学习过程的活动变化。这些结果揭示了专家推荐对品牌忠诚产生积极影响的神经机制。在触发品牌回忆时,背外侧前额叶皮层(dlPFC)的活动也得到加强。这个脑区参与工作记忆和信息加工,其活动的增强可能反映了消费者在面对品牌触发时加深的注意和认知投入。

最近的事件相关电位研究,进一步揭示了品牌忠诚与记忆检索之间的关系。在 $500 \sim 800$ ms 之间的晚期正成分(LPP)被发现可能与记忆检索有关。这一成分在左侧头皮区域呈现偏向,提示了它参与了与记忆相关的认知过程,可能是品牌忠诚形成的一个重要因素[32]。事件相关震荡相关研究还证实了 θERS 在大脑中情景记忆编码和检索中的作用。早期研究表明,θ 波振荡调节突触的可塑性,从而证实了 θ 波与记忆之间的关联。进一步的事件相关震荡研究表明,在人类进行情景记忆任务时,θ 波振荡会出现,并且 θERS 是片段记忆编码和检索的基础;在回忆或正确的源记忆提取过程中,θERS 能量也相应增加[33]。由于消费者的态度忠诚和行为忠诚是基于记忆检索的,因此 θERS 的发现对于深入研究品牌忠诚具有重要价值。

总体而言,品牌忠诚形成是一个由多个脑区参与的复杂神经心理过程。通过结合脑成像技术、ERP 和 ERO 等方法的研究,我们能够更好地理解品牌忠诚的神经机制。这些研究结果对于品牌营销策略的制订和品牌管理具有指导作用,有助于提高消费者对品牌的认知和忠诚度。随着进一步的研究展开,我们将能够更全面地揭示品牌忠诚的形成与维持机制,并为品牌营销提供更具针对性的策略和推荐。

9.3 未 来 展 望

目前已有许多研究采用不同的认知科学方法探究品牌对消费者的影响,涉及品牌消费的各个阶段,未来还可以从以下几个方面进行深入探讨。

(1) 细化竞争性视觉选择。近年来,对于消费者视觉注意的功能性磁共振成像研究逐渐趋于成熟与精细。未来的研究可以进一步深入探索消费者竞争性视觉选择的细节,如品牌消费中低级特征(如颜色、亮度、方向、大小、形状和移动)以及高级特征(如面孔、文字)在吸引消费者注意力方面的差异,并研究相关脑区的激活情况。比较不同特征引起的注意力响应,并详细了解相关脑区的激活情况,以确定最具吸引力的元素优先级,更好地设计和排列品牌商品的视觉吸引元素。

(2) 其他感知方式的作用。除了视觉信息处理,还需要深入了解其他感官方式在品牌营销中的作用。例如,我们可以研究商品嗅觉营销的神经心理机制,以及不同商品类别下香型应用的差异。此外,我们还可以探讨触觉感知引起的脑处理过程,并研究是否能够利用神经心理学指标来为商品选材和设计提供可量化的依据。

(3) 信息处理路径和调节变量。我们已经了解到消费者决策形成中的中枢和边缘路径的差异,以及强证据信息和边缘线索对消费者态度的影响。然而,我们仍有待进一步研究影响信息处理路径选择的调节变量及其他相关因素。我们需要探索影响信息处理路径选择的调节变量是哪些,以及强证据信息和边缘线索如何改变消费者态度。此外,还需要研究商品价格与预期价值在消费者价格公平感知和购买决策方面的关系。目前,我们已经了解到在消费体验中积极和消极情感在大脑中的反应,并且知名品牌往往可以为消费者带来短期的奖励体验。未来的研究可以更深入地研究这种短期奖励体验是否能够促进使用者长期幸福感的形成,以及奖励体验与重复购买行为之间的关系。这样的研究将有助于更好地理解消费体验对消费者满意度和忠诚度的影响机制。

(4) 品牌忠诚敏感因素和细分市场。我们已经确定了与消费学习和记忆相关的脑区,但不同消费者在品牌忠诚形成上存在差异。因此,未来的研究可以寻找不同产品消费类群的品牌忠诚敏感因素,从而为不同细分市场的消费者制订营销策略提供指导。这样的研究将有助于更具针对性地开展市场营销实践,并提高品牌在不同消费者群体中的忠诚度。

9.4　小　结

品牌不仅影响着消费者的购买决策,还在消费者的心理、情感和行为方面产生重要影响。品牌通过塑造消费者的认知和情感连接,影响其购买行为;品牌形象、知名度和声誉会影响消费者对产品或服务的信任度和价值感知,进而影响其购买意愿和忠诚度。此外,品牌也在消费者的身份认同和社交关系中扮演重要角色。研究品牌对消费者的影响不仅有助于企业了解消费者心理和行为,还能指导企业制定更有效的营销策略和品牌管理策略,从而提升品牌竞争力和市场地位。随着神经科学方法在营销学中的应用不断增加,我们逐渐揭示了品牌消费各个阶段的重要脑处理过程,利用 fMRI、ERP、ERO 等神经科学方法我们能够更加深入地了解消费者有关品牌注意吸引、品牌价值判断、品牌消费体验和品牌忠诚的心理过程和神经机制。

消费者与品牌之间建立了类似人际关系的关系,人们在人际关系中依赖的规则同样适用于消费者与品牌之间的关系:消费者不仅与品牌建立关系,还通过品牌与其他消费者建立关系。品牌在连接消费者方面起到积极的社交角色,整个关系网络比我们想象的更相似。所有参与的人都相互关联,形成一个社交群体,由他们之间达成的规范来统治。因此,我们可以将品牌看作是一种社会学模型,在消费者之间的社交互动中达成共识的,而象征性的产品/品牌则是它们的实体/虚拟代表。我们已经掌握了很多关于消费者如何与品牌和商品建立关系并赋予它们意义的知识,这种意义保护着品牌对应消费群体的凝聚力,最终形成了一种品牌文化。

思考题

(1) 请结合市场营销中具体案例,谈谈品牌形象如何影响消费者对品牌的认知,又如何对消费者购买意愿产生影响?

(2) 如何利用认知神经科学方法探究消费者对品牌的认知和情感直接的联系?通过本章的学习,你有哪些独到的想法?

(3) 品牌如何通过品牌故事、品牌体验和品牌社交等策略与消费者建立情感联系?若你想利用 fMRI 方法探究上述问题,你会关注哪些脑区?

参考文献

[1] 王官诚,汤晖,万宏编著.消费心理学[M].2 版.北京:电子工业出版社,2013.

[2] 冉陆荣,李宝库主编.消费者行为学[M].2 版.北京:北京理工大学出版社,2020.

［3］ Kenning P, Plassmann H, Ahlert D. Applications of functional magnetic resonance imaging for market research［J］. Qualitative Market Research: An International Journal, 2007, 10(2): 135 – 152.

［4］ LEE N, Broderick A, Chamberlain L. What is "neuromarketing"? A discussion and agenda for future research［J］. International Journal of Psychophysiology, 2007, 63(2): 199 – 204.

［5］ Plassmann H, O'Doherty J, Shiv B, Rangel A. Marketing actions can modulate neural representations of experienced pleasantness［J］. Proceedings of the National Academy of Sciences, 2008, 105(3): 1050 – 1054.

［6］ Marques dos Santos J P, Martins M, Ferreira HA, et al. Neural imprints of national brands versus own-label brands［J］. Journal of Product & Brand Management, 2016, 25(2): 184 – 195.

［7］ Ding Y, Guo F, Hu M, Cao Y. Using event related potentials to investigate visual aesthetic perception of product appearance［J］. Human Factors & Ergonomics in Manufacturing & Service Industries, 2017, 27(5): 223 – 232.

［8］ Watson D M, Young A W, Andrews TJ. Spatial properties of objects predict patterns of neural response in the ventral visual pathway［J］. Neuroimage, 2016, 126: 173 – 183.

［9］ Plassmann H, Ramsoy T Z, Milosavljevic M. Branding the brain: A critical review and outlook［J］. Journal of Consumer Psychology, 2012, 22(1): 18 – 36.

［10］ Milosavljevic M, Navalpakkam V, Koch C, et al. Relative visual saliency differences induce sizable bias in consumer choice［J］. Social Science Electronic Publishing, 2012, 22(1): 67 – 74.

［11］ Tong L C, Acikalin M Y, Genevsky A, et al. Brain activity forecasts video engagement in an internet attention market［J］. Psychological and Cognitive Sciences, 2020, 10(12): 6936 – 6941.

［12］ Shang Q, Jin J, Pei G, et al. Low-order webpage layout in online shopping facilitates purchase decisions: Evidence from Event-related potentials［J］. Psychology Research and Behavior Management, 2020, 13: 29 – 39.

［13］ Wang C, Fu W, Jin J, et al. Differential effects of monetary and social rewards on product online rating decisions in e-commerce in China［J］. Frontiers in Psychology, 2020, 11: 1440.

[14] Basar E, Basar-Eroglu C, Karakaş S, et al. Gamma, alpha, delta, and theta oscillations govern cognitive processes [J]. International Journal of Psychophysiology, 2001, 39(2-3): 241-248.

[15] Sun L, Zhao Y, Ling B. The joint influence of online rating and product price on purchase decision: An EEG study[J]. Psychology Research and Behavior Management, 2020, 13: 291-301.

[16] Corral M J, Escera C. Effects of sound location on visual task performance and electrophysiological measures of distraction[J]. Neuroreport, 2008, 19(15): 1535.

[17] 谢莹,刘昱彤,陈明亮,等.品牌消费旅程中消费者的认知心理过程:神经营销学视角[J].心理科学进展,2021,29(11): 2024-2042.

[18] Zaltman G, Coulter R H. Seeing the voice of the customer: Metaphor-based advertising research[J]. Journal of Advertising Research, 1993, 33(2): 35-51.

[19] Knutson B, Adams C M, Fong G W, et al. Anticipation of increasing monetary reward selectively recruits nucleus accumbens [J]. Journal of Neuroscience, 2001, 21(16): RC159.

[20] Karmarkar U R, Yoon C. Consumer neuroscience: Advances in understanding consumer psychology[J]. Current Opinion in Psychology, 2016, 10: 160-165.

[21] Goto N, Kovalenko L, Ishiguro H, et al. Neural correlates of evaluation and expectation in brand perception[J]. Neuroreport, 2009, 20(17): 1557-1561.

[22] Izuma K, Saito D N, Sadato N. The roles of the medial prefrontal cortex and striatum in reputation processing [J]. Social Neuroscience, 2010, 5(2): 133-147.

[23] Lin A, Adolphs R, Rangel A. Social and monetary reward learning engage overlapping neural substrates[J]. Social Cognitive and Affective Neuroscience, 2012, 7(3): 274-281.

[24] Genevsky A, Yoon C, Knutson B. When brain beats behavior: Neuroforecasting crowdfunding outcomes [J]. Journal of Consumer Marketing, 2017, 37(36): 8625-8634.

[25] Santos J P, Seixas D, Brandão S, Moutinho L. Neuroscience in branding: A functional magnetic resonance imaging study on brands' implicit and explicit impressions[J]. Journal of Brand Management, 2012, 19(9): 735-757.

[26] Santos J P, Moutinho L, Seixas D, et al. Neural correlates of the emotional and symbolic content of brands: a neuroimaging study[J]. Journal of Customer Behaviour, 2012, 11(1): 69 - 94.

[27] Saarela M V, Hlushchuk Y, Williams A C D C, et al. The compassionate brain: Humans detect intensity of pain from another's face[J]. Cerebral Cortex, 2006, 17: 230 - 237.

[28] 柳武妹,马增光,叶富荣.营销领域中包装元素对消费者的影响及其内在作用机制[J].心理科学进展,2020,28(6): 1015 - 1028.

[29] Siebert A, Gopaldas A, Lindridge A, et al. Customer experience journeys: Loyalty loops versus involvement spirals[J]. Journal of Marketing, 2020, 9: 2242 - 2250.

[30] Plassmann H, O'Doherty J, Rangel A. Orbitofrontal cortex encodes willingness to pay in everyday economic transactions[J]. Journal of Neuroscience, 2007, 27 (37): 9984 - 9988.

[31] Klucharev V, Smidts A, Fernandez G. Brain mechanisms of persuasion: How 'expert power' modulates memory and attitudes[J]. Social Cognitive and Affective Neuroscience, 2008, 3(4): 353 - 366.

[32] David F. The cognitive aging of episodic memory: A view based on the Event-related brain potential[J]. Frontiers in Behavioral Neuroscience, 2013, 7(5): 111.

[33] Herweg N A, Apitz T, Leicht G, et al. Theta-alpha oscillations bind the hippocampus, prefrontal cortex, and striatum during recollection: evidence from simultaneous EEG - fMRI[J]. Journal of Neuroscience, 2016, 36(12): 3579 - 3587.

第 **10** 章
文化影响

10.1　文化的概念与消费领域中的文化维度

美国的化妆品生产行业曾有一句流传甚广的说法：日本的化妆品市场是美国商人难以翻阅的大山！美国商人缘何做出这样的感叹？日本消费者对于化妆品真的如此挑剔吗？细细观之，发现其中折射出了两国消费者普遍存在的文化差异。

美国曾是化妆品生产的重要国家，出口的大量产品中有一部分流向日本美妆市场。为了在日本市场中也能占据重要地位，美国商人进行了大规模的广告宣传和促销活动，然而这些努力却频繁面临"赔本赚吆喝"的尴尬局面。日本消费者对来自美国的"海外正品美妆"并不买账，化妆品销量很低，产品也不断积压，陷入僵局。为了了解问题来源，美国商人委托专家对日本消费者购买化妆品的心理进行了详细调查研究，结果显示，美国化妆品的颜色设计与日本消费者的喜好完全不符。

在美国，人们普遍认为稍微深色或略黑的皮肤是富裕阶层的象征。这种观念源自美国人对于休闲活动的理解：只有生活富裕的人才有足够的时间和金钱去进行各种休闲活动，尤其是到海滩晒太阳。富裕程度越高，去海滩晒太阳的机会就越多，皮肤也可能变得稍微深一些。把白皙肤色晒成小麦色一度成为美国富人追求健康、美丽、休闲生活方式的肤色象征。在化妆时，美国人习惯使用深色的化妆品，使肌肤呈现略深的色调，以展示自己的地位。化妆品制造商在生产过程中，也主要生产略深色的产品，以满足市场需求。

然而，日本人的肤色属于东方人的类型，肌肤本就是黄色调，因此他们更崇尚相对白皙的肌肤。在日本文化中，白皙的肤色被认为是美丽和高贵的象征，日本消费者在化妆时，不喜欢使用深色的化妆品，而是更倾向于能够提亮肤色的产品。正是这般文化差异，让美国化妆品进入日本市场便遭遇"滑铁卢"，也为后续想要发展跨国、跨文化业务的企业带来启示[1]。

如今,多数大企业都在积极地向国门之外的消费者推销商品。但是,企业要想在国际市场上取得成功就必须意识到,不同国家的消费者的购买行为存在很大的差异,这些差异主要是文化差异导致的;文化差异不仅存在于国与国、地区与地区之间,也存在与不同社会群体之间,一定要提前了解并适应对应文化圈层的消费者的喜好,适当做出调整,只有这样,才能在竞争激烈的市场中斩获一席之地。

10.1.1　文化的概念

关于文化的定义十分多样,不同意义层面能够赋予文化不同的概念,本节综合我国国内教科书对文化的普遍定义,认为文化是"人类社会从野蛮到文明经努力奋斗所取得的成就,是人类知识信仰艺术、道德、法律、风俗习惯,以及人类作为社会成员后天获得的其他一切能力和习惯的总和;也是人类所创造的物质财富和精神财富的总和。它是一种社会现象,以物质为基础"。

由上述定义能够体会到文化是一种社会共同构建的精神和行为模式,反映了人们在特定历史、地理和社会环境中所形成的思维方式和行为方式。消费心理研究领域主要集中探讨文化通过语言、宗教、风俗习惯、艺术、文学、音乐、建筑等多种形式对人们思维、行为和价值观等的影响[2]。

文化具有以下几个重要特征:

(1) 文化是学习的、习惯的。文化是通过社会化和教育过程来传递和学习的,并非生而具有,人们通过与社会环境和他人的互动来获得和理解文化,成长环境不同,文化的影响也存在差异。

(2) 文化是动态的、演变的。随着时间推移、社会发展和变革,文化也会随之调整和转变。例如,我国从原始的农耕社会,到封建社会,再发展成如今的社会主义现代化国家,文化也在不断地变化,全球化进程也会让不同国家之间的文化进行交流,衍生出众多"新文化""亚文化"。

(3) 文化是相对稳定的。正如唯物主义所说,物质的运动是绝对的,静止是相对的,在漫长的人类社会发展进程中,文化一定是动态演变的,但文化并非时时刻刻都在变化,短时间内的文化习俗是相对稳定的。比如中国人清明节要祭祖,端午节要吃粽子、赛龙舟;美国人感恩节要烤火鸡,复活节要涂彩蛋等。因此,企业想要收获跨文化消费者的青睐,就要对其文化有所了解。

(4) 文化是社会共同的。文化是由一群人所共享和传承的,它与社会群体的共同经验和共同认同密切相关。因此它一方面能够满足大多数成员需要,实际应用较广;另一方面对社会群体内的行为和思想具有一定规范和约束性,具体表现在当某些人出现与文化要求不一致的行为时,就会受到群体内他人的施加的压力。

(5)文化是多样的。不同地区、不同民族和不同社会群体之间存在着多样的文化,每个文化都有其独特的特点和价值观。接收文化的多样性对于我们求同存异,顺利开展各类商务活动至关重要。

10.1.2 消费领域中常见的文化维度

作为宏观环境因素中一个不可忽视的成分,文化广泛影响着消费者的认知,进而影响消费者对于商品和服务的选择标准。本节将通过系统梳理,选择具有代表性的几个维度,帮助大家更好地感受文化对于消费者观念及消费决策的影响。

1. 个人主义与集体主义

集体主义社会是以群体关联和个体之间的相互义务为核心,个体倾向于维护人际关系和社会的和谐,而个人主义的核心单位是独立个体,社会的存在是为了成就个体,个体之间是相互分离与独立的[3]。个人主义文化强调个体的自主性、个人权利和个人利益,而集体主义文化则更强调群体的利益、团队合作和社会责任[4]。

有研究通过个案分析和实验法相结合,探索目前中美市场上对突出母品牌/家族关联式命名与突出子品牌/独立个性式命名两种延伸命名策略的应用是否与中美两国集体主义/个人主义的文化背景相适应和相吻合,研究发现,中国品牌更习惯使用突出母品牌的延伸命名策略,美国品牌则更多地采用突出子品牌策略。中美品牌采用的延伸命名策略是与中美两国集体主义/个人主义的文化背景相适应和相吻合的。集体主义文化背景下突出"姓"(突出母品牌)的命名策略及家族关联式命名都得到偏好,而个人主义文化背景下突出"名"(突出子品牌)为命名策略及独立个性式命名都得到偏好[5]。

2. 动态时间观念与静态时间观念

在一般性的趋势下,不同文化中的消费者在时间观念上表现出动态时间观念和静态时间观念的差异[6]。动态时间观念的文化中的消费者更注重时间的高效利用和准时性,倾向于强调现在和未来,注重效率、快速和变革。他们倾向于提前计划和安排日程,注重时间的管理和控制。一些西方文化,如美国、英国和德国,通常被认为具有动态时间观念。这些消费者更喜欢快速、方便的产品和服务,例如快餐、速食品和快递服务。新加坡和日本也被认为具有动态时间观念,他们注重时间的效率和准时性,倾向于购买高科技产品和服务。

相反,静态时间观念的文化中的消费者对时间有更宽松的态度,注重人际关系和社交互动,更注重过去和现在,注重稳定、传统和规律。一些中东和拉丁美洲的文化通常被认为具有静态时间观念。这些消费者更倾向于享受过程和放松,对时间的变动和调整更具弹性。在东亚文化,如中国和韩国,消费者虽然在某些方面也注重效率和准时性,但整体上更具有静态时间观念。他们注重稳定性和规律性,更倾向于长期规划和未来的收益。这些消费者可能更倾向于购买耐用品和传统的产品。

然而,不同个体在同一个文化中也可能存在差异。每个文化中的消费者行为受到其他因素的影响,如个人偏好、社会阶层和教育程度等。此外,随着全球化的发展,文化之间的差异可能在一定程度上趋于模糊。

3. 高度不确定性规避与低度不确定性规避

高度不确定性规避的文化中的消费者通常更倾向于避免风险和不确定性,更注重稳定性和安全性。他们可能更喜欢购买熟悉的品牌和产品,对新奇和创新性的产品持保守态度。这些消费者更注重过去的经验和他人的意见,更倾向于寻求权威和专家的建议。一些亚洲和中东的文化,如日本、韩国和沙特阿拉伯,通常被认为具有高度不确定性规避。

相反,低度不确定性规避的文化中的消费者更愿意接受风险和不确定性,更注重个人的自主性和自由选择。他们可能更愿意尝试新的品牌和产品,对创新性持开放态度。这些消费者更注重个人的直觉和个人的决策,更倾向于自己的经验和感觉。一些西方文化,如美国、澳大利亚和荷兰,通常被认为具有低度不确定性规避。

过去的研究表明,文化差异是影响人们是否使用电子商务的重要因素。一项研究探讨了不确定性规避对马来西亚和阿尔及利亚这两个文化不同国家的电子商务使用意向的影响。发现个人对电子商务的有用性评估和态度之间的关系受到不确定性规避的影响[7]。了解这些差异将有助于我们更好地理解成功采用电子商务的关键,特别是对于那些希望在不同文化特征的国家扩大业务的企业。

4. 高权力距离与低权力距离

权力距离反映了等级制度在文化层面上被接受和期望的程度。权力距离信念代表了个体层面对权力差距的接受。

高权力距离的文化消费者通常来自那些社会中权力分配不平等的地区。在这些文化中,人们普遍接受和尊重权威和等级制度。这些消费者往往表现出对权威的尊重和依赖。他们习惯接受权威人物和领导者的意见和决策,很少质疑或挑战权威。这种行为体现了他们对权威的信任和对等级制度的接受。此外,高权力距离的文化消费者倾向于依赖权威和上级的指导和决策,不太习惯自主决策。他们习惯将决策的责任交给那些具有权威地位的人,而不是自己去做决策。这种行为反映了他们对上级的信任和对权威的依赖。在沟通方面,高权力距离的文化消费者更倾向于进行垂直式的沟通。他们习惯与上级或权威人物进行沟通,尊重上级的指示和建议。他们往往不太习惯与平等地位的人进行水平式的沟通,更喜欢接受来自上级的指导。这种行为体现了他们对权威的尊重和对等级制度的认同[8]。

低权力距离的文化消费者来自那些社会中权力分配较为平等的地区。在这些文化中,人们更加注重平等和个人权利。这些消费者往往表现出对权威的质疑和挑战。他们习惯自主决策,不太依赖权威或上级的指导。他们更倾向于质疑和思考,对于自己的决策和行为有更高的自主性。这种行为体现了他们对个人权力和自主性的重视。在沟通方面,低权力距离的文化消费者更倾向于进行水平式的沟通。他们习惯与平等地位的人进行沟通,注重共识和合作。他们更喜欢平等地位的人提供意见和建议,而不是依赖权威的指示。这种行为体现了他们对平等和合作的重视。

研究指出,权力距离信念对消费者判断过程和做出的选择具有多重含义。拥有高权力距离信念的消费者往往更容易被名人代言人说服,名人代言人可能代表着值得信赖和强大的来源。高(相对于低)权力距离信念的消费者报告了更有利的广告和品牌评价,因为他们更信任名人代言人。

5. 高度男性化与低度男性化

在全球范围内,注重高度男性化的文化主要包括一些亚洲和中东地区的国家,如日本、韩国、沙特阿拉伯等。而注重低度男性化的文化则主要出现在北欧国家,如瑞典、挪威、芬兰等地。

在高度男性化的文化中,男性被期望扮演强势、竞争和成就导向的角色,而女性则被期望扮演传统的家庭角色。这些文化中的消费者通常注重个人成就、竞争胜利和物质财富的追求,同时倾向于尊重权威和领导者的意见和决策。相比之下,低度男性化的文化注重性别平等和包容,男性和女性的平等地位受到重视。这些文化中的消费者更注重合作、共识和人际关系的建立,倡导消除性别歧视和刻板印象[9]。

10.2　文化影响的神经科学研究

在市场营销领域,对社会因素的研究相比神经科学更早。自 20 世纪 50 年代起,研究者们就开始关注品牌、产品和服务(商品)在消费者心目中的地位不仅仅在于功能,还有其他作用。Levy 指出,消费者与以往不同,他们更加注重产品所具有的其他方面。产品的象征意义成为了消费者在日常社会行为中使用的一种材料,用来构建社会现实[10]。消费者在定义和发展意义时发挥着积极而关键的作用，对于消费文化的定义也做出了重要贡献。文化通过时尚系统和商品向个体消费者传递意义。品牌不仅仅传递文化意义，还成为塑造文化仪式、经济活动和社会规范的意识形态的重要参照物。消费者还会根据品牌的意义来确定自己所属的群体，并与其他群体区分开来。这种社会层级的认知意味着不同的社会经济层级会与特定的产品联系在一起，从而决定了一个人的社会地位。在社会互动中，产品（及品牌）可以被看作是一种社交工具，消费者在社交环境中使用特定的品牌和产品来表达自己的身份、价值观和所属群体。通过选择某些品牌和产品，消费者能够表达他们对某个特定文化的认同，并与其他分享共同价值和兴趣的个体建立联系。品牌和产品成为了连接消费者之间的纽带，同时也在社会中塑造和强调不同个体之间的差异[12]。

然而，市场营销领域对于这种社会因素影响的研究并非始于神经科学，而是更加早期的民族志研究方法。民族志研究是揭示和探索文化共享元素最合适的方法，因此大多数研究采用了这种方法。而市场导向的民族志提出了四个指导原则，帮助研究者更好地理解消费者行为。① 研究者更喜欢在真实环境中收集数据，而不是实验室条件下。这样可以确保研究结果更贴近真实生活，并能够更好地理解消费者在真实环境中的行为和决策。② 研究者进行参与观察，投身于文化环境中亲自体验生活。通过与消费者互动和参与他们所在的文化环境，研究者更能深入了解他们的价值观、信念和行为模式。③ 市场导向的民族志注重对消费者行为的可信解释。通过深入的观察和参与，研究者可以更好地理解背后的原因和动机，并提供真实而可靠的解释。④ 综合多种数据来源可以获得更多不同行为和环境视角。这意味着研究者应该使用多种方法和数据收集工具来获取全面的信息，以便更好地理解消费者在特定文化环境下的行为。如果遵循这些指导原则，市场营销研究将能够从消费者在自然环境和互动中产生的真实数据中得出更有解释力的理论，就像在日常生活中一样。这种方法能够帮助我们深入了解消费者是如何受到社会文化因素的影响，以及他们如何通过品牌和产品来表达自己的身份和价值观。

除了传统的民族志研究方法，近年来文化神经科学也逐渐成为研究文化对消费者行为影响的重要领域。文化神经科学结合了神经科学技术和文化心理学理论，通过使用脑成像技术等工具来研究个体在特定文化环境下的认知、情绪和决策过程。通过文化神经科学的研究方法，我们可以更深入地了解文化如何塑造个体的感知和行为反应。例如，在不同文化背景下，个体如何对品牌标志产生不同的脑电活动响应，以及个体在文化价值观影响下对不同产品的喜好偏好如何表现出来。这些研究可以帮助营销人员更好地了解不同文化群体的消费习惯，并根据其文化偏好开展精准的市场推广。本节将通过梳理目前认知神经科学领域对文化的探讨及文化对消费者的影响研究,从神经层面看待消费者差异,理解跨文化消费者决策背后的社会文化因素。

10.2.1　感知觉的文化差异与神经机制

尽管所有文化的人们都面临相似的感知挑战,如触觉判断和物体识别,但最新的神经影像研究揭示了一些令人惊讶的差异。这些差异涉及各种感知领域的神经机制,包括物体处理、颜色辨别和味觉。行为研究表明,东亚人和西方人在解读视觉场景时采用不同的"感知风格"。通常情况下,西方人更倾向于以分析的方式关注物体,忽略上下文的影响。相反,东亚人更注重上下文、关系和背景。在消费领域,这种文化差异的理解对于营销和产品设计至关重要,我们科研通过零售环境中的产品展示加以理解。在西方文化中,由于个人主义倾向,消费者更倾向于独立思考和决策。因此,在零售店中,产品的展示可能更加突出单个产品,强调其特点和功能。例如,在家具店中,一张沙发可能会被放置在一个单独的区域,以便消费者能够专注地评估其外观、质地和舒适度,而不受到周围环境的影响。相反,在东亚文化中,人们更注重集体主义和社会关系。因此,在零售环境中,产品的展示可能更强调与其他产品和环境的关系。例如,在一家家居用品商店,家具可能会以一种更加整体的布局展示,强调不同产品之间的组合和搭配,以及它们与周围环境的和谐性。为了深入研究这种差异,研究人员进行了一项功能性磁共振成像实验来比较中国和美国参与者在判断各种物体、背景和物体-背景组合图片时的神经活动[13]。实验邀请了一组中国和美国参与者,在功能性磁共振成像扫描仪中完成视觉任务。他们被要求观看一系列图片,并根据任务要求判断其中的物体、背景或物体-背景组合,研究人员记录并分析了他们的脑部活动,并与先前的行为研究结果进行对比。实验结果显示,美国参与者相对于中国参与者在物体处理时表现出更强和更广泛的神经激活。这意味着西方人更专注于物体本身并较少受到上下文的干扰。相反,东亚人在处理物体时表现出更强的上下文敏感性,他们的大脑更加关注物体与周围环境的关系。这些发现强调了文化在感知过程中的重要作用,以及不同文化间可能存在的认知差异。具体而言,美国人在物体感知过程中会频繁激活中颞回(与语义知识检索有关)、右侧颞叶/顶枕回(对空间信息编码重要)和顶顶叶(跟踪物体位置编码的成功)几个脑部区域。然而在背景处理方面,不同文化来源的被试脑区差异较小。因此,针对不同文化的消费者,零售商可以调整产品的展示方式和环境,以更好地迎合其感知风格和偏好。通过深入了解不同文化的神经机制,零售商可以设计出更具吸引力和有效果的产品展示和营销策略，从而提升消费者的购物体验和购买意愿。

事实上，一些品牌已经开始利用文化差异和神经科学的研究成果来优化营销策略和产品设计。国际连锁零售商如 IKEA、星巴克等也会根据不同国家和地区的文化差异来设计店铺布局、陈列方式和产品展示。他们会利用神经科学的研究成果，调整店铺的氛围、色彩和音乐，以创造出更具吸引力和舒适度的购物环境，从而增加消费者的购买欲望。

为了进一步探究文化差异对神经反应适应的影响，一项功能性磁共振成像实验招募了新加坡和美国的参与者，旨在比较两个群体在背景处理和物体处理方面的神经适应效应，并观察这些效应是否与年龄有关[14]。实验的参与者分为两个年龄组：年轻组和年长组。每个年龄组中都包含相等数量的新加坡和美国参与者，以确保样本的代表性和可比性。所有参与者在完成实验前都接受了详细的说明和知情同意过程。在实验中，研究人员使用了一系列视觉刺激，其中包括呈现物体和背景的图片。这些刺激被重复呈现多次，以观察神经反应适应的效果。通过测量参与者在功能性磁共振成像扫描仪中的大脑活动，能够定量评估海马旁回（与背景处理相关）和侧枕叶皮层（与物体处理相关）的神经适应效应。实验结果显示，在海马旁回区域，新加坡和美国的参与者都表现出明显的神经适应效应。这表明两个群体在背景处理方面具有相似的神经调节能力。然而值得注意的是，观察到物体处理区域的适应效应在美国人中更为明显，而在新加坡人中相对较弱。这进一步支持了先前的研究结果，即美国人相对于东亚人更注重物体处理。这种差异可能源于多年的文化融入和不同的环境经验。这项研究为我们增加了对文化差异如何影响神经基础的理解。尽管新加坡和美国的参与者都表现出了一定程度的神经适应效应，但背景和物体处理方面存在的差异揭示了他们在感知上可能有不同的侧重点。这些发现提示了文化对认知和神经功能的塑造作用，为跨文化研究提供了更全面的视角。根据该研究的结果，我们知道新加坡和美国的消费者在处理背景和物体时可能存在差异，品牌在设计广告和产品展示时可以针对不同市场的文化特点进行调整。对于在新加坡市场的广告和产品展示，品牌可以强调产品与周围环境的和谐性，更多地将产品置于具有当地特色的背景中，以吸引消费者的注意力。例如，在一则新加坡市场的广告中，可以展示产品与当地建筑或景点相结合的场景，突出产品与周围环境的融合。而对于在美国市场的广告和产品展示，品牌可以更加突出产品本身的特点和功能，让消费者更专注于产品的细节和性能。例如，在一则美国市场的广告中，可以通过放大产品的特定部件或展示产品的不同用途来吸引消费者的注意力，凸显产品的价值和实用性。通过针对不同市场的文化特点进行广告和产品展示的定制，品牌可以更好地吸引消费者的注意力,这样的跨文化营销策略能够更好地利用神经科学的研究成果,实现品牌在全球市场的成功推广。

文化并不仅仅影响视觉处理,还可以影响我们对味觉和颜色的感知。例如,一个食品品牌的文化信息可以影响我们对它的味道的感知。研究人员通过观察我们大脑的神经反应和我们对味道的喜好来衡量这种影响。在推广冰激凌产品时,品牌可以在东亚市场强调产品的清新口感和天然原料,而在西方市场则强调产品的浓郁奶味和复杂口味,以更好地迎合当地消费者的口味偏好。此外,还有其他研究证明了文化和语言如何塑造我们对颜色的感知。品牌可以根据不同文化的色彩象征和情感表达选择产品包装和广告设计。例如,在推广饮料产品时,品牌可以在东亚市场采用红色包装和广告,因为在中国文化中,红色象征着喜庆和好运;而在西方市场则可以采用蓝色包装和广告,因为在西方文化中,蓝色通常被认为是冷静和可靠的颜色。

总的来说,感知的许多方面都受到文化的影响,采用认知神经科学方法研究跨文化消费者可以帮助我们更科学地理解文化过程如何影响消费者对物质世界感知。

10.2.2　数字和语言的文化差异

数字概念的表达和组合能力对于全球各个文化的运作至关重要,它们是经济交流、等级制度和资源分配等基本文化现象的基石。在经济全球化的今天,一些跨国电商平台开始注意到不同文化背景的消费者偏好和数字处理特点,尝试采取不同的数字信息呈现方式(如价格、折扣等)和用户界面设计,更好地满足不同市场的消费者需求,提升平台的用户黏性和交易转化率。根据 Ansari 的研究,支持基本数字处理的神经过程在不同文化之间存在显著差异[15]。为了进一步探究这种差异,有学者进行了一项功能性磁共振成像(fMRI)研究,该研究调查了西方英语使用者和东方中国使用者在涉及阿拉伯数字的各种数字表示和计算任务中的表现[16]。

在实验中,来自西方和东方的参与者都被要求完成一系列数字相关的任务。这些任务包括数字识别、数字大小比较,以及简单的数字加法和减法运算。他们在功能性磁共振成像扫描仪中接受了大脑活动的记录。结果显示,在数字识别任务中,两个群体的大脑活动模式存在差异。西方英语使用者在处理阿拉伯数字时表现出更强的活动,特别是在左侧顶叶区域。相反,东方中国使用者在处理相同任务时的大脑活动较为抑制,显示出较低的激活程度。在数字大小比较任务中,西方英语使用者和东方中国使用者之间也存在明显差异。西方英语使用者更加注重数字的数量大小关系,并表现出更强的大脑活动。而东方中国使用者更注重数字的相对位置和排列顺序,他们的大脑活动在这个任务中呈现较少的激活。在数字加法和减法任务中,两个群体的大脑活动模式再次呈现不同。西方英语使用者在进行计算时展示了广泛而强烈的神经激活,尤其是在左侧脑区(前额叶、顶叶和枕叶)。相反,东方中国使用者在同样的任务中显示出较弱的激活,大脑处理方式更为节约和有效。这些实验结果支持了先前关于不同文化间数字处理差异的观察。西方英语使用者更注重数字的数量和数量关系,表现出更强的大脑活动。而东方中国使用者则更加关注数字的排列和相对位置,以及更高效的大脑活动模式。通过上述研究结论我们能够知道,在用户界面设计方面,电商平台可以根据文化差异调整数字的排列和显示方式。例如,在西方市场,电商平台可以更注重数字的数量大小关系,采用更突出的数字排列方式和数量显示格式,以吸引西方消费者的注意力。而在东方市场,电商平台可以更注重数字的相对位置和排列顺序,采用更符合东方消费者习惯的数字显示方式和界面布局,以提升用户体验和购物效率。在数字营销策略方面,电商平台可以根据文化差异调整数字信息的呈现方式和内容。例如,在西方市场,电商平台可以更加突出产品的价格和折扣信息,以满足西方消费者对价格的关注和比较需求。而在东方市场,电商平台可以更注重产品的排列顺序和组合方式,强调产品的整体搭配和视觉效果,以吸引东方消费者的注意力和购买欲望。

对于心理计算,西方参与者更倾向于激活左侧周围沟回皮层的区域(如布洛卡区),而中国参与者则倾向于招募一个视觉运动联合网络的区域(如运动联合区)。在实验中,参与者被要求完成一系列不同难度级别的心理计算任务,包括基本的加法、减法和乘法运算。他们需要在规定时间内尽快正确回答问题。同时,功能性磁共振成像技术记录了他们的大脑活动。研究结果表明,在西方参与者中,心理计算任务引发了较为集中和强烈的左侧周围沟回皮层的活动。这个区域被称为布洛卡区,已被广泛认可为与数学和语言处理相关的区域。这表明对于西方文化中的心理计算,大脑更倾向于运用该区域进行处理。与之相反,在中国参与者中,心理计算任务激活了一个视觉运动联合网络的区域。这个区域包括运动联合区,已被研究证明与空间感知、手眼协调和运动规划等功能有关。这意味着中国文化中的心理计算更倾向于同时调用和整合视觉和运动信息进行处理。这些实验结果强调了不同文化对于心理计算的特定神经机制的侧重差异。西方文化中,大脑更偏向于使用布洛卡区进行数学和语言处理,而中国文化中,大脑更倾向于利用视觉运动联合区域进行心理计算。

造成这些不同计算策略的文化因素可能有哪些? 其中一个可能的因素是学校教育中明确传授的数学解决方法在文化上的偏好。一项研究探索了新加坡学校教授的两种不同数学方法:"模型方法"(通过构建图示来表示词问题中的数学信息)和"符号方法"(通过使用符号将词问题转化为方程)[17]。尽管两种方法的行为表现相当,但比较发现,符号方法增加了前额上回和上顶叶的神经激活,表明符号方法在注意力上的要求更高,进一步的研究可能有助于更全面地揭示不同文化所教授的计算方法对大脑产生的影响。这样的研究还可以阐明当前的行为研究结果。已有研究表明,在东亚地区使用算盘的专业技能给予了视觉空间任务方面的优势,但也显示出一定类型干扰物存在较弱的抵抗力。因此,电商平台可以根据不同市场的文化背景和消费者偏好定制化其在线支付服务的用户界面设计和功能特点。在用户界面设计方面,电商平台可以根据文化差异调整数字输入方式和支付确认流程。例如,在西方市场,电商平台可以提供更加直观和便捷的数字输入方式,强调数字键盘和计算器样式的界面设计,以满足西方消费者对于快速准确的支付体验的需求。而在东方市场,则可以提供更加图形化和交互性的数字输入方式,强调手势识别和触摸屏操作,以符合东方消费者对于视觉和运动信息整合的习惯和偏好。在支付确认流程方面,电商平台可以根据文化差异调整确认按钮的位置和显示方式。例如,在西方市场,电商平台可以将确认按钮放置在屏幕的左侧,并使用文字提示强调"确认"和"完成"等词语,以引导西方消费者的注意力和操作习惯。而在东方市场,则可以将确认按钮放置在屏幕的中央,并使用图形化的提示符号和动画效果,以吸引东方消费者的视觉注意力和手势操作。

10.2.3　文化视域下的情绪情感

一些国际知名品牌在推广广告中针对不同文化背景的消费者采用了区域化的情绪表达和情感故事,以吸引他们的注意力并引发共情。对于集体主义文化的消费者,品牌选择强调产品背后的情感故事和社会认同感,以激发他们的共情和情感连接。而对于个体主义文化的消费者,品牌则选择强调产品的个性化特点和与个人价值观的契合,以引发他们的共情和情感认同。例如,在一些集体主义文化的国家或地区,如中国或日本,McDonald's 可能会强调其在当地社区中的融合和共享价值。他们的广告可能会突出强调家庭聚餐或朋友间的共享快乐。而在个体主义文化的国家或地区,如美国或英国,McDonald's 可能会更加强调个性化点餐、自由选择和个人口味的满足。最近的情绪研究发现,情绪识别在激活大脑神经系统方面存在差异,并且在不同文化中也存在差异。这意味着人们更容易准确识别自己文化群体的成员的情绪,而对其他文化群体的成员则相对较难。一项相关研究使用了功能磁共振成像技术,测试了美国人和日本人在观看图片时的脑神经活动特征[18]。这些图片包括了各种情绪表达，如恐惧、快乐、愤怒及中性表情。研究结果显示，与来自其他文化群体的恐惧表情相比，来自自己文化群体的恐惧表情引发了更强烈的双侧杏仁核激活，而对其他情绪则没有类似的效应。这表明，在文化群体中快速准确地解码来自内群体的恐惧表情对于协调群体行动至关重要。从进化的角度来看，对内群体恐惧表情的敏感性在危险情况下起到重要作用，以协调群体行动。此外，对内群体中恐惧表情特别敏感可能有助于学习重要的文化规则。然而，这项研究并没有明确回答观察到的杏仁核调节是由"文化效应""种族效应"还是两者的综合效应所引起的。

共情是指能够理解和共享他人情绪状态的能力。近年来，研究者开始关注跨文化环境下的共情现象，试图了解不同文化对共情过程的影响，认为文化的差异性能够直接影响共情的效果和质量。在产品体验方面，国际品牌可以根据不同文化背景的消费者情感偏好和共情特点，定制化产品设计和服务体验。例如，在产品包装和陈列设计中，品牌可以根据不同文化的消费者情感需求和共情特点，选择适合的色彩和材质，以营造出符合消费者情感需求的产品体验。在客户服务方面，品牌可以根据不同文化背景的消费者情感特点和共情需求，定制化服务流程和沟通方式，以提升消费者的满意度和忠诚度。有研究表明，被试中的亚裔美国人和欧裔美国人对于实验刺激所表现出来的共情能力存在差异，这和他们各自是否启动关系自我或者独立性自我有关，而与快乐还是悲伤的电影刺激材料无关。已有的脑成像研究表明共情行为与个体在群体间的社会认知有关，一般而言，集体主义文化背景下的亚裔美国人更会对悲伤的刺激材料产生共情。上述研究结果不但支持了种族概念与共情的神经系统存在一致性，也表明共情可能具有文化的差异性[19]。

除此之外，文化价值观对人们对他人情感反应的注意力分配也产生了影响。有研究人员对欧美与东亚文化进行比较发现，亚洲人更加倾向于使用感知导向的共情策略，即通过观察他人的身体语言和面部表情来推测其情绪状态。相比之下，西方人更依赖于理解他人内心体验的心理导向共情策略。在实施行为合作方面，一项涉及美国和中国参与者的研究表明，美国人更容易从对方的言语信息中推断出其意图，并据此进行合作。而中国人更加倾向于通过观察对方的动作和肢体语言来推测合作意向。

研究还发现，在东方文化中，尤其是中国文化，存在着"他人-我自己相关偏差"。这意味着中国人在通过自己的大脑活动预测他人的情绪时更成功，而在通过他人的大脑活动预测自己的情绪时则较为困难。这与中国文化中重视集体利益和他人角度的倾向有关。不同文化群体在审美共情也存在差异。一项神经影像研究显示，来自内外向文化背景的个体在观看艺术作品时所激活的大脑区域不同。在这项研究中,来自西方文化的个体表现出更强的情感经验和较高水平的前额叶皮层激活,而来自东方文化的个体则更关注于理解作品所表达的意义和展现的故事[20]。

社会心理学一直致力于研究人们如何解读他人行为,而最近的研究发现,人们往往倾向于将他人的行为归因为个性特质而忽视情境因素。此现象在美国尤其明显,与其他文化相比,美国人更易采用此种解释方式,而南亚和东亚人对他人行为的解释更注重情境因素。最近一项研究部分支持了这一观点,结果表明人们对他人行为的因果归因在神经过程上可能因文化差异而异[21]。通过比较美国和日本参与者在思考他人信念时的脑部激活情况,发现两组人存在共同激活的脑区,但也存在差异的激活区域。具体来说,在思考他人信念时,日本人相较于美国人在额叶前皮层的激活较为强烈。额叶前皮层参与一般评估过程和更具体的社会认知任务,如思考他人的感受。这或许意味着在日本文化中人们更加重视他人的感受,从而采用更情感驱动的信念推断方式,相对于美国人更注重认知和情感疏离。然而,还需要进一步的研究来确证以上观点,例如通过多群体比较以包括更多不同文化背景的参与者进行研究。此外,可以结合行为实验和神经影像技术,深入探究个性归因和情境因素在不同文化中的作用机制。此类研究有助于我们更全面地了解不同文化下人们对待他人行为解释的差异,并揭示可能存在的神经基础。

综上,目前的研究表明,文化差异可能导致神经活动模式的变化,进一步验证这种观点的研究仍在进行中。通过更多实验和文化间比较的研究,我们有望更深入地探索跨文化情感连接策略,更好地利用情绪识别和共情的研究成果,例如在客户服务方面,酒店可以培训员工在与客人互动时更加敏感和体贴,对于来自集体主义文化背景的客人,员工可以更加注重与客人的情感交流和关系建立,以提升他们的满意度和忠诚度。而对于来自个体主义文化背景的客人,则可以更加注重对客人个人空间和隐私的尊重,以增强他们的舒适感和信任度。

10.2.4　文化与消费者自我认知

神经科学研究中最早探索的社会文化主题之一是人们如何表达自我。自我表达是我们在社交互动中展示自己独特个性和身份的方式。在产品营销中,品牌标识和品牌形象可以被视为一种消费者自我表达的方式,因此,品牌营销可以强化消费者与品牌之间的情感联系和认同感,来激活相应神经反应。许多消费者认为拥有苹果产品可以展示自己的品位、时尚意识和对科技的追求。这种认知使得他们愿意支付更高的价格购买苹果产品,因为这符合他们对自己的认知和社会形象的期待。苹果产品的文化影响还表现在用户体验和社交文化方面,例如,使用苹果产品的人可能更倾向于在社交媒体上分享他们的产品体验,从而进一步强化了这种产品的文化认知。这个例子突显了文化如何影响消费者对自我认知的构建,以及如何通过品牌形象和社会象征来塑造消费者的消费行为。通过研究大脑对自我表达的响应,我们能够更好地理解社会认知、文化差异及个体间的相互作用。为了探索这一主题,神经科学家们设计了许多实验来研究自我表达相关的神经机制。在广泛的研究中,包括西方[22]和东方[23]的参与者,侧前扣带区(vmPFC)和前扣带皮层(ACC)的区域在思考自己与思考他人时更活跃。vmPFC 位于前额叶皮层的中央部分,属于前扣带皮层的一部分。这个区域在自我认知、社会认知和情感加工中起着重要作用。此外,该区域还参与了自我评价、确定个人价值和形成个性特点等过程。ACC 是大脑正中线上部位,也是前额叶皮层的一部分,被认为是情绪调节、冲突监控和认知控制的关键区域。这些区域包括前额叶皮层和顶叶前中央回,它们被认为与内省、自我反思和自我意识等过程相关[12]。在营销中,情感营销策略可以利用这一发现。例如,一家零食公司可以通过广告中的情感故事或情感激励来触发消费者的情感反应,从而提升品牌认知度和好感度。通过激活 ACC 区域,消费者对品牌的情感联系和认同感会得到加强,从而增加他们对品牌的好感度和购买意愿。

然而,鉴于自我与他人构想的文化差异,特别是西方独立的自我观与东方相互依存的自我观的差异,人们在大脑层面上可能会出现自我与他人的文化差异。在个人主义文化中,个体更倾向于强调自己的独特性和个人利益。因此,在购买决策中,个人主义文化的消费者更注重产品或服务对自己个人的价值和满足度。相比之下,集体主义文化中的消费者更关注产品或服务对整个群体或社会的影响,他们可能更倾向于考虑他人的意见和期望。不同文化中存在着不同的社会压力和社会规范,这会影响个体对自我和他人的构想。在一些文化中,个体可能更受到社会期望和规范的约束,他们会更注重他人的看法,并且更倾向于遵循社会规范。而在另一些文化中,个体可能更注重个人自由和独立,更愿意追求符合自己内心需求的行为。为了测试这一假设,西方人和中国人参与了一项功能性磁共振成像实验,被试在扫描时需要思考自己和亲密他人(母亲)[24]。与之前的研究一致,对所有参与者来说,在思考自己时侧前扣带区(vmPFC)和前扣带皮层(ACC)有更强的反应。然而,对于中国参与者来说,思考母亲只会在 vmPFC 中引发更强的激活。这一发现支持了东方人将亲密他人(以及与这些亲密他人的关系)视为自我的一部分,而西方人则倾向于将自我看作是一个独立的实体这个论断,证明这种东方/西方的差异确实是一种文化差异,而不是与文化共变的因素(如语言或遗传因素)相关的人为因素。

　　此外,一些研究人员还进行了跨文化研究,探究不同文化下的自我表达差异[25]。一项跨文化比较实验发现,东亚文化与西方文化存在明显的自我表达模式差异。相较于西方人,东亚人更加注重自我与他人的关系及社会融合。在神经水平上,研究者发现东亚人在处理自我信息时表现出更多与自我和他人相关的大脑激活,如扣带回和岛叶等区域。这表明文化背景可能影响个体对自我表达的认知和情感加工。近年来,还有一些实验专注于研究社交媒体对自我表达的影响。通过观察使用社交媒体时的大脑活动,研究人员发现,与传统媒体相比,社交媒体的使用与一些大脑区域的激活相关,包括前额叶皮层、边缘系统和奖赏回路。这表明社交媒体为个体提供了新的自我展示平台,并在大脑层面上引发了特定的神经反应。

　　已经熟悉的东方-西方区别并不是自我概念中神经差异的唯一文化源泉,宗教也会起到深刻影响。因为不同宗教的人们对自我有着不同的理解,不同的宗教教义可能导致在自我参照过程中引发不同的认知过程。例如,基督教鼓励人们通过上帝视角来审视自己,所以基督徒在进行自我评价时会选择更远更抽象的角度。一项研究要求基督徒和非宗教的中国参与者评价自己和他人。对于非宗教的参与者,自我参照通常与 vmPFC 有关,而对于基督徒参与者,它与背侧前扣带区(dmPFC)有关。因此,宗教研究中观察到的 dmPFC 活动可能确实表明了从另一个角度部分评判自我。

　　一项实验让中国被试在功能性磁共振成像扫描中观看自己和他人的面孔照片,通过激活西方独立型自我构念和东方相互依存型自我构念,观察参与者脑区激活差异,发现自我感知的神经相关性会随着不同文化自我构念方式的变化而调节,体现在右侧额叶中部皮层的活动在不同文化背景激活下存在差异。同样,另一项实验发现被试在被激活以个人主义方式思考后,具有双文化背景的个体显示出更强的自我参照激活(mPFC 和后扣带),这在一般自我判断和情境自我判断两种实验任务中皆被观测到;与此相反,被激活以集体主义方式思考的双文化个体在情境自我判断中显示出更强的自我参照激活,而在一般自我判断中并非发现。这也为之前的研究结果提供证据支持,即西方人会将自我视为一个独立实体,而东方人则会更多地以情境方式来构建自我。对于具有双文化背景的个体,品牌可以根据其在不同文化中的自我参照方式来调整社交媒体营销策略。对于在个人主义思维方式下表现更强的个体,品牌可以通过强调个人成就、独立性和自我实现来吸引他们;而对于在集体主义思维方式下表现更强的个体,则可以强调社会责任、集体荣誉和社群共享,从而更好地与他们建立联系。

10.2.5 文化与消费者全社会认知

文化在塑造消费者社会认知方面发挥着显著的影响。通过对社会和环境的认知,不同的文化为消费者提供了各种观念、信仰和行为准则。这一影响在跨文化的情境中特别突出,因为不同文化背景下的消费者存在着明显的社会认知差异。不同文化所承崇的价值观和信仰产生了消费者对产品和服务的不同看法。这种差异在全球化时代更加明显,例如在西方文化中,个人主义被重视,人们更注重选择符合自身需求和喜好的产品;而在一些亚洲文化中,集体主义和社会角色被重视,消费者可能更倾向于选择符合社会公共利益和共同体价值观的产品。不同文化的规范和行为准则对消费者的社会认知产生深远影响。每个文化都有其独特的社会规范和道德标准,这些准则会影响消费者在购买过程中的选择和考虑因素。以礼仪为例,不同文化有着各种不同的礼貌和行为规范。礼仪的差异可能导致消费者对产品的评价和购买决策存在差异。此外,忌讳和禁忌也会影响消费者对某些商品或服务的态度和行为[26]。

在种族面孔识别中,被试往往难以辨认其他种族的面孔,这被称为其他种族效应。一些神经影像技术,如功能性磁共振成像曾被用来观察和记录参与种族面孔认知的大脑区域活动[27]。一些研究表明,颞叶和眼窝皮质区域在种族面孔认知中扮演重要角色。这些区域在处理面孔特征、情绪及注意力等方面起着关键作用。此外,前额叶皮质和顶叶也与种族面孔认知相关联,涉及分类、记忆和社会认知的处理。先前还有研究采用事件相关电位方法探索个体如何对不同种族的面孔进行辨别、加工和认知,揭示与种族面孔认知相关的脑区和神经机制,并得出了以下结论:可以区分内外群体种族面孔的三个事件相关电位成分,包括早期负成分,反映面孔处理,在刺激后约 170 ms 达到峰值(N170);刺激后 200～350 ms 之间记录的负波(N200);以及刺激后约 300 ms 出现的晚期正电位(P300)。此外,事件相关电位成分 P200 和 N200 与早期注意过程相关,而 P300 与评价性分类过程相关[28]。在对内外群体面孔进行分类的过程中,现有结果显示,自己种族的面孔在额区引发较大的 N200,而其他种族的面孔在顶区引发较大的 P200 和 P300。另一项实验使用了内群体面孔、外群体面孔和非面孔作为刺激,发现 N170 可以将面孔刺激与非面孔刺激区分开来,而内群体面孔引发的 N250 大于外群体面孔。此外,同一研究还发现,只有在偏见水平较高的人群中,部分电极处的晚期正电位(LPP)能够区分内群体和外群体面孔。然而,对其他文化和族群的熟悉和接触可以减少所有种族偏见方面的影响,在增加对其他种族面孔熟悉度的训练后,其他种族面孔的 N250 幅度大于之前的幅度。研究发现,在种族面孔认知中存在着一定的差异和偏倚,当个体处理不同种族的面孔时,他们可能更容易注意和记忆与自己所属群体相似的面孔,表现出同族偏倚效应。而外群体面孔可能更容易产生认知困难和加工负荷,并导致认知冲突或歧视现象。

来自文化集体主义背景的个体,例如中国人和非洲人,经常将自己与他们所认同的家庭或社会相关联,因此更倾向于支持群体内成员。这种心理现象被称为消费者民族中心主义,它指的是个体对所属内群体产品的偏好而非外群体产品的倾向。在研究消费者民族中心主义时,大多数学者采用了一种量表方法,即消费者民族中心主义倾向量表,其中包含 17 个项目。然而,尽管该概念涵盖了国家、族裔等各种群体类别,但目前的研究主要关注于国家群体。以爱国主义为动机,不同国家的消费者倾向于选择本土产品而非进口产品,这是民族中心主义在实践中的体现之一。然而,除了国家群体之外,只有少数研究考虑了其他类型的群体,例如基于文化和族群的内外群体划分。这方面的研究表明,消费者民族中心主义也可能存在于其他群体之中。此外,消费者民族中心主义受到许多其他因素的影响,而不仅仅是爱国主义,如个体感知到的威胁脆弱性、品牌和产品分类、文化认同。

为了进一步探索消费者民族中心主义的行为和神经关联,许多研究采用了事件相关电位(ERP)这种脑电图技术[29]。其中一项研究选择了两个族群进行调查:一个是中国人,另一个是来自浙江大学的撒哈拉以南非洲黑人族群。研究结果显示,品牌标识所代表的种族对中国被试的品牌偏好产生了明显影响。在具有较高民族中心主义倾向的群体中(中国被试),内群体推荐标识比外群体推荐标识更受欢迎,这可能反映了消费者对于内群体产品的民族中心主义倾向。此外,研究还发现,对外国文化的熟悉程度可以减少消费者的种族中心主义。通过与中国人熟悉并接受中国文化,来自撒哈拉以南非洲的被试对内外群体推荐标志没有明显的偏好差异。这表明,对不同文化的了解和接纳可以减少个体对内群体和外群体符号的偏好,从而降低民族中心主义的倾向。这项研究揭示了个体对品牌的偏好与其民族中心主义,以及对其他文化的熟悉程度之间的关系,为我们更深入地理解消费者的态度和选择提供了有价值的线索。消费者民族中心主义不仅影响着消费者行为,还涉及神经机制。通过结合 ERP 技术的应用,研究人员能够观察和记录大脑在消费者民族中心主义过程中的活动模式,更加具体地揭示与民族中心主义相关的神经机制。

然而,我们也必须认识到,消费者民族中心主义并不是一个简单的现象,它受到多种因素的共同影响。除了爱国主义,消费者民族中心主义可能还受到社会文化环境、媒体宣传、社交影响和个人经历等的影响。这些因素可能进一步塑造个体对内外群体产品的偏好,并且可能与个体的认知、情感和社会身份等因素相互交互作用。

10.3 未 来 展 望

10.3.1 文化对于默认网络的影响

随着新兴技术的迅速发展和普及,文化对消费者的影响已经从以往广泛探讨的国别层面逐步延伸至虚拟现实、算法等新兴领域。这种演化使得文化与科技之间的相互作用变得更加密切,为未来的消费行为研究提供了更丰富的视角。在这一新的格局下,消费者不仅受传统文化价值观的影响,还受到虚拟现实体验、算法推荐等科技手段的影响。因此,对消费行为的研究不仅需要考虑传统文化因素,还需深入探讨科技对消费者认知、选择和行为的影响机制。这种综合考量有助于更好地理解和预测未来消费趋势,为企业制定更精准的营销策略提供理论支持。

首先,元宇宙中的文化表达如何影响消费行为是未来研究可以探索的方向。元宇宙是一个虚拟的、多样化的世界,其设计和内容受到了现实生活中各种文化的影响,这些文化因素在元宇宙中被反映和表达,从而塑造了虚拟环境中的社会、经济和文化结构。与此同时,元宇宙中的消费者行为和偏好也会受其所属文化的影响,不同文化背景的用户可能会对虚拟环境中的事物有不同的认知和评价,从而影响其在虚拟世界中的行为模式和消费行为。此外,元宇宙为全球用户提供了一个共享的虚拟空间,使得不同文化之间的交流和互动更加频繁和直接,在这个过程中,各种文化之间的认同和差异也会在虚拟世界中得到展现和探讨。因此未来研究可以考虑运用认知神经科学技术深入理解元宇宙中的文化表现形式如何影响消费者行为,以及不同文化消费者在元宇宙中的自我和全社会认知相比现实营销场景有何异同,进而更好地理解消费者在元宇宙中的注意力、情感、决策等方面的差异和共性,揭示消费者在不同虚拟和现实情境下的行为决策机制,为企业提供跨文化营销策略和产品设计提供指导。

其次,人工智能的文化偏差如何影响消费行为也是未来可能的研究方向。从无人商店到推荐系统、个性化营销、自然语言处理等方面,人工智能技术不仅提高了效率,还会对消费者的购买决策、产品偏好和消费体验产生影响。然而,人工智能系统的训练通常基于大规模数据集,这些数据集存在一定的文化偏差。例如,在语言处理任务中,训练数据中可能会反映出特定文化群体的语言使用习惯和偏好,导致模型在处理其他文化的数据时产生误解或偏见,这种文化差异可能会影响到人工智能在处理语言时的理解和表达方式,从而影响到消费者之间的信息传递和沟通效果,因此未来也可以考察不同语言和语言文化背景下，人工智能在自然语言处理、机器翻译等领域的应用效果和文化适应性。人工智能生成的内容可能受到其训练数据集的文化偏好影响，因此不同文化背景的消费者对于这些内容的反应可能会有所不同，未来可以考虑研究不同文化消费者对于通过人工智能生成的文化内容（如音乐、艺术作品、文学作品等）的接受程度和评价标准。

总的来说，未来针对文化影响消费者行为的研究可以更多地关注新兴技术和文化的相互作用，这些研究将为跨文化营销策略和产品设计提供重要的理论支持，有助于企业更好跟上科技进步的节奏。

10.4　小　结

文化对消费者行为产生深远影响，这一事实已被广泛证实。文化塑造了消费者的目标设定，以及他们对价格、品牌形象和广告元素的反应，文化还对消费者的加工策略和思维方式产生影响。这些认知过程的差异将决定品牌、价格，以及其他营销要素之间是否相互关联，并塑造了情感和个人偏好在消费者决策中的作用。文化对于消费行为的规范和期望起着关键作用，在不同文化中，人们对于社会角色性别、财富和地位等方面有不同的价值观和行为准则。因此，消费者受到所处文化的影响，在购买决策和消费行为中会考虑符合文化期望的产品或品牌。文化也塑造了消费者对产品特点和属性的偏好。消费者的审美喜好和审美标准受到文化背景的影响。例如，对于食物的口味、颜色和外观的偏好在不同文化群体中存在差异。这就导致了在市场营销中需要针对不同文化目标群体进行个性化的产品设计和包装。文化对消费者的影响不仅限于个体层面，也存在于社会群体之间的差异。在不同文化群体中，消费习惯、购物方式和消费决策过程都可能有所不同。这也意味着企业和市场营销人员需要考虑并适应不同文化的消费者，以更好地满足他们的需求并取得成功。

随着神经科学在探索高级社会和认知过程方面的进展，文化心理学也得到了重要启示。虽然有些人对社会神经科学持批评态度，但它对于确定人类思维在不同人群中的差异和相似之处至关重要。除了帮助我们更好地理解文化、心理学和生物学之间的联系外，文化神经科学也可能带来其他好处。例如，它有望改善营销实践，促进不同文化之间的相互理解，通过结合认知神经科学和文化研究的方法，我们可以深入探索文化如何影响消费者行为，并以此为基础提出相关政策和实践的建议。

综上所述，文化对消费者行为产生着重要作用，并且借助认知神经科学方法，我们能够更好地理解文化在消费者行为中的影响机制。这一领域未来的发展前景非常广阔,将促进消费者行为研究的深入并创造更多关于文化与消费者决策的价值。因此,整合文化心理学和神经科学的研究有助于揭示文化在消费者行为中的关键角色,并为未来的研究和实践提供更多发展机遇。

思考题

(1) 在中国市场,家庭观念深入人心,家庭决策在购买决策中占据重要地位。请你以文化为视角,探讨中国不同社会阶层的消费者对家庭与个人价值观的看重程度,以及这种文化倾向如何影响他们对产品质量、品牌形象和价格的评估。

(2) 在全球化背景下,文化接触和文化融合对消费者行为带来了哪些影响? 例如,中国年轻人在与国际品牌接触后,如何看待本土传统价值观与本土化品牌? 你将如何用认知神经科学的方法加以验证?

(3) 如果你计划在日本和美国被试间进行比较研究,考察两国消费者在面临环保产品时的大脑活动模式,你会选择何种方法,关注哪些指标?

参考文献

［1］汪彤彤主编.消费者行为分析［M］.上海:复旦大学出版社,2008.

［2］冉陆荣,李宝库主编.消费者行为学［M］.2 版.北京:北京理工大学出版社,2020.

［3］Oyserman D, Coon H M, Kemmelmeier M. Rethinking individualism and collectivism: evaluation of theoretical assumptions and meta-analyses［J］. Psychological Bulletin, 2002, 128(1): 3.

［4］Schwartz S H. Individualism-collectivism: Critique and proposed refinements［J］. Journal of Cross-Cultural Psychology, 1990, 21(2): 139 - 157.

［5］宣长春,魏昀,林升栋.突出"姓"还是"名"? 文化框架对品牌延伸命名策略的影响［J］.国际新闻界,2020,42(03).

［6］Klicperová-Baker M, Košt'ál J, Vinopal J. Time perspective in consumer behavior［J］. Time Perspective Theory: Review, Research and Application: Essays in Honor of Philip G. Zimbardo, 2015: 353 - 369.

［7］Belkhamza Z, Wafa S A. The role of uncertainty avoidance on e-commerce acceptance across cultures［J］. International Business Research, 2014, 7(5): 166.

［8］Winterich K P, Gangwar M, Grewal R. When celebrities count: Power distance beliefs and celebrity endorsements［J］. Journal of Marketing, 2018, 82(3): 70 - 86.

［9］ Hofstede G. Culture's recent consequences: Using dimension scores in theory and research［J］. International Journal of Cross-Cultural Management，2001，1(1)：11－17.

［10］ Shavitt S, Barnes A J. Cross-cultural consumer psychology［J］. Consumer Psychology Review，2019，2(1)：70－84.

［11］ Levy S J. Symbols for sale［J］. Harvard Business Review，1959，37(4)：117－124.

［12］ Ames D L, Fiske S T. Cultural neuroscience［J］. Asian Journal of Social Psychology，2010，13(2)：72－82.

［13］ Gutchess A H, Welsh R C, Boduroglu A, et al. Cultural differences in neural function associated with object processing［J］. Cognitive, Affective, and Behavioral Neuroscience，2006，6：102－109.

［14］ Goh J O, Chee M W, Tan J C, et al. Age and culture modulate object processing and object—scene binding in the ventral visual area［J］. Cognitive, Affective, & Behavioral Neuroscience，2007，7(1)：44－52.

［15］ Ansari D. Effects of development and enculturation on number representation in the brain［J］. Nature Reviews Neuroscience，2008，9(4)：278－291.

［16］ Tang Y, Zhang W, Chen K, et al. Arithmetic processing in the brain shaped by cultures［J］. Proceedings of the National Academy of Sciences，2006，103(28)：10775－10780.

［17］ Lee K, Lim Z Y, Yeong S H M, et al. Strategic differences in algebraic problem solving: Neuroanatomical correlates［J］. Brain Research，2007，1155：163－171.

［18］ Chiao J Y, Iidaka T, Gordon H L, et al. Cultural specificity in amygdala response to fear faces［J］. Journal of Cognitive Neuroscience，2008，20(12)：2167－2174.

［19］ Braeutigam S, Kenning P. An Integrative Guide to Consumer Neuroscience［M］. Oxford: Oxford University Press，2022.

［20］ Yoo B, Donthu N, Lenartowicz T. Measuring Hofstede's five dimensions of cultural values at the individual level: Development and validation of CVSCALE［J］. Journal of International Consumer Marketing，2011，23(3－4)：193－210.

［21］ Kobayashi C, Glover GH, Temple E. Cultural and linguistic influence on neural bases of 'Theory of Mind': An fMRI Study with Japanese Bilinguals[J]. Brain and Language. 2006;98(2):210-220.

[22] Kelley W M, Macrae C N, Wyland C L, et al. Finding the self? An event-related fMRI study[J]. Journal of Cognitive Neuroscience, 2002, 14(5): 785-794.

[23] Zhang L, Zhou T, Zhang J, et al. In search of the Chinese self: An fMRI study [J]. Science in China Series C: Life Sciences, 2006, 49(1): 89-96.

[24] Zhu Y, Zhang L, Fan J, et al. Neural basis of cultural influence on self-representation[J]. Neuroimage, 2007, 34(3): 1310-1316.

[25] 韩世辉,张逸凡.自我概念心理表征的文化神经科学研究[J].心理科学进展,2012,20(05):633-640.

[26] Karmarkar U R, Plassmann H. Consumer neuroscience: Past, present, and future[J]. Organizational Research Methods, 2019, 22(1): 174-195.

[27] Ito T A, Bartholow B D. The neural correlates of race[J]. Trends in Cognitive Sciences, 2009, 13(12): 524-531.

[28] Ito T A, Urland G R. The influence of processing objectives on the perception of faces: An ERP study of race and gender perception[J]. Cognitive, Affective, & Behavioral Neuroscience, 2003, 3(4): 335-347.

[29] Ma Q, Abdeljelil H M, Hu L. The Influence of the Consumer Ethnocentrism and Cultural Familiarity on Brand Preference: Evidence of Event-Related Potential (ERP)[J]. Frontiers in Human Neuroscience, 2019, 13: 220.

第 *11* 章
消费决策过程

11.1　消费决策概述

随着数字时代的到来,消费者的行为已逐渐发生变化。近年来,"小红书"催生了另一种新消费者行为经济——种经济,种经济通过"种草行为"影响着越来越多年轻人的购买决策。通过对消费者"种草"(attention)再到"拔草"(action),改变了消费者购买行为。本章将探讨消费者购买决策的概念,并从认知神经科学的角度解释消费决策过程的神经机制。

11.1.1　消费者购买决策的定义

消费者购买决策是指消费者谨慎地评价某一产品、品牌或服务的属性并进行选择、购买能满足某一特定需要的产品的过程。广义的消费者购买决策是指消费者为了满足某种需求,在一定的购买动机的支配下,在可供选择的两个或者两个以上的购买方案中,经过分析、评价、选择并且实施最佳的购买方案,以及购后评价的活动过程。它是一个系统的决策活动过程,包括需求的确定、购买动机的形成、购买方案的抉择和实施、购后评价等环节。

消费者购买决策包含决策的三要素:① 有明确的需求,就是消费者需要什么。消费者为了满足某种需要而产生的动机。例如,如果一个人感到饥饿,他可能会选择去购买食物。如果一个人需要新的衣服,他们可能会去购物中心或在线购物平台寻找适合自己的款式和价格。② 筛选备选方案和选择,消费者在可供选择的两个或两个以上的购买方案中进行分析、比较。例如,当某位消费者计划购买一台相机,消费者会根据自己的预算、对品牌的喜爱程度、质量等产品属性来进行选择。③ 选择方案并实施,对于消费者所选择的方案进行购买,并在购买后进行评价。

11.1.2 消费者购买决策的特点

许多学者对于消费者购买决策有不同的描述过程,为了指导读者对消费者购买决策模式有一个较好的认识,总结出消费者购买决策的一些特点,为消费者购买决策模型的分析与构建提供评价参照系和理论依据。

1. 目的性

消费者进行决策,就是要促进一个或若干个消费目标的实现,这本身就带有目的性。在决策过程中,要围绕目标进行筹划、选择、安排,就是实现活动的目的性。例如,消费者购买食品、衣物、住房等基本生活用品,以满足他们的生活需求和生存所必需;消费者购买奢侈品、旅行、娱乐活动等,以满足自己的心理需求,获得愉悦、享受和满足感。

2. 过程性

消费者购买决策是指消费者在受到内、外部因素刺激,产生需求,形成购买动机,抉择和实施购买方案,购后经验又会反馈回去影响下一次的消费者购买决策,从而形成一个完整的循环过程。

3. 是消费者心理的外在表现

消费者的心理活动过程和个性心理特征是消费者心理现象的两个方面,它们制约着消费者的一切经济活动,并通过消费者的购买行为具体地表现出来。所以我们在认识购买行为时,必须将消费者的购买活动与其心理过程和个性心理特征紧密结合起来。

4. 受到群体消费的制约与影响

人类个体不仅仅是自然人、"经济人",而且必然是社会人,归属于某一社会群体,是该群体的一个成员,如归属于某一家庭、归属于某一社会阶层、某一民族或种族等。作为某种社会群体成员的消费者,其消费行为必然受到所处自然环境和社会环境的影响。

11.1.3 消费者购买决策的相关理论

1. 认知失调理论

认知失调理论是由社会心理学家莱昂·费斯汀格(Leon Festinger)提出的,用于解释人们在面临矛盾信息时产生的心理不适和如何通过调整认知来减轻这种不适。只要个人发现到有两个认知彼此不能调和一致时,就会感觉到心理冲突。因冲突而引起的紧张不安,转而形成一种内在动机作用,促使个人放弃或改变认知之一,而迁就另一认知,借以消除冲突,恢复调和一致的心态。

在消费者行为理论中,认知失调一直是研究的热点。认知失调可能会发生在消费决策的各个阶段。当消费者在购买某个产品或服务之前,收集到的信息或观点存在矛盾时,可能会产生认知失调。例如,某个产品在广告中宣称具有某种特定的功能,但消费者在网上看到了一些负面评价。这种矛盾信息可能导致消费者感到不安和犹豫不决。当消费者在购买某个产品或服务之后,发现其与自己的期望不符或存在一些问题时,可能会产生认知失调。消费者可能会开始怀疑自己的选择,并试图通过调整认知来减少不适感。例如,消费者购买了一件昂贵的衣服,但发现质量不如预期,为了减少认知失调,他们可能会告诉自己这只是个别情况,或者寻找其他人对同样产品的正面评价。另外,当消费者在面对社交压力时,也可能产生认知失调。例如,当消费者购买了某个品牌的产品,但朋友或家人对该品牌持有负面观点时,消费者可能会感到矛盾和不适。为了减轻这种不适感,他们可能会试图调整自己的认知,寻找支持自己选择的理由或寻求其他人的认同。

那么为什么会在消费决策中会产生认知失调呢? Hasan 和 Nasreen 用实证研究的方法,提出假设并验证影响消费者购后认知失调水平的因素[1]。研究发现家人、朋友在消费者购买决策中的参与度越高,消费者感知购后失调水平越高。此外,其研究也揭示了消费者的性格对于其感知购后失调水平的影响,越是自信的消费者感知到的购后失调越低,而矛盾不解的消费者感知到的购后失调水平较高。另外,信息不对称也会导致消费者认知失调。当消费者面临大量信息时,可能会出现信息不对称的情况。这意味着消费者无法获得足够的信息来做出明智的决策,或者他们获得的信息可能是不准确或不完整的。这种情况下,消费者可能会感到认知失调。社会比较也是导致认知失调产生的一个因素。消费者常常会将自己与他人进行比较,特别是在购买高价值产品或服务时。如果消费者发现自己的选择与他人不同,可能会引发认知失调。这种情况下,消费者可能会重新评估自己的选择,并尝试调整认知以减少失调感。接着,当个人价值观与产品特征存在不一致时,也可能引发认知失调。例如,一个环保主义者购买了一款不环保的产品,可能会感到认知失调。在这种情况下,消费者可能会尝试通过改变自己的认知或行为来减少失调感。最后,当消费者做出购买决策后,如果他们后悔自己的选择,可能会出现认知失调。这种后悔可能是由于对自己做出选择的不确定性。为了减少认知失调,消费者可能会试图找到自我合理化的理由来支持自己的选择。Salzberger 和 Koller 的研究表明,受试者中约 10% 会形成一定水平的购后失调,失调是影响满意度的重要成分之一,进而也能够影响消费者忠诚[2]。

在消费决策中,认知失调理论提供了一种理解消费者心理不适和行为调整的框架。消费者可能会通过调整认知、寻求信息或寻求他人的认同来减少认知失调,以更好地适应和满足自己的需求。众多研究结果表明,消费者产生失调是不可避免的,管理者需要能够在消费者产生失调时,甚至在消费者产生失调之前就做出一定的营销努力。重视销售人员的作用,有意识地去指导销售人员,使其能够在实际销售商品的过程中帮助消费者降低失调感,提高满意度,形成顾客忠诚,从而增加顾客保留率,提高其在未来的购买频率。

2. 风险感知理论

消费者在决定购买商品的时候,经常会面临一些两难的问题:购买商品带来满足、愉快的同时,也会带来一些不愿意、不希望的损失或者潜在的危险,甚至会带来一些现实的伤害。这些损失、危险甚至伤害是消费者清楚地意识到的,这就是消费者的风险感知。不仅如此,当消费者具有多种选择时,主观上不能确定何种消费为最优选择时,即产生了感知风险,抑或是担忧若购买的结果无法达到预期目标而产生不利后果。感知风险的产生往往是基于消费者购买目标而对可能产生不满意的购买结果的预期。

感知风险的概念在1960年美国营销协会第43届年会上由哈佛大学的 Bauer 教授首次从心理学领域引入消费者行为学领域,他认为消费者的所有购买行为都会承担着一定的风险,尤其指出感知风险并不是客观世界存在的风险,而是消费者主观认识到的风险。自 Bauer 后,许多学者围绕感知风险展开了研究,Cox 和 Cunningham 对感知风险的界定在学界中得到了较高的认同。Cox 延续 Bauer 的研究,在研究中更具体定义了感知风险,提出消费者的感知风险包括两个方面:一是消费者在购买前可以主观预测到购买结果达不到预期目标的可能性,即消费者在购买行为前预期到的可能损失;二是消费者在购买行为后对比预期目标感受到的不利后果的大小,即消费者在购买行为后感受到的实际损失[3]。Cunningham 进一步将感知风险归纳为两个核心要素:一是不确定性,即消费者对购买效果不确定;二是后果的严重性,即消费者主观评定的损失发生后对自身的影响程度[4]。

消费者可能会遇到的感知风险主要可分为以下三种类型:① 产品风险。这种风险涉及产品或服务是否能够满足消费者的需求。消费者可能担心产品的性能、质量或可靠性是否符合他们的期望。例如,虽然网红直播不仅可以让消费者相对快捷全面地了解到产品信息,但在一定程度上增加了产品的感知风险。由于部分网红夸大宣传,例如李佳琦不粘锅事件、辛巴燕窝注水等关于网红虚假宣传的负面新闻频出,消费者对网红主播关于产品性能的描述持怀疑态度,并且直播间过大的折扣力度也会提高消费者的产品感知风险,认为其售卖的产品是假冒伪劣产品。② 经济风险。这种风险涉及购买产品或服务所带来的经济损失。消费者可能担心产品的价格是否合理,是否存在隐藏费用或额外费用。他们也可能担心购买后的维护和运营成本。例如,购买一辆汽车时,消费者可能担心汽车的维修费用、燃油消耗等经济方面的风险。③ 社会风险。消费者担心购物后或接受服务后,可能对自我形象产生影响或者因为与自我概念的不一致而可能产生的社会风险。例如,在网红直播中,消费者可能会通过转发网红微博、分享直播间链接等形式参与到网红带货活动中,如果有人通过自己的分享而购买了该产品,结果产品质量和价格都未达到预期,增强了社会风险。

风险感知理论是指消费者在做出消费决策时,对潜在风险的感知和评估。根据这一理论,消费者在购买产品或服务时会考虑到可能的风险,并在风险与收益之间做出权衡。消费者在购买过程中一旦感知到某种风险的存在,就会产生焦虑,进而寻求减少该风险的方法。感知风险可以通过增加结果的确定性(购买名牌等),或者降低损失的程度(如退款保证)来减少。当感知风险降低到消费者可以接受的程度或者完全消失,消费者决定购买。从这个角度而言,消费者购买过程也就是规避或减少风险的过程。一些学者探讨了影响有关于产品或者服务内部或外部线索的产品质量评价或者降低感知风险方法。例如,Kotler指出在购买决策过程中,消费者将寻找多种方法去减少风险。当消费者在购买产品时,如果消费者对产品拥有不充足的知识和信息,他们将寻找外部线索来减少风险。但是,过去在外部线索的研究主要集中于与产品相关的部分,他们很少研究消费者的个人特征,例如对购买过程感觉的影响水平[5]。

消费者对这些风险的知觉会影响他们的购买决策。企业需要了解和管理这些风险,以提供符合消费者期望的产品和服务,从而建立消费者的信任和忠诚度。在消费决策中,风险感知理论提供了一种理解消费者对风险的感知和权衡的框架。消费者会在考虑产品特点、获取信息和评估外部环境的基础上,对潜在的风险进行感知和评估,并在风险与收益之间做出决策。

3. 涉入理论

20 世纪 60 年代前后,美国的消费行为专家提出了"消费者涉入"这个概念,即消费者主观上感受客观商品、商品消费过程及商品消费环境等与自我的相关性。主观上对于这些因素的感受越深,表示对该商品的消费涉入程度越高,称为消费者的"高涉入",该商品则为"高涉入商品",反之则称为消费者的"低涉入"及"低涉入商品"。当涉入程度高时,消费者会对购买决策进行深入的信息搜索和评估。他们会更加关注产品的特征、性能、价格和品牌声誉等因素,并进行比较和权衡。高涉入的购买决策通常发生在对消费者生活重要的领域,如购买房屋、汽车或教育服务等。当涉入程度低时,消费者对购买决策的关注程度较低,通常会采用简化的决策策略。他们可能会依赖于习惯、品牌形象或他人的建议来做出决策。低涉入的购买决策通常发生在对消费者生活不太重要的领域,如购买日常用品或一次性消费品等。购买一辆汽车与购买一瓶矿泉水,消费者对前者的性能、质量、价格、消费环境、使用技能等方面的关注程度很高,购买决策过程比较复杂,属于高涉入商品;而对后者不会花费太长的时间与精力去了解商品功能与构成、消费环境一类的问题,决策过程相对比较简单,属于低涉入商品。

消费者的高涉入对品牌来说,有时是一件好事。高涉入会导致消费者对于商品的情感加深,进而形成品牌的情感依恋。可口可乐公司修改配方就是一个很好的案例,可口可乐公司在1985年做出的一项重大决策,即更改其经典饮料可口可乐的配方,这个决策被称为“新可口可乐”(New Coke)。20世纪80年代初,可口可乐公司面临着竞争对手百事可乐的竞争压力。为了应对市场变化和满足消费者的需求,可口可乐公司决定推出一种新的配方,以取代原有的可口可乐。新可口可乐的配方经过了长时间的研发和测试,公司认为它能够提供更加甜美和平衡的口感。然而,当新可口可乐于1985年4月23日正式上市后,消费者的反应却出乎意料。这一消息一经宣布,就受到全美消费者的抱怨和抨击,有人直接写信或打电话给亚特兰大可口可乐公司的总部,威胁说美国将损失世界上最大的一项贸易,有的向当地零售商提出抗议,认为这种做法是对顾客的不尊重。面对消费者的强烈反对,可口可乐公司不得不迅速做出调整。于是,在不到三个月的时间里,公司宣布恢复原有的可口可乐配方,并以“可口可乐经典”(Coca-Cola Classic)的名义重新上市。这个营销案例对可口可乐公司来说是一次重大的教训。尽管新可口可乐的配方调整是基于市场研究和消费者需求的考虑,但它却未能得到消费者的认可和接受。可口可乐公司通过恢复原有配方并推出可口可乐经典,向消费者传递了对品牌传统和消费者喜好的尊重。由此可见,消费者的高涉入会增加消费者和品牌之间情感依恋,出于情感保护的需要,有些消费者会自觉地维护商品品牌的形象。

涉入理论是一种解释消费者购买决策的理论,它认为消费者在购买决策过程中的涉入程度会影响他们对产品或服务的评估和决策行为。涉入程度指的是消费者对购买决策的关注程度和重要性。消费者涉入是购买决策中的心理活动,影响消费者对于商品信息的搜集及商品性能的认识,最终影响消费者对于该商品的态度和决策。研究消费者的涉入现象,可以从侧面反映消费者对于商品的认知及态度。这一原理也可以反过来解释,即从消费者的态度及认知程度,可以反映消费者对商品的涉入状态。

企业可以根据消费者的涉入程度来制订相应的市场策略。首先,涉入理论可以帮助企业确定目标市场,并为不同涉入程度的消费者提供差异化的产品和服务。对于高涉入的消费者,企业可以强调产品的特点、性能和品质,以满足他们的需求。对于低涉入的消费者,企业可以强调产品的便利性、价格和品牌形象,以吸引他们的注意力。其次,企业可以根据不同的涉入程度,采用不同的营销传播方式和渠道,以确保消费者获得所需的信息。对于高涉入的消费者,企业可以提供更详细、深入的信息,例如技术规格、使用指南等。对于低涉入的消费者,企业可以采用简化、易懂的信息传递方式,例如广告、社交媒体等。最后,这一理论可以指导企业在产品设计和创新方面的决策。对于高涉入的消费者,企业可以注重产品的功能性和性能,提供更多的选择和个性化的选项。对于低涉入的消费者,企业可以注重产品的外观、包装和易用性,以提供简单、便捷的购买体验。

总而言之,涉入理论可以帮助企业更好地理解消费者的决策行为,并根据不同的涉入程度制订相应的市场营销策略。通过针对不同涉入程度的消费者提供差异化的产品、传递合适的信息和建立良好的客户关系,企业可以更好地满足消费者的需求,并提高市场竞争力。

11.1.4　消费者购买行为类型

消费者在购买商品时会因商品价格、购买频率的不同而投入购买的程度不同。按照不同的标准,可对消费者的购买行为做出如下分类。

1. 习惯性购买行为

习惯性购买行为指的是涉及低决策参与度和低品牌差异度的购买行为。消费者在购买过程中主要出于习惯或惯性而做出决策,而非经过深思熟虑或比较。习惯性购买行为具有以下特点:① 自动化决策。消费者在习惯性购买时,往往会自动地选择之前购买过的产品或品牌,而不再考虑其他选项。他们可能会按照惯例或习惯性的购物路线进行购买,几乎没有额外的思考或努力。② 低参与度。习惯性购买行为通常是消费者对购买过程和产品的参与度较低的结果。他们可能没有时间、精力或意愿去主动寻找新的选择或做出更深入的研究。例如,消费者费者在购买食盐、洗衣粉等价格低廉、品牌差别很小的商品时,他们的参与程度很低。③ 忠诚度和重复购买。习惯性购买行为表明消费者对某个产品或品牌有较高的忠诚度和重复购买的倾向。他们可能对之前购买过的产品或品牌有积极的经验,并认为这是满足他们需求的可靠选择。

习惯性购买行为对企业具有重要意义,因为它可以带来稳定的销售和忠诚的客户群体。企业可以通过提供优质的产品和服务,建立与消费者的习惯性联系,以促使他们继续购买。同时,企业也应该注意不断创新和提供新的选择,以避免消费者的习惯性购买行为转变为对竞争对手的选择。对习惯性购买行为的主要营销策略是,利用价格优惠与销售手段,吸引消费者试用;做好大量重复性广告,加深消费者印象;增加购买参与程度和品牌差异。

2. 理智型购买行为

理智型购买行为是指消费者在购买过程中更注重理性和逻辑的决策。这种购买行为通常基于对产品或品牌的详细研究和比较,以及对多个因素的权衡和考虑。这种类型的消费者善于观察、分析和比较,有较强的选择商品的能力。他们在采取购买行为前,注意收集商品的有关信息。购买时慎重、理智、不受他人及广告宣传的影响,挑选商品仔细、认真。在整个购买过程中保持高度的自主性,并始终由理智来支配行动。理智型购买行为具有以下特点:① 善于信息搜集。理智型购买者会主动搜集相关产品或品牌的信息。他们可能会进行在线搜索、阅读评论、咨询专家或朋友的意见,以获取更多的信息和了解。② 注重产品的功能和性能。理智型购买者更注重产品或品牌的功能、性能和质量。他们会评估产品是否能够满足他们的需求,并考虑产品的性能指标、技术规格等因素。③ 对价格和价值比较重视。理智型购买者会比较不同产品或品牌的价格和价值。他们会权衡产品的价格与其所提供的功能、质量和性能之间的关系,以确定是否物有所值。④ 考虑产品的长期使用。理智型购买者会考虑购买决策对长期利益的影响。他们可能会评估产品的耐用性、售后服务、保修政策等因素,以确保购买的产品能够长期满足他们的需求。

对于企业来说,理智型购买行为意味着需要提供充分的信息和产品的功能、性能等方面的优势。企业可以通过提供详细的产品信息、客观的评价和证明、明确的定价策略等方式来满足理智型购买者的需求。同时,企业还可以强调产品的长期价值和售后服务,以增强消费者对产品的信心和满意度。

3. 经济型购买行为

经济型购买行为是指消费者在购买过程中,更注重价格和经济效益的决策行为。这种购买行为通常基于对产品价格的敏感度和对经济效益的追求。这种类型的消费者有经济头脑,对收支统筹安排,计划性强,选择商品的能力也比较强。这种类型的消费者对价格的变化非常敏感,往往以价格的高低作为选取商品的标准。具体有两种情况:一种是对同类商品中价格较低者感兴趣,认为经济实惠,这类消费者对商品价格的差异性特别敏感;另一种是对同类商品中价格较高者感兴趣,认为价格高质量就一定会好,这类消费者对优质名牌商品特别青睐。经济型购买行为具有以下特点:① 价格敏感。经济型购买者对产品价格的变化非常敏感,他们会比较不同品牌、不同渠道的价格,并寻求最优惠的选择。他们更倾向于追求性价比较高的产品。② 以经济效益导向。经济型购买者更注重购买行为所带来的经济效益。他们会权衡产品价格与其所提供的功能、质量和性能之间的关系,以确保购买的产品能够物有所值。③ 寻求优惠和促销。经济型购买者对削价、优惠价、折扣等促销活动比较感兴趣。他们会主动寻找和比较不同渠道或商家提供的优惠信息,以获取更大的经济利益。④ 他们会避免浪费和不必要的开支。经济型购买者更注重节约和合理利用资源。他们会避免购买不必要的产品或服务,避免浪费不必要的开支。

对于企业来说,针对经济型购买者可以采取以下策略:① 提供价格优势。企业可以通过控制成本、优化供应链和生产效率等方式,提供具有竞争力的价格,吸引经济型购买者。② 强调性价比。企业可以强调产品的性价比,突出产品的功能、质量和性能,以满足经济型购买者对经济效益的追求;并且企业可以定期推出促销和优惠活动,如打折、特价、买赠等,吸引经济型购买者的关注和购买欲望。总之,了解经济型购买者的特点并采取相应的策略,可以更好地满足他们的需求,增强他们对企业和产品的认同和忠诚度。

4. 冲动型购买行为

冲动型购买行为是指消费者在没有经过深思熟虑或理性考虑的情况下冲动地购买产品或服务的行为。这种购买行为通常是由于突发的欲望、情绪激动或外部刺激引起的。这类消费者选购商品的能力不强。他们个性心理反应强烈、敏感,情感变化快而不稳,没有明确的购买计划,选购商品考虑不周到,往往受商品的外观、广告宣传、推销活动等外界因素的影响,对商品不去进行分析比较,草率购买,而且买后常常后悔。冲动型购买行为具有以下特点:① 这类消费者主要是由情绪驱动:冲动型购买者在购买时通常受到情绪的驱动,例如兴奋、满足感、激动等。他们可能会因为一时的情绪高涨而做出冲动的购买决策。② 消费者追求即时满足。冲动型购买者追求即时的满足感和快感,他们希望通过购买来满足自己的欲望或获得一种短暂的快乐感。不仅如此,这类消费者在购买过程中,缺乏理性思考。他们可能没有充分评估产品的实际需求、质量、价值和长期效益等因素。最后,他们的消费决策也会受到外部刺激影响:冲动型购买者容易受到广告、促销活动、社交媒体影响等外部刺激的影响,导致冲动购买行为的发生。

对于企业来说,针对冲动型购买者,可以采取以下策略:① 在营销过程中,创造紧迫感。企业可以通过限时促销、限量发售等方式创造购买的紧迫感,引发冲动型购买者的购买欲望。② 强调情感价值。企业可以通过情感化的广告和营销手段,强调产品与消费者的情感连接,激发冲动型购买者的情绪反应。③ 提供即时满足。企业可以提供即时满足的购物体验,例如快速配送、便捷支付等,满足冲动型购买者对即时满足的需求。④ 提供售后保障:企业可以提供退换货政策、售后服务等,以减轻冲动型购买者的后悔感,并增加他们对购买的信心。然而,企业也应当注意不过度刺激冲动型购买行为,避免消费者因冲动购买而后悔或产生负面体验。平衡好情绪驱动和理性考虑的关系,为消费者提供有价值的产品和服务,是企业发展的关键。

以上是根据决策参与度和品牌差异度对购买行为进行的一种分类。不同类型的购买行为对企业的市场策略和品牌定位都有不同的要求。了解消费者的购买行为类型可以帮助企业更好地满足消费者的需求,并制订相应的营销策略。

11.1.5　消费者购买行为的模式分析

尽管不同消费者之间在消费观念、购买动机、购习惯等诸多方面差异较大,但是在消费者购买行为中,仍存在着某些共同的特征。为了更好地解释消费行为的规律性,许多学者尝试着建立一种描述这种行为的作用机制的标准模式。有关这方面的研究结果很多,我们仅简要介绍三类最基本的模式。

1. 刺激-反应模式

行为心理学的创始人约翰·B.沃森(John B. Watson)建立的"刺激-反应"原理,指出人类的复杂行为可以被理解为:刺激、反应[6]。消费者购买行为的理论中,最有代表性的是刺激—反应模式。市场营销因素和市场环境因素的刺激进入购买者的意识,购买者根据自己的特性处理这些信息,经过决策过程导致了购买决定。

刺激-反应模式表明,所有消费者的购买行为都是由刺激引起的,这种刺激既来自外界环境,如社会的经济情况、政治情况、科技水平、文化因素、企业市场营销状况等,也来自消费者内部的生理和心理因素,如需要、动机、个性、态度、观念、习惯等。该模式认为,消费者的购买行为是一种内在的心理过程,是消费者内部自我完成的,像一只"暗箱",是不可捉摸的。外部的刺激经过暗箱(心理活动过程)产生反应引起行为,只有通过行为的研究才能了解心理活动过程。

20世纪90年代,英国兰斯特大学心理学教授诺斯博士做了一个实验,他找到一家大型超市,这里的酒类货架上品种丰富,且酒品价格、质量、口味等要素都比较接近。诺斯博士在超市里播放不同的背景音乐,今天放法国音乐,明天放德国音乐,后天再放法国音乐……然后他观察顾客在哪一天买了什么样的酒。结果发现,放法国音乐的那一天,顾客买的法国葡萄酒比德国葡萄酒多出5倍,放德国音乐的那一天,顾客买的德国葡萄酒比法国葡萄酒多出 1 倍。从管理学理论上说，这叫作刺激-反应理论。商场的背景音乐就是来自外部环境的刺激之一种。那么，什么样的音乐可以影响消费者的决策呢？商场的背景音乐主要通过三个层面来影响消费者的购买决策：第一是音乐的快慢，这是影响最大的一种。为什么这么说？因为商家都希望顾客能够放慢脚步多逛一会儿，每多逛一会儿，顾客就可能多买一些东西。有研究表明，如果背景音乐是快的，就像《江南 style》这样的音乐，那么顾客就会加快脚步，买东西的节奏也会加快，很快就做决定，缩短了他在商店里购买商品所需要的时间，间接地影响了他在商店消费的金额。如果放那些非常缓慢且舒缓的音乐，结果正好相反，顾客会慢慢地在商店里逛来逛去，最终可能买了很多东西，而且有不少是原来没有准备买的东西。同样的道理也适用于餐厅。如果背景音乐非常缓慢，那么顾客吃饭的时间一般也会稍长一点，这对饭馆是一件很好的事情。有意思的是，即便顾客们比平时多花了 20 min 时间吃饭，他们也不会觉得反常。这就是背景音乐的精妙之处。第二是音乐的流行度。一般来说，播放流行歌曲比播放不流行的歌曲更有效果，这会给顾客营造一个非常友好的氛围，顾客一听到熟悉的流行歌曲，会在商店里多停留一会儿，在商店里花的钱也会更多一些。心理学家凯拉里斯和肯特在 1992 年的一项研究中发现，如果给顾客听他们听过的音乐，他们会在商场里多花 8% 的时间来买东西。第三是音乐的类型。是放巴赫这样的经典音乐，还是放流行歌曲？这要看具体是什么类型的商店。比如，卖红酒的商店或者法国餐馆，就应该放巴赫、莫扎特之类的古典音乐；而在快餐店，就应该播放节奏比较快的音乐，让顾客尽快完成消费。

2. 霍华德-谢思模式

霍华德-谢思（Howard-Sheth）模式来自"刺激—反应"概念，整个模式包含三部分：投入，借外界的刺激让消费者接收信息，此部分包括了三种刺激来源，分别为实体刺激、符号刺激及社会环境刺激；知觉与学习建构，此部分主要是描述消费者得到刺激或信息后，如何处理在脑中所形成的印象，加上消费者本身的动机、信心等因素后如何产生意愿的过程；产出，消费者在经过前述的刺激、认知和学习等反应后，最后的结果便是产生购买行为，分别为注意、品牌认知、态度、意愿及购买行为。霍华德—谢思模式认为投入因素和外界因素是购买的刺激物，它通过唤起和形成动机，提供各种选择方案信息，影响购买者的心理活动（内在因素）。

3. 认知模式

认知模式利用一系列的心理概念解释上述"暗箱"中消费者的心理活动过程。在这方面的研究中，每个学者的观念都有所区别，从而形成了一个纷繁复杂的体系。其大致的思路是：由于消费者的消费观及需要等因素的驱动，引起消费者对某些商品或某类消费的兴趣,经过感觉、知觉、联想和思维,又引起消费者情绪和情感上的变化,再加上消费者意志的努力和一定的外部刺激,使消费者产生了购买经验,养成了购买习惯,从而坚定了消费观念。虽然这种思路对打开神秘的"暗箱"及进一步研究消费者行为的规律性具有重大的意义,但由于消费者心理活动的复杂性和发展性,也增加了分析和研究的难度。

从目前的研究成果看,虽然这种思路在概括消费者行为的一般规律方面确有成效,但仍不能被用于对消费者行为的预测和判断,难以准确地解释消费者的心理活动过程,尤其对个体消费行为更是如此,另外,由于影响消费者心理活动过程的因素太多,而且这些因素又是不断发展变化的,所以很难形成一个公认的消费者心理活动过程模式。

11.2　消费者的决策过程

消费者决策过程是指消费者在购买产品或服务时所经历的一系列阶段和行为。消费者购买决策过程是消费者从产生需要到满足其需要的过程。一般分为识别需要、收集信息、选择判断、购买决定、购后评价五个阶段。

11.2.1　识别需要

首先,购买过程从购买者确认某一个问题或某种需要开始,即确认需要。需要可由内部刺激引起,当一个人的正常需要(如饥饿、干渴或性)强烈到某种程度时,个体为了满足需要,驱动人们去行动。需要也可由外部刺激情境引起,比如你在逛商场时,看到冰激凌的广告后,想要吃冰激凌;当看到别人换了新款手机,想要购买同款。消费者认识到自己有某种需要时,是其决策过程的开始,这种需要可能是由内在的生理活动引起的,也可能是受到外界的某种刺激引起的。当然,有时候消费者的某种需要、欲望和动机可能是内外因素同时作用的结果。市场营销人员应注意识别引起消费者某种需要和兴趣的环境,并充分注意到两方面的问题:一是注意和了解那些与本企业的产品具有实际上的或潜在的关联的驱使力;二是消费者对某种产品的需求强度会随着时间的推移而变动,并且被一些诱因所触发。在此基础上,企业还要善于安排诱因,促使消费者对企业产品产生强烈的欲望或动机,并立即采取购买行动。

11.2.2　收集信息

在确认需求后,消费者会开始主动或被动地搜索相关信息,以获取有关产品或服

务的信息。当用户确认了自己的需要后,就会寻找满足需要的方式。用户会优先搜
寻当前自身所拥有的信息,即在脑海中出现的满足需要的选项。如果用户的需求强
烈及满足的产品刚好出现,那么就很可能会使用/购买产品。反之,用户将暂时将这
个需求记在心里,然后进行与之有关的信息搜索。用户搜寻的信息数量取决于驱动
力的强度、其最初拥有的信息量、附加信息对其的价值,以及其从搜索中获得的满
意度。

(1) 关于驱动力的强度。当满足需要的动机不那么强烈时,用户就不会花很多
的时间来寻找信息,反之,则会投入更多的时间和精力来去寻找更多的信息。比如,
如果用户对于购买一件即便宜质量又好的雨伞非常执着时,她可能就会去多个平台
寻找相关的雨伞。

(2) 关于最初拥有的信息量。如果当用户有需要时,且其已经拥有足够满足这
些需要的产品的信息,那么用户就不会寻找更多的信息。就像前面提到的二手车的
案例,如果用户知道在哪里购买二手车,那么他就不会去找关于在哪里可以购买二手
车的相关信息。

(3) 关于附加信息对其的价值。由于用户购买/使用某款产品时,是需要付出成
本的,这些成本可能是金钱、时间、精力等。如果某个产品,用户所需投入的成本较多
时,他们就会寻找更多的关于这个产品的附加信息,如用户使用后的评价,该产品的
口碑如何等,因为一旦决策失误,那么投入到产品上的成本都会成为损失,成本越高
损失越大。

(4) 关于从搜索中获取的满意度。如果用户在搜索中得到满意的答案,那么他
就不会继续搜索更多的产品信息,反之,会继续找寻直到满意为止。比如用户有一个
疑问,想要寻找答案。他可能先会在百度上搜索,如果百度上没有找到满意的答案,
那么他就会去其他平台上寻找答案,直到找到满意的答案为止。

消费者信息的来源主要有四个方面:一是个人来源,指从家庭、亲友、邻居、同事
等个人交往中获得的信息。二是商业来源,这是消费者获取信息的主要来源,其中包
括广告、推销人员的介绍、商品包装、产品说明书等提供的信息。这一信息源是企业
可以控制的。三是公共来源,消费者从电视、广播、报纸杂志等大众传播媒体所获得
的信息。四是经验来源,消费者从自己亲自接触及使用商品的过程中得到的信息。

上述四种信息来源中,商业信息最为重要。从消费者角度看,商业信息不仅具有
通知的作用,还具有针对性、可靠性,而个人和经验来源只能起验证作用。对企业来
说更为有意义的是,商业信息是可以控制的,消费者可以通过商业信息的渠道了解本
企业的产品,进而购买本企业的产品。

11.2.3　选择判断

在获取到一定的信息后,消费者会对不同的产品或品牌进行评估和比较,即进行选择判断。消费者对各种产品的选择判断主要从以下几个方面进行。

(1) 分析产品属性。产品属性即产品能够满足消费者需要的特性。消费者一般将某一种产品看成是一系列属性的集合,如照相机的属性一般有照片清晰度、快门速度、体积大小、价格;手表的属性有准确性、式样、耐用性等。但消费者不一定对产品的所有属性都视为同等重要,不同的消费者有其特别感兴趣的产品属性。市场营销人员应分析本企业产品应具备哪些属性,以及不同类型的消费者分别对哪些属性感兴趣,为不同需求的消费者提供具有不同属性的产品,既满足顾客的需求,又最大限度地减少因生产不必要的属性所造成的资金和劳动力的浪费。

(2) 确定品牌信念。消费者会根据各品牌的属性及各属性的参数,建立起对各个品牌的不同信念,比如,苹果手机的性能比较好,但是价格比较高。

(3) 形成"理想产品"。消费者的需求只有通过购买才能得以满足,而他们所期望从产品中得到的满足,是随产品每一种属性的不同而变化的。这种满足程度与产品属性的关系,可以用效用函数来描述。

(4) 做出最后评价。消费者从众多可供选择的品牌中,通过一定的评价方法对各种品牌进行评价,从而形成对它们的态度和对某种品牌的偏好。在这一评价过程中,大多数的消费者总是将实际产品与自己的理想产品进行比较,以便做出最终的购买决定。

11.2.4　购买决定

在评估和比较后,消费者会做出最终的决策,并进行购买行为。用户在购买决策时,会依据有限资源内的期望效用最大化原则来进行决策。

11.2.5　购后评价

商品被购买之后就进入了购买后阶段,此时市场营销人员的工作并没有结束。消费者会对所购买的产品或服务进行评估,看是否满足自己的期望。如果满意,他们可能会再次购买同样的产品或服务,并推荐给他人。如果不满意,他们可能会寻求退货、投诉或选择其他品牌或服务。

事实上,那些有保留地宣传其产品优点的企业,反倒使消费者产生了高于期望的满意感,并有利于企业树立起良好的产品形象和企业形象。消费者对其购买的产品是否满意,将影响到以后的购买行为。如果对产品满意,则在下一次购买中可能继续采购该产品,并向其他人宣传该产品的优点;如果对产品不满意,则会尽量减少不和谐感,因为人的心理防御机制存在着一种在自己的意见、知识和价值观之间建立协调性、一致性或和谐性的驱使力。具有不和谐感的消费者可以通过放弃或退货来减少不和谐,也可以通过寻求证实产品价值比其价格高的有关信息来减少不和谐感。市场营销人员应采取有效措施尽量减少购买者买后不满意的程度,并通过加强售后服务,保持与顾客的联系,促使他们从积极方面认识产品的特性等方式来增加消费者的满意感。

值得注意的是,消费者决策过程并不是线性的,不同的消费者可能在每个阶段的行为和偏好上有所不同。同时,消费者的决策过程也受到个人因素、社会因素和文化因素的影响。因此,了解消费者决策过程对于企业和营销人员来说是非常重要的,可以帮助他们更好地理解消费者行为和制订有效的营销策略。

11.3 消费决策与消费者神经科学

11.3.1 基于价值表征的决策神经机制

近年来,神经科学在更好地理解个体如何做出决策,以及这些决策如何受到环境、状态和个体特征的影响方面做出了重大贡献。在过去的十年中,消费者神经科学作为一个学术研究领域的出现,应用神经科学的工具和理论来更好地理解消费者行为。尽管该领域扩展到更广泛的工具,如面部编码、眼球追踪、心率监测和皮肤电反应,这些研究主要使用功能性磁共振成像(fMRI)和脑电图(EEG)技术。

目前,了解消费者对产品或品牌的偏好如何在大脑中表征出来,以及它们如何受到环境因素的影响,是近年来受到较多研究关注的一个领域。许多关于消费者偏好的神经科学研究都是在理解基于价值的决策框架内完成的,这意味着决策是由潜在的偏好或价值的表现所驱动或反映的。目前学术界关于价值编码的一致性观点是,部分前额皮质及皮层下结构在编码主观评价方面起着关键作用。越来越多的证据表明,主观评价的关键神经区域包括眶额叶皮质(OFC)、腹内侧前额叶皮质(VMPFC)和腹侧纹状体(VS)[7]。

此外,主观评价背后的过程也存在共性,这被称为"共同的神经货币"[8]。也就是说,如果一个人面对不同类型的价值(如主要奖励、次要奖励),大脑中的评估信号反映了直接比较,这些比较会转化为共同的尺度。研究发现,当消费者获得大脑价值系统的奖励或情感价值的增加时，在行为上消费者会表现出对产品的喜爱、更高的支付意愿和购买意愿[9-12]。

神经科学研究已经证明主观价值和 VMPFC 和 OFC 的活动之间有很强的联系。最初的研究考察了偏好的神经关联。在一项研究中，参与者在观看喜欢的（vs. 不喜欢的）饮料的图片时，VMPFC 和 OFC 的激活程度更高。在另一项研究中，男性参与者看到喜欢的（与不喜欢的）啤酒品牌的图片时，女性参与者看到喜欢的（与不喜欢的）咖啡品牌的图片时，VMPFC 和 OFC 的激活程度都会更高。在 Becker-degrott-marschak 拍卖中，保持饥饿状态的参与者被要求为 50 种不同零食的出价，与此同时他们接受核磁的扫描。在实验中，参与者被要求对所看到的零食进行出价，分别可出价为 0 美元、1 美元、2 美元或 3 美元[13]。研究人员发现，参与者对零食的支付意愿与 VMPFC 和 OFC 脑区的激活有关。这些研究为解释主观价值和 VMPFC 和 OFC 的活动之间有很强的联系提供了有力的证据。

然而，尽管 OFC 被认为是表征消费者偏好的主要大脑区域并且可以在决策时预测消费者选择，但它不像大脑皮层和皮层下区域那样与评估密切相关，它不能直接进入支持选择或行动的输出网络。

Bartra 等人对 206 项已发表的 fMRI 研究进行元分析表明，VMPFC 和 VS 会通过一种"一般的信号"表征主观价值[14]。如前所述，VMPFC 和 VS 的作用在主要奖励（如食物）和次要奖励（如金钱、社会）的反应结果中也很明显，并为单一神经系统（如共同的神经货币）提供证据支持，不仅代表了个体对不同类别商品的价值感知的不同方面，也代表了对商品的特征的价值感知。

先前的研究还考察了 VMPFC 和 VS 中的价值信号在更复杂的决策（如风险决策、不确定决策和社会决策）中的作用。Levy 等人发现，在风险和不确定决策的情况下，VMPFC 和 VS 的活动与选择时的预测值相关[15]。在他们的功能磁共振成像研究中，参与者被告知在看到奖券时做出选择，奖券的金额、中奖概率或概率的不确定性都有系统的变化。他们发现 VMPFC 和 VS 的活动与风险与不确定条件下的主观评价相关。Kable 和 Glimcher 在研究中通过 fMRI 技术追踪了参与者在即时和延迟金钱回报之间的选择，结论发现 VMPFC 和 VS 的激活程度随着未来奖励的主观贴现值变化而变化[7]。在一项慈善捐赠行为的研究中，Hare 等人发现，VMPFC 与免费试用期间捐赠的金额相关，并提供证据表明，VMPFC 中的价值信号代表了来自参与社会认知的神经区域的输入的整合[16]。在另一项涉及社会情境的研究中，参与社会奖励任务的参与者得到了他人对其性格的积极评价，而参与非社会金钱赌博任务的参与者则显示了 VMPFC 和 VS 的激活[17]。

11.3.2　消费者购买过程的神经机制

在消费者购买神经决策的不同阶段,营销刺激会分别激活大脑不同区域。具体而言,在识别需求过程中,不同的刺激会激活相应的大脑区域。例如,视觉刺激激活的个体视觉系统包含了两条与视觉处理有关的皮层路径:一条是背侧视觉通路,涉及注意力的空间分布,从枕叶初级视觉皮层开始,经过顶叶后皮层,到达背外侧前额叶皮层;另一条是腹侧视觉通路,负责注意力对象识别,同样起源于枕叶初级视觉皮层,经过颞下皮层到达腹外侧前额叶皮层。信息收集过程中产品信息间的冲突容易激活大脑前扣带皮层(Anterior Cingulate Cortex,ACC)和额叶区。消费者的评价过程则倾向于激活大脑区域中的海马体和前额叶皮层。购买决策则可以通过大脑眶额叶皮层和腹侧纹状体的活跃程度来进行预测。购后行为与眶额叶皮层的评估过程和前扣带回的反馈评估密不可分。

1. 识别需求过程的神经机制

在消费者购买决策的问题识别阶段,视觉刺激容易诱发早期视觉相关电位,枕叶区的神经活动也会显著增强。在问题识别过程中,消费者会接收到各式各样的刺激,包括内部刺激(生理和心理)、外部刺激(市场营销和策略手段)及其他刺激(经济因素、文化因素和社会因素)。这些内外刺激由消费者的大脑对其进行自动化加工处理:消费者会对感兴趣的刺激材料分配更多的注意力资源,然后激活个体的购买需求。ERP 的高时间分辨率不仅有助于洞察消费者对营销刺激快速反应的内隐机制,还有助于研究触觉等感觉信息对消费者行为的作用。

现有研究主要致力于解释外部刺激中产品外观设计等视觉信息在消费者大脑中的处理机制。例如,Reimann 等人发现当面对不同美学水平的产品标识时,个体大脑中会激活不同波幅的 P2 成分,并且美学水平越高的产品标识会诱发越大的 P2 波幅[18]。P2 成分是一个早期视觉相关电位,反映了机体对刺激特征的快速侦查。他们的研究结果还表明,即使是对产品短暂的一瞥,消费者的大脑也能迅速捕捉到其中的视觉图像信息,并对其进行初始阶段的内隐评价分析性视觉处理。韩伟伟和王晶则认为审美体验本质上也是一种情绪体验,高审美吸引力的产品设计会带来积极情绪体验,而积极情绪体验会引起消费者的注意偏向,所以高审美吸引力的产品会比低审美吸引力的产品激活个体大脑中更大波幅的 P2 成分[19]。

2. 信息收集过程的神经机制

在消费者识别出自己的需求后,就会去收集相应的产品或服务信息,此过程消费者的大脑对不同产品或服务的信息冲突和产品内部不同属性间的冲突非常敏感,容易在大脑前扣带皮层(ACC)和额叶区诱发 N2 成分。这种对冲突的敏感性使得神经营销 ERP 研究不仅可以论证现有的营销理论,还可以进一步完善现有理论(如品牌延伸、品牌文化等)。

一方面,不同产品的属性冲突会引起消费者大脑的注意。例如,Ma 等关注于品牌延伸中延伸品牌与原品牌的契合性问题。在 2007 年的研究中发现,如果延伸品牌产品类别与原品牌产品类别不一致,消费者大脑中会出现冲突加工,诱发更大波幅的N2 成分[20]。N2 成分一般在脑部额叶区更加活跃,反映了大脑对信息冲突的识别和加工。比如,两个刺激的颜色、形状、空间位置的不同都会出现 N2 波幅的差异。在 2008 年的研究中,Ma 等进一步发现当延伸品牌与原品牌种类一致时,会比延伸品牌产品种类与原品牌不一致时诱发更大波幅的 P300 成分[21]。也就是说,对产品类别的属性相似性感知越强,P300 波幅就越大。P300 成分一般被认为与注意的分配和高水平的情绪评价有关。P300 形成于大脑联合皮层活动,即颞叶、枕叶和顶叶 3 个皮层的共同活动。比如,面孔的吸引力越大,诱发的 P300 波幅也会越大。在此基础上,Ma 等人又引入了情绪变量,结果发现只有在延伸品牌与原品牌产品类别存在一定差异的情境下(从饮料延伸到服装),负面情绪会比中性情绪诱发更大波幅的 N2 成分;但在延伸类别差异过大或者过小情境下,N2 成分不会受到情绪的影响[22]。这说明只有在冲突程度中等的情境下,消费者对产品的注意才会受到负面情绪的影响。

另一方面,产品自身不同属性间的冲突也会激活消费者的大脑。例如,韩伟伟和王晶认为消费者对高审美吸引力的产品设计比适中审美吸引力的产品形成更高的期望,若高审美吸引力的产品实际性能较低,两种属性差异就会激活大脑内源信息的冲突,诱发更大波幅的 N270[19]。这表明消费者的大脑也会敏感于产品的设计和性能冲突。有趣的是,适中审美吸引力设计高性能的产品会比高审美吸引力设计低性能的产品诱发更大波幅的 N270。韩伟伟和王晶认为这是因为具有适中审美吸引力设计但性能较高的产品会使消费者产生损失感,从而在消费者大脑中激活更强烈的冲突识别。

3. 方案评价过程的神经机制

当收集到足够的信息后,消费者需要对多个可供选择的方案进行评价,此阶段既包含了初级快速评估阶段也包含了高级认知评估阶段,激活的大脑区域主要包括颞叶区的海马体(hippocampus)和额叶区的前额叶皮层(PreFrontal Cortex,PFC)。消费者在对可供选择的不同方案评价时,其大脑也会迅速运转,进行相应加工处理。首先,大脑会评估这些方案值不值得被充分评价,这是一个自上而下的控制性加工过程,机体可以根据自身需要和外部环境形势决定对哪些方案进行更多的评价,因而也对其分配更多的心理资源。然后，大脑才对这些可供选择的方案进行不同层次的评价分析：针对不需要充分评价的方案，个体对其进行简单信息加工处理；针对需要充分评价的方案，个体对其的评价过程包含了两个阶段，即简单信息处理阶段和深层次的认知加工处理阶段。神经营销 ERP 研究在有效区分消费者方案评价的心理过程的同时，还可以衡量消费者情绪反应。

消费者根据内部需求和外部环境，会决定对哪些方案进行更充分的评价。例如，Zhao 等人研究消费者情绪对方案评价的影响，结果发现提供了服务的产品会比不提供服务的产品诱发更大波幅的 LPP(Late Positive Potential)，并且提供了积极情绪服务的产品会比提供消极情绪服务的产品诱发更大波幅的 LPP。而 LPP 成分在神经科学研究中常被作为分析评价过程的指标，越充分分析评价的个体大脑会激活更大波幅的 LPP 成分[23]。Zhao 等人的研究结果就表明，消费者会对提供了服务的产品尤其是提供积极情绪服务的产品做出更深入的评价分析[23]。

此外，消费者大脑会针对不同的方案进行不同层次的加工处理。例如，丁鑫等人从品牌个性认知出发，发现在对兵马俑旅游地进行个性认知匹配任务时，不同个性受试者大脑中只会出现明显差异的 N400 波幅；在对鼓浪屿旅游地进行个性认知匹配任务时，潜在游客和现实游客的大脑激活会出现分离：与潜在游客相比，现实游客在匹配鼓浪屿的个性认知时会提取相关情节体验记忆，在大脑中激活更明显的 P600 成分[24]。P600 一般可用于指示一种意识层面的复杂认知加工，能反映外显记忆的有效提取，包括对过去相关知识、经验记忆的提取。原因在于该实验的受试者均未去参观过兵马俑，但有部分游玩过鼓浪屿。这说明，在面对未经历过的旅游地点时，消费者的评价处理只停留在初级加工阶段；在面对已有游玩经验的旅游地点时，消费者的评价处理既包含初级加工阶段，又需要提取出相关记忆来进行更深层次的加工处理。无独有偶，Min 等人发现原产国效应对产品设计的方案评价影响也可以激活大脑更深层次的加工[19]。实验结果发现，在产品评价的早期信息处理阶段，受试者大脑中前额中央区会激活 N90 成分，顶枕叶会激活 P220 成分。这表明在原产国效应出现之前，受试者会对产品进行简单评价处理。随后，他们还观察到 P500 波幅也会出现显著差异，意味着受试者从记忆中提取出原产国形象，然后才进行方案评价。Min 等的实验结果也说明消费者对产品的评价过程可以划分为两个不同的阶段：第一阶段是简单信息处理阶段；第二阶段是更深层次的认知加工处理阶段，需要从已有记忆中提取出与产品原产国相关的形象信息。

4. 购买决策过程的神经机制

在神经营销领域，消费者对可供选择的方案进行不同程度的评价之后，会形成对产品的偏好并做出购买决策。此时,个体大脑会对产品内部和外部信息进行分析处理,采用一种意识层面的复杂认知加工模式。现有研究表明,ERP 数据能可靠地反映出人们对购物环境中消费品的偏好。并且,消费者大脑中与奖赏相关的区域,尤其是额叶区的眶额叶皮层(orbitofrontal cortex)和腹侧纹状体(ventral striatum)的活动,也被证明可以预测未来的购买决策。由于神经科学技术是直接测量消费者决策行为背后的生物水平变化,神经营销 ERP 研究可以改善对消费者行为的预测,提高预测准确率。

消费者在面对不同偏好的产品进行抉择时,大脑激活的某些 ERP 成分也会出现波幅差异。由此,营销者可以利用 ERP 成分来反应消费者对其产品产生的神经活动,推测其偏好情况,进而预测产品未来在市场中可能的销售情况。更重要的是,神经科学技术不需要消费者主观评分或对产品支付意愿进行评分。例如,Barnett 和 Cerf 记录了一家商业影院里 58 名观众观看 13 部不同电影预告片时的大脑活动,与之后这些预告片实际召回观众数量对比发现,大脑活动中的神经相似性水平能有效预测电影票房[25]。Telpaz 等人也通过 ERP 实验证明,小样本的神经数据就可以用于准确地预测消费者未来的选择[26]。他们的实验设计非常简单,首先让受试者观看两组不同的产品,同时记录其 ERP 数据;然后受试者可以从这两组产品中选择出自己偏好的产品。实验结果表明当消费者面对更偏好的产品时,神经活动会呈现出更大波幅的 N200 成分;并且,两组产品诱发的 ERP 波幅差异越大,预测的准确率就越高。Boksem 和 Smidta 利用神经数据来预测消费者对电影广告的偏好,发现神经科学实验数据会比自陈式问卷调查数据更准确地预测消费者支付意愿和电影在市场上的票房[27]。

5. 购后行为的神经机制

在消费者购买产品后,还会对购买结果进行评价反馈,这种行为在神经活动层面体现为对决策结果的反馈,主要发生在大脑额叶内侧的前扣带回皮层。消费者对购买结果的评价过程可以划分为两个阶段:早期阶段是对反馈刺激在情绪意义上的快速评估,这是一种初级的自动化加工过程;后期阶段是对反馈刺激的认知评估阶段,会受到外界因素的影响,这是一种更加精细的、自上而下的认知加工过程。神经营销 ERP 研究可以有效分离消费者购买决策后的反馈过程。

消费者购买决策后的反馈对随后的结果监控和消费行为起着至关重要的作用。现有研究还集中于金钱输赢结果所引发的个体大脑活动差异,对实际购买决策后的反馈研究还不够充足。例如,窦炜等采用两人投骰子的合作赌博游戏,考察个体进行社会比较后,其大脑对合作任务所得结果的评价过程[28]。实验结果发现,在单纯呈现骰子点数大小没有金钱输赢提示时,点数较小者比点数较大者诱发更大的 FRN 波幅和更小的 P300 波幅;但在提供了金钱输赢提示时,FRN 波幅和 P300 波幅无显著差异。其中,FRN 被认为是与人脑加工决策后反馈刺激最紧密相关的 ERP 成分,产生于大脑的前扣带回附近。P300 则与结果评价过程中的注意和情绪体验密切相关。窦炜等的研究结果说明早期的快速结果评价只处理当前情境中的信息,对间隔情境的信息整合能力不强[28]。同样,白丽英等研究人际互动中人际合作与冲突对个体决策选择后结果评价的影响,实验结果发现个体选择合作后,输钱和赢钱反馈引发的 FRN 和 P300 波幅差异较大;个体选择冲突后,输钱和赢钱反馈引发的 FRN 和 P300 波幅无显著差异[29]。原因在于个体选择和解时,会主观预期对方也选择和解,一旦对方不选择和解,受试者脑内引起的认知和情绪冲突会非常强烈,FRN 和 P300 波幅就相应越大。

11.4　未来展望

随着消费者神经科学领域的不断发展,学者们对利用基于大脑的决策研究的理论和实践见解来改进总体水平预测的兴趣越来越大。目前的研究进展,有助于在各种消费者领域中提供和指导更好的预测。然而,从神经数据推断特定过程的程度是有限的,在解释大脑数据时需要谨慎。一般来说,结合多种互补的方法可以为研究人员提供更明确的经验证据。

展望未来,神经科学研究可以提供有关潜在原因和机制的有用见解,可用于对大数据时代消费者决策的预测分析。预测分析本质上依赖于大量过去的观察,将输入与输出联系起来,通常不考虑潜在的机制。这种缺乏对潜在结果的解释机制可能导致不充分的预测模型。在消费者决策的神经基础上的工作对于理解在特定条件下哪些行动和干预是有效的,哪些是无效的,以及为什么它们起作用或不起作用是有意义的。

11.5　小　结

消费者购买行为是指人们为满足需要和欲望而寻找、选择、购买、使用、评价及处置产品、服务时介入的过程活动,包括消费者的主观心理活动和客观物质活动两个方面。消费者的购买行为是由一系列环节构成的完整过程,其中包括激发需要,形成购买动机,了解商品信息,选择商品,购买商品和评价所购买的商品。在认识购买行为时,必须将消费者的购买活动与人的心理过程和个性心理特征紧密结合起来。在消费者购买行为中,心理活动的全部发展过程是消费者不同心理现象对客观现实的动态反映。这一过程的心理状态变化包括认识过程、情绪过程、意志过程三种心理过程。消费者的购买决策过程是消费者购买动机转化为购买活动的过程。一般分为五个阶段:确认问题,信息收集,备选产品评估,购买决策和购后过程。

购买决策是购买过程中的核心阶段。消费者作为决策主体,为了实现满足需求这一特定目标,在购买过程中进行的评价、选择、判断、决策等一系列活动。消费者在决策过程中,总是依据一定的标准和尺度,对各种方案进行比较选择,从中确定令人满意的方案。而选择标准及尺度的拟订又是从一定原则出发的,这些原则包括最大满意原则、相对满意原则、遗憾最小原则、预期—满意原则。

思考题

(1) 消费者的购买决策有哪些主要内容?

(2) 消费者购买行为过程伴随着哪些心理过程? 消费者的购买行为有哪些主要类型?

(3) 如何理解消费决策的神经机制,以及其对神经营销有何启示?

参考文献

[1] Hasan U, Nasreen R. Cognitive dissonance and its impact on consumer buying behaviour[J]. Journal of Business and Management,2012,1(4):7-12.

[2] Salzberger T, Koller M. Cognitive dissonance-reconsidering an important and wellestablished phenomenon in consumer behaviour research[C]//Proceedings of the ANZMAC 2005 Conference. 2005:5-7.

[3] Cox D F. Risk taking and information handling in consumer behavior[J]. 1967.

[4] Cunningham M S. The major dimensions of perceived risk[J]. Risk Taking and Information Handling in Consumer Behavior,1967.

[5] Scheff J, Kotler P. Crisis in the arts:The marketing response[J]. California Management Review,1996,39(1):28.

[6] Watson J B. Psychology as the behaviorist views it[J]. Psychological Review, 1913,20(2):158.

[7] Kable J W, Glimcher P W. The neural correlates of subjective value during inter-temporal choice[J]. Nature Neuroscience,2007,10(12):1625-1633.

［8］ Levy D J, Glimcher P W. The root of all value: A neural common currency for choice[J]. Current Opinion in Neurobiology, 2012, 22(6): 1027-1038.

［9］ Smolen J S, Braun J, Dougados M, et al. Treating spondyloarthritis, including ankylosing spondylitis and psoriatic arthritis, to target: Recommendations of an international task force[J]. Annals of the Rheumatic Diseases, 2014, 73(1): 6-16.

［10］ Paulus M P, Frank L R. Ventromedial prefrontal cortex activation is critical for preference judgments[J]. Neuroreport, 2003, 14(10): 1311-1315.

［11］ Deppe M, Schwindt W, Kugel H, et al. Nonlinear responses within the medial prefrontal cortex reveal when specific implicit information influences economic decision making[J]. Journal of Neuroimaging, 2005, 15(2): 171-182.

［12］ Plassmann H, O'doherty J, Rangel A. Orbitofrontal cortex encodes willingness to pay in everyday economic transactions[J]. Journal of Neuroscience, 2007, 27(37): 9984-9988.

［13］ Chib V S, Rangel A, Shimojo S, et al. Evidence for a common representation of decision values for dissimilar goods in human ventromedial prefrontal cortex [J]. Journal of Neuroscience, 2009, 29(39): 12315-12320.

［14］ Bartra O, McGuire J T, Kable J W. The valuation system: A coordinate-based meta-analysis of BOLD fMRI experiments examining neural correlates of subjective value[J]. Neuroimage, 2013, 76: 412-427.

［15］ Levy D J, Glimcher P W. Comparing apples and oranges: Using reward-specific and reward-general subjective value representation in the brain[J]. Journal of Neuroscience, 2011, 31(41): 14693-14707.

［16］ Hare T A, Malmaud J, Rangel A. Focusing attention on the health aspects of foods changes value signals in vmPFC and improves dietary choice[J]. Journal of Neuroscience, 2011, 31(30): 11077-11087.

［17］ Izuma K, Saito D N, Sadato N. Processing of social and monetary rewards in the human striatum[J]. Neuron, 2008, 58(2): 284-294.

［18］ Reimann M, Zaichkowsky J, Neuhaus C, et al. Aesthetic package design: A behavioral, neural, and psychological investigation[J]. Journal of Consumer Psychology, 2010, 20(4): 431-441.

［19］ 韩伟伟, 王晶. 产品设计与性能冲突对消费者决策过程的神经学影响[J]. 南开

管理评论, 2017, 20(2): 155 - 168.

[20] Ma Q, Wang X, Dai S, et al. Event-related potential N270 correlates of brand extension[J]. Neuroreport, 2007, 18(10): 1031 - 1034.

[21] Ma Q, Wang X, Shu L, et al. P300 and categorization in brand extension[J]. Neuroscience letters, 2008, 431(1): 57 - 61.

[22] Ma Q, Wang K, Wang X, et al. The influence of negative emotion on brand extension as reflected by the change of N2: a preliminary study[J]. Neuroscience Letters, 2010, 485(3): 237 - 240.

[23] Zhao Z, Nelson A R, Betsholtz C, et al. Establishment and dysfunction of the blood-brain barrier[J]. Cell, 2015, 163(5): 1064 - 1078.

[24] 丁鑫, 汪京强, 李勇泉. 基于百度指数的旅游目的地网络关注度时空特征与影响因素研究[J]. 资源开发与市场, 2018, 34: 5.

[25] Barnett S B, Cerf M. A ticket for your thoughts: Method for predicting content recall and sales using neural similarity of moviegoers[J]. Journal of Consumer Research, 2017, 44(1): 160 - 181.

[26] Telpaz A, Webb R, Levy D J. Using EEG to predict consumers' future choices [J]. Journal of Marketing Research, 2015, 52(4): 511 - 529.

[27] Boksem M A S, Smidts A. Brain responses to movie trailers predict individual preferences for movies and their population-wide commercial success [J]. Journal of Marketing Research, 2015, 52(4): 482 - 492.

[28] 窦炜, 曲璐璐, 曲琛. 社会比较对合作任务结果评价的影响: 来自 ERP 的证据[J]. 心理学报, 2014, 46(3): 405.

[29] 白丽英, 袁博, 张蔚, 等. 人际合作与冲突影响博弈决策的结果评价[J]. 心理学报, 2014, 46(11): 1760.